玩转天猫 系列宝典

进阶引流
揭秘

天 猫◎编著

清華大學出版社
北 京

内 容 简 介

本书是由天猫知名店铺运营团队、电商讲师和内容服务机构共同编写的一本天猫店铺引流方法论与案例结合的指导用书，能够全面助力电商从业者及电商专业学生了解最新的天猫推广玩法，梳理、搭建岗位知识体系，夯实电商从业基础，掌握专业化营销知识。

本书系统、详细地介绍了当下流行的天猫站内外引流方法和优秀商家力推的各种经典营销工具及其操作方法，并配以丰富、典型的应用案例进行说明。内容严谨而全面，涵盖天猫店铺引流的方方面面。

全书共分为6章，分别介绍了直通车、智钻和淘宝客推广的流行玩法，如何运用数据提升店铺流量和优化店铺基础，如何运用内容营销和老客户营销引爆店铺流量，以及活动大促的营销推广等内容，并分享了众多实用的关于天猫店铺流量提升的详细案例。

本书可作为各类院校电子商务及相关专业的教材，更是网络创业者和电子商务从业人员的必备参考用书。

图书在版编目(CIP)数据

进阶引流揭秘 / 天猫编著. — 北京：清华大学出版社，2018
　　（玩转天猫系列宝典）
　　ISBN 978-7-302-48939-9

　　Ⅰ. ①进… Ⅱ. ①天… Ⅲ. ①电子商务－商业经营－中国 Ⅳ. ①F724.6

中国版本图书馆 CIP 数据核字（2017）第 281383 号

责任编辑：秦　健
封面设计：杨玉兰
责任校对：胡伟民
责任印制：沈　露

出版发行：清华大学出版社
　　　　　网　　　址：http://www.tup.com.cn，http://www.wqbook.com
　　　　　地　　　址：北京清华大学学研大厦 A 座　　　　邮　　编：100084
　　　　　社 总 机：010-62770175　　　　　　　　　　　邮　　购：010-62786544
　　　　　投稿与读者服务：010-62776969，c-service@tup.tsinghua.edu.cn
　　　　　质 量 反 馈：010-62772015，zhiliang@tup.tsinghua.edu.cn
印 装 者：北京亿浓世纪彩色印刷有限公司
经　　销：全国新华书店
开　　本：170mm×240mm　　印　　张：18.25　　字　　数：390 千字
版　　次：2018 年 1 月第 1 版　　印　　次：2018 年 1 月第 1 次印刷
印　　数：1 ～ 8000
定　　价：79.00 元

产品编号：077957-01

序 言 PREFACE

天猫自成立之日起始终以阿里巴巴"让天下没有难做的生意"这一使命作为初心而奋力前行。一路走来，全球商家以及阿里巴巴生态系统中的合作伙伴不离不弃、风雨同舟，与天猫一起创造了一个又一个的奇迹，打破了一个又一个的纪录。

今天的天猫已经成为新零售领域中万众瞩目的首选平台之一。天猫也持续地从商家经营全链路赋能的各个方面完善商业基础设施建设，不断在商家经营生态环境的范畴进行调整、创新、改革。在2016年推出了天猫直播、内容运营、天合计划等一系列的新玩法、新形态及运营策略，为商家"立足天猫平台，玩转阿里巴巴生态，赢在全球市场"打下了坚实的基础。

在这个充满变革和挑战的时期，众多天猫商家迫切需要全面且深入地了解平台规则及运营方法论。与此同时，全球商家也正在加速进入天猫这个大家庭。虽然各国生意环境及运营方式存在着多样性，但对于正在快速进入平台的商家，平台期望他们能及时适应平台的商业环境，快速进入常态化的运营，实现业绩的飞跃式增长。

在这一背景下，天猫运营中心编写了"玩转天猫系列宝典"丛书，将从商家需求出发，让商家全面了解天猫、认识天猫、玩转天猫；为商家入驻、经营提供全方位运营指导，帮助商家有针对性地制定运营和推广策略，提升运营效能，优化全盘生意。

本丛书包含三个系列共九本书，具体如下。

"走进天猫"系列共两本书，包含《天猫规则宝典》（电子书）和《天猫工具大全》。《天猫规则宝典》主要围绕开店、运营、续签、退出的各个环节，将天猫经营全链路中涉及的规则、所需资质、流程进行了系统性、全方位的深入解读。《天猫工具大全》则详细解读了天猫商家经营过程中使用的天猫出品的工具产品知识。本系列旨在为帮助商家更快、更好地走进天猫提供规则解读和工具使用方法查询。

"立足天猫"系列包含《高效打造全能运营》《巧妙玩转精准引流》《轻松搞定店铺视觉》《快速养成金牌客服》四本书。分别从运营、流量、视觉、客服四个角度阐述立足天猫需要具备的各种技能，如店铺运营体系如何搭建，如何获得免费流量，推广直通车怎么开，店铺粉丝如何运营，如何运用视觉营销和客服技巧提升转化率和客服体验等，为商家运营天猫店铺提供系统完整的知识，为立足天猫打下坚实的基础。

"赢在天猫"系列包含《全链路运营解析》《营销实战解密》《进阶引流揭秘》三本书，既有从商家精细化运营思路角度的深入阐述，也有各类目运营关键点及玩法介绍，更有商家经营过程中的精彩案例深入剖析解读，为店铺进阶提效指明运营方向，提供借鉴参考。

"玩转天猫系列宝典"丛书是天猫为商家提供的一整套平台经营链路玩法指南，将从系统性角度为天猫商家运营提供落地执行全方位的指引。新入驻及入驻时间尚短的商家不仅可以通过本丛书深入浅出地了解到专业的运营知识，更能切实体会到电商团队组建的核心要义。而入驻天猫时间较长、有一定体量的商家则能更好地通过本丛书梳理团队的运营节奏、玩法，并通过对书中行业有建设性内容的理解，更好地推动企业电商业务在本行业中的迅速发展与崛起。本丛书不仅可以作为天猫商家经营指导丛书，对电商从业者而言更是一套科学建构电商思维的实用学习手册，将助力电商从业人员迅速构建对电商的体系化认知，夯实电商从业人员的运营知识基础，促进电商从业人员整体电商运营能力提升。另外，本丛书对于电子商务专业的院校学生而言，摒除了以往电商书籍中空洞的理论知识内容，更多地融入实操性、实战性内容，更好地将理论与实践、学校与社会相衔接，让大学生学有所得、学有所用、学以致用，是一本真材实料干货满满的实践教科书。

天猫作为全球品牌运营主阵地，将充分与商家进行更多深度、生动且良好的合作与互动，不断通过诸如"玩转天猫系列宝典"丛书的赋能方式及商家成长赋能方法论，帮助商家更快速地融入天猫生态体系，从而使商家获得最佳商业收益，并将与商家一道将天猫打造成为全球消费者挚爱的品质购物之城！

靖捷

阿里巴巴集团副总裁

2017年6月

前 言 FOREWORD

随着互联网的发展，越来越多的知名品牌已将与天猫合作视为其把握消费升级和"新零售"商机的关键所在。广大天猫商家都已开始借助天猫平台做品牌生意，而不再是简单意义上的货品交易。

阿里拥有5亿名活跃用户，借助阿里大数据可以线上线下识别与洞察这些用户的需求和喜好。一个品牌在这5亿名用户中有多少人是你的用户？有多少人是你的目标用户？有多少人知道你的品牌？你为他们带来了什么价值？如何让他们看到你的品牌？如何吸引他们进入你的店铺？如何让他们在你的店铺有首笔成交订单？又如何把他们变成你的老客户，甚至成为品牌的忠实粉丝？

这些是在新零售和消费升级趋势下所有品牌与商家必须深入思考的事情。一些商家可能还期待着用传统的方式按部就班地满足曾经所设定的那个消费人群的需求，用以往熟知的推广引流方式来吸引店铺访客，实现业务盈利和持续增长。

访客是店铺经营活动的基础，有访客才会有成交。如何快速提高店铺流量是每个商家最关心的焦点，也是老生常谈的话题之一。本书从全面布局流量的角度为大家解开流量进阶的秘密，除了大家熟知的各种推广引流的工具，如直通车、钻石展位、淘宝客等，还包括教你做好用户营销布局。例如，通过产品布局打造店铺流量基础，通过内容运营获取店铺粉丝，通过CRM（客户关系管理）营销保持店铺稳定的老客户流量，做平台活动时更好地获取流量，以及从各个优秀商家的案例当中获取流量布局与成长的思路和方法。

本书集合了天猫平台上多个优秀商家流量成长的案例，以及一线实操运营精英在各种流量布局环节的实操技巧。如果你正在寻求突破，阅读本书，不仅可以学会经验技巧，而且可以结合自身品牌店铺优势、产品特性、运营基础等因素尝试和借鉴，找到属于自己的店铺流量进阶之路。

由于本书并不涉及运营和推广方面的基础理论与基础操作内容，而是以流量布局策略、推广优化技巧和案例为主，因此本书适合实操过店铺运营和有推广经验的商家阅读，如果遇到对工具操作不了解的情况，请查询"玩转天猫系列宝典"丛书中的《天猫工具大全》或《巧妙玩转精准引流》。

在此先介绍下各章的基本内容，建议根据工作的实际需要和感兴趣的章节来选择学习。

第1章通过对真实案例再次呈现，诠释了直通车、钻石展位的策略及操作技巧，同时阐述了如何配合使用直通车和钻石展位来提升店铺整体流量。

第2章介绍了淘宝客的概念、淘宝客推广的特点以及不同类型和阶段的产品适合的淘宝客推广方式，并通过实际案例给出了淘宝客推广常用的方法和技巧。

第3章通过介绍具体的实操案例，阐述如何通过数据分析发现店铺问题，以及如何优化提升店铺流量等。

第4章阐释了内容营销、规则等内容并通过案例讲解如何规划运营内容，以及具体操作技巧，全面解读内容运营的思路与流程。

第5章从品类和商品结构优化的角度讲解布局店铺的流量基础，通过案例阐述细分市场挖掘的方法，并且介绍了店铺CRM的具体应用方法。

第6章的主要内容为店铺整体流量进阶的过程案例，通过讲解每个实施步骤和思维策略，帮助商家了解每个不同阶段的推广方式和整体店铺的运营配合。

本书内容将理论与实操紧密结合，建议大家在学习中循序渐进实践，在实践中掌握知识点及技巧，并针对性地解决问题。

本书由天猫主编，对本书及"玩转天猫系列宝典"丛书中的其他分册做了整体规划指导和内容逻辑的把关，并对全部初稿做了修改和定稿。

参与本书编写的人员及分工如下：

第1章由兰政荣（老韵）、关欣（老关）、倪萍（妮子）、伍丹（蛋蛋）、陈薛潇（陈兄）、郑海峰（慢慢）撰写。

第2章由刘杰、张志岭（齐鲁随风）撰写。

第3章由董泉（淘米）、梁志发（老梁）撰写。

第4章的案例及内容由广州大麦信息科技有限公司、筑潮机构、物生物旗舰店、极米传媒·刺猬自媒体提供，内容整理撰写由唐凯勇（唐伯虎）、滕珍（滕滕来淘淘）完成。

第5章由段洪斌（善言）、陈李英、张泽坤（卧龙小坤）撰写，案例及内容由冀荣旗舰店、广州大麦信息科技有限公司、西域美农旗舰店提供。

第6章由蔡海涛（叮当）、关欣（老关）整理撰写，案例及内容由臻三环旗舰店、济南麒麟圣德网络科技有限公司、美的环境电器官方旗舰店、北京新七天电子商务技术股份有限公司、水密码旗舰店提供。

需要提醒各位读者的是，本书涉及的付费工具使用仅供参考，商家读者可以根据实际情况自行选择是否购买或使用。书中二维码请用手机淘宝或天猫客户端扫描查看。电商环境瞬息万变，本书部分内容以及页面截图可能在读者阅读时已发生变化，但是并不影响对本书核心内容的解读，请读者知悉并谅解。商家后台工具的更新内容请在天猫商家成长平台中查询了解，网址：https://chengzhang.tmall.com/。

另外，本书部分图片来自互联网，有出处的均已注明，无法找到出处的图片，如果您发现，请及时联系我们，邮箱地址：tmallbaodian@list.alibaba-inc.com，我们将在下一版中及时注明或者更正，谢谢理解！

在此，谨希望本书能帮助天猫商家及所经营的天猫店铺走上成功之路。

特别鸣谢

本书的商家案例内容均由天猫商家、品牌及品牌线上店铺代运营服务供应商提供。特别鸣谢以下品牌、店铺及代运营公司对本书提供的内容支持（以下排名不分先后）：

广州大麦信息科技有限公司

筑潮机构

物生物旗舰店

极米传媒·刺猬自媒体

冀荣旗舰店

西域美农旗舰店

臻三环旗舰店、济南麒麟圣德网络科技有限公司

美的环境电器官方旗舰店、北京新七天电子商务技术股份有限公司

水密码旗舰店

目 录 CONTENTS

第1章 直通车和钻石展位推广布局及提升

1.1 直通车和钻石展位结合策略..3
    1.1.1 认识品牌投放..3
    1.1.2 直通车和钻石展位实操案例呈现............................4
    1.1.3 品牌成长规划..4
    1.1.4 实施的具体步骤..5
    1.1.5 运营及推广效果评估..8
1.2 手把手教你获取海量低价直通车流量..........................13
    1.2.1 低价直通车引流案例呈现..13
    1.2.2 直通车低价引流技巧..14
    1.2.3 直通车低价引流技巧总结..23
1.3 直通车高转化人群标签玩法..24
    1.3.1 人群标签背景及概述..24
    1.3.2 高转化人群标签操作方法..24
1.4 解决直通车推广亏损，助力店铺业绩飙升..................32
    1.4.1 背景概述..32
    1.4.2 扭亏为赢案例呈现..32
    1.4.3 调整直通车账户盈利步骤技巧................................36
1.5 挖掘弱竞争人群，网罗智钻低价流量..........................47
    1.5.1 智钻推广观念更新..47
    1.5.2 智钻低价引流案例呈现..48
    1.5.3 智钻低价拉新玩法组合..49
    1.5.4 智钻低价引流玩法总结..57

1.6　直通车和钻石展位结合打造热销产品矩阵..59

　　1.6.1　产品矩阵案例呈现..59

　　1.6.2　直钻结合打造新品热销矩阵操作步骤..63

　　1.6.3　总结..75

第2章　精细化运营玩转淘宝客

2.1　脚踏实地玩转淘宝客助力提升店铺指标..78

　　2.1.1　深入了解淘宝客..78

　　2.1.2　通过淘宝客提高店铺动销率..79

　　2.1.3　通过淘宝客提高店铺销量..81

　　2.1.4　通过淘宝客为店铺活动增加销量..84

　　2.1.5　回顾总结..87

2.2　逆向招募提升十倍淘宝客流量..88

　　2.2.1　绕开淘宝客推广误区..88

　　2.2.2　获取淘宝客精准流量操作技巧..89

　　2.2.3　淘宝客的维护管理建议..97

　　2.2.4　小结..98

第3章　数据助力流量提升及店铺优化

3.1　数据反馈分析及店铺全方位优化..101

　　3.1.1　案例背景..101

　　3.1.2　优化方法及步骤..102

3.2　数据优化商品标题，获取搜索流量...111

　　3.3.1　商品标题无效词查找..111

　　3.2.2　商品标题遗漏词查找..116

　　3.2.3　标题修改后数据效果监控..119

　　3.2.4　标题修改需要注意的原则..119

第4章　内容营销全渠道布局策划

4.1　内容营销概述..123

　　4.1.1　内容营销的定义..123

　　4.1.2　内容营销的特征..124

　　4.1.3　内容营销的重要性..124

　　4.1.4　阿里系平台内容营销的渠道及类型.....................................124

4.2　商家如何做内容营销规划..145

　　4.2.1　如何制定店铺的内容运营计划？..145

　　4.2.2　店铺私域的内容运营及规划..148

4.3　内容营销技巧及案例解析..156

　　4.3.1　内容营销之IP营销技巧...156

　　4.3.2　内容营销之热点营销..159

　　4.3.3　内容营销之与达人的合作建议...161

　　4.3.4　内容营销之内容数据与复盘..165

　　4.3.5　内容营销之与推广相结合...169

　　4.3.6　内容营销整体策划及案例剖析...169

第5章　完善基础布局，提升店铺流量

5.1 优化商品结构，为店铺流量布局......................................199
　　5.1.1 商品结构优化布局思路......................................199
　　5.1.2 品类结构优化布局步骤......................................199
　　5.1.3 商品运营思路......................................207
5.2 挖掘细分市场，成功突围......................................209
　　5.2.1 行业市场现状及人群分析......................................209
　　5.2.2 案例店铺自身分析......................................211
　　5.2.3 细分市场策略......................................212
　　5.2.4 运营及推广策略......................................214
　　5.2.5 回顾总结......................................215
5.3 CRM布局提升店铺及活动流量......................................216
　　5.3.1 活动及大促前CRM的运营重点......................................216
　　5.3.2 活动案例CRM实施步骤......................................217

第6章　流量进阶店铺成长案例

6.1 传统手工艺产品的线上成长，借由匠人精神成功逆袭......................................236
　　6.1.1 案例简介......................................236
　　6.1.2 案例实施步骤......................................237
　　6.1.3 案例成长历程......................................256
6.2 整体店铺流量提升——4个月内流量成功提升20倍......................................258
　　6.2.1 案例背景及店铺介绍......................................258

　　6.2.2　店铺流量总体规划思路......................................259

　　6.2.3　具体实施步骤..259

　　6.2.4　案例小结..262

6.3　大促流量推广提升案例——"618"活动销售额暴增的秘密..............263

　　6.3.1　案例店铺介绍..263

　　6.3.2　具体操作步骤..264

　　6.3.3　回顾总结..267

6.4　用体验营销打爆"618"大促——水密码案例..........................268

　　6.4.1　环境：大促拼杀同质化......................................268

　　6.4.2　突围：无体验，不营销......................................268

　　6.4.3　方法："三点式"体验营销....................................269

　　6.4.4　过程：链路推演，真诚沟通..................................270

　　6.4.5　效果：体验加持，品牌加速..................................271

　　6.4.6　总结：体验帮助品牌占领心智................................273

第1章

直通车和钻石展位推广布局及提升

对于在天猫平台上经营的商家来说，在店铺商品上架、店铺装修好之后，首要的事情是想方设法吸引消费者进店观看商品（俗称引流）。因为消费者进入店铺查看商品后才有可能成交，所以开店后通常需要先"吆喝"，把消费者吸引进店。"吆喝"的方法有很多种，通过各种渠道进入店铺的访客流量分为免费流量和付费流量。其中，付费推广是一种通过广告触达消费者的方式，对天猫店铺的长期经营具有强大的推动作用，因此新店开张、店铺日常运营或者大促活动运营时，付费推广往往是必不可少的引流手法之一。

淘宝、天猫平台提供了各种付费推广手段，使用最普遍的莫过于直通车、钻石展位、淘宝客。从操作的可控性、玩法多样性方面来说，直通车和钻石展位是比较常用的方式。

本章主要讲解直通车和钻石展位的推广布局，在案例讲解的过程中一一阐述推广的思路、方法、技巧等。本章由一线实操商家和电商讲师撰写，从直通车和钻石展位推广的各个角度阐释实践过程中沉淀下来的比较有效的几种推广技巧与思路。一千个人就有一千种思路，本章每节内容都是经过长期实践得出的成功经验，可以学习借鉴，却不一定能解决所有的问题。建议读者通读完之后，再根据店铺实际情况选择适合自己的方式学习实践，切莫贪心想要把所有的技巧一次性都运用。希望看完本章，您能找到一条属于自己的直通车和钻石展位推广思路。

由于本书为流量进阶书籍，对于直通车和钻石展位这两种推广工具的基础理论知识和操作步骤不做详细阐述，仅以优化提升技巧和案例讲解为主。对以上推广不了解的读者请参见"玩转天猫系列宝典"丛书中的《巧妙玩转精准引流》一书。其中使用的数据工具生意参谋的具体介绍和使用操作请详见《天猫工具大全》一书。

1.1　直通车和钻石展位结合策略[①]

1.1.1　认识品牌投放

在天猫平台上，以品牌旗舰店居多。因此，如何提升品牌价值，是天猫商家需要认真探索的事情。

这里说的品牌价值，是指品牌在需求者心目中的综合形象，包括其属性、品质、档次、文化、个性等，代表着该品牌可以为需求者带来的价值。另外，这种价值还是可以量化的，在某一个时点用适当的评估方法可计算出相应金额。

显然，要提升品牌价值，首先是品牌要能触达需求者，影响潜在消费者，让他们对品牌有认知。针对这种触达，浅层次的形式有品牌宣传广告，深层次的形式有品牌与潜在消费者能进行有效互动，更深层次的是需求者变为品牌的消费者，从而真正实现价值，并进一步完成品牌消费者到品牌真实粉丝的转变，带来更广泛、更有效的口碑传播和影响。

品牌广告的投放，通常能提升品牌的认知度，从而提升品牌价值。一直以来，品牌广告给人的印象是费用不菲、门槛高等。但随着互联网时代的来临，尤其是无线网络的全面普及，信息的传播进入多媒体、快节奏、碎片化的时代，是时候对品牌广告进行重新认识了。

新零售时代理想的品牌广告，首先，应该是品效兼备的广告；其次，广告受众可以选择设定，是一种高精准的广告；再次，效果可数据化多维度衡量，是一种高效率可持续优化的广告；然后，投放门槛低，适合从小微卖家到大品牌商家等所有商家，是一种高灵活性的广告；最后，理想的广告，还应该是双向的，是能直接发生用户行为和直接购买转化的广告。

钻石展位和淘宝/天猫直通车就是很好匹配新零售时代的这样一种品效兼备的广告形式。但是，应该认识到，要充分发挥它的全部威力，需要一定的驾驭能力：从品牌成长规划、营销策略到投放技巧等，都需要周密策划、给力执行。下面结合一个品牌投放的实例来深入剖析其中之味。

[①]　案例及内容提供：兰政荣（老韵）

3

1.1.2　直通车和钻石展位实操案例呈现

为了度量品牌的成长，这里特意选取了一个非知名品牌的成长案例。

某母婴护肤淘品牌，这里简称J品牌。过去几年均以淘宝为主要销售渠道。2016年，品牌启动新零售成长战略，通过上线天猫旗舰店，采用钻石展位和直通车为主要品牌投放工具，快速在线上积累口碑和提升品牌形象。同时凭借线上的美誉度和用户基础，利用互联网启动线下招商，在短短一年多时间里，天猫旗舰店线上渠道销售从零做到细分类目第一，线下渠道从零开始进入全国绝大部分省市地区销售。目前该品牌已成长为线上线下齐头并进的新零售品牌，品牌价值大幅提升。

后面将从成长规划、实施步骤、效果评估三个部分来完整呈现J品牌的这次利用直通车和钻石展位（后面简称钻展）推动品牌快速成长的过程、方法和操作要点。

1.1.3　品牌成长规划

制定规划时（即2016年年初），品牌只有几年淘宝店销售基础，虽然积累了一定的老客户，但线下渠道欠缺，线上又面临包括国际品牌在内的众多实力商家竞争，在细分类目的排名也已被其他领先的天猫店铺大幅甩开。如何进一步提升品牌形象、线上突破增长瓶颈、线下破局，都是摆在这家淘品牌面前极为紧迫的课题。

要规划品牌新的发展，有必要回顾一下成长历史。J品牌是在淘宝上从零开始一步步成长起来的。一方面，与从线下往线上走的品牌不同，J品牌没有线下的知名度等基础，没做过传统的电视与纸质媒体等广告；另一方面，与一般个人店铺（C店）不同，J品牌自成立起就坚持品牌化理念的运作，即使一开始一个月只有万元级销售额的时候，也能保持规范化运作，以严格的产品质量管理和不断优化的产品研发来不断满足用户的需求，一直以来，保持着远远高于同行的DSR（店铺动态评分）和极佳的用户体验。

J品牌的集市店铺从心级（天猫店铺等级划分中最低一级）开始一步一个脚印成长的过程，也是J品牌价值和影响力一路提升的过程。这种提升，通过线上数据，无论是品牌搜索量还是活跃客户数，都能以实实在在的数字可视化呈现。而在2015年年底更有友商出价想收购J品牌，证实了品牌价值的提升可以大于从产品销售所获得的利润。

品牌在淘宝平台上成长的过程，让J品牌经营团队认识到，在互联网时代，依托淘系平台，既可以完成用户的积累、形成销售和利润，并凝聚反映品牌影响力的核心粉丝，也能够通过淘系的各大广告工具，完成和潜在客户到沉默客户在内的各种目标受众高效的触达和深入的互动，源源不断地扩大品牌影响力。无疑，继续运用阿里系平台品效兼备的品牌投放方式仍是首选。

J品牌感觉单纯用集市C店的运营方式遇到了一定的瓶颈，已不能满足品牌成长的需要，于是更适合品牌发展的天猫旗舰店成了更好的选择，同时，也萌发了以线上影响力

天猫

进阶引流揭秘

助力发展线下销售的想法。图1-1所示的思维导图是案例品牌成长规划思路。

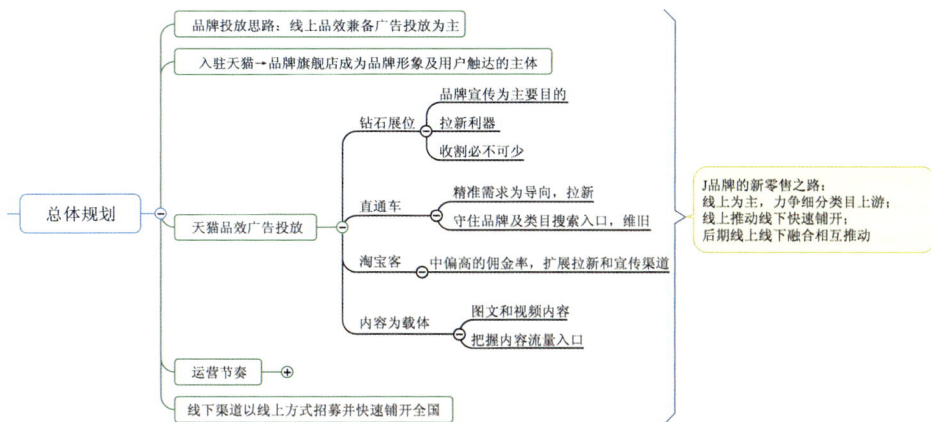

图1-1　案例品牌成长规划思路

通过确立以品牌旗舰店为品牌形象及用户触达的主体，以天猫平台的广告投放工具直通车和钻石展位为主要手段，品效兼备地将产品销售、获取用户和粉丝、扩大品牌影响力和知名度融为一体，然后同步启动线下渠道的招募，初期以线上带动线下，逐步线上线下互相推动，达到覆盖全国，线上线下初具影响力的品牌目标。

1.1.4　实施的具体步骤

规划做好，接下来就是如何实施了。下面分阶段记录实施过程，其中直通车和钻石展位引流要点会重点标出。

1. 天猫旗舰店入驻并起步

2016年3月开始上线运营，旗舰店小量逐步增加广告，伴随着推广流量的推动，销售额自然增长。截至2016年年底，旗舰店完成了初始的店铺用户导入工作。

需要说明的是，这时因为把相当多的精力放在线下渠道的招商启动等方面，工作量大，团队人员有限，销售重心还放在C店，以不影响原有销售节奏和现金流，于是旗舰店采用了非常保守的运营策略。这种保守策略的缺点是速度偏慢，但能确保新店导入成本可控，甚至当年还能贡献利润。

如图1-2所示的推广费，整体呈缓慢增长，并按消费者需求淡旺季而波动。推广渠道安排为：直通车为主要投放渠道，拓展精准需求；钻石展位辅助引流，多次触达各渠道访客，增强转化；淘宝客计划在确保有利润的前提下维持较高的佣金率。再加上品牌前期的积累，商家比较轻松顺利地带动了新店铺的初始销售。钻石展位新店导入策略如表1-1所示。

图1-2　2016年旗舰店推广花费示意

表1-1　钻石展位新店导入策略

推广目的	定向人群	展示位置	出价策略	力度
品牌曝光及拉新	类目兴趣人群、行业访客、相似宝贝、智能定向、DMP（达摩盘的首字母缩写，下同）组合人群	站内优质展位	低价捡漏	小量
维旧为主	品牌人群、场景定向、DMP	站内优质展位	中高价	辅助

2. 春节战略启动弯道超车（2017年年初）

到2016年年底，线下招商进入常态化运作，该天猫旗舰店自身也有了一定积累，是时候将销售重心转移到天猫店铺了。这时候商家根据电商营销的季节性特点，搞了个春节淡季营销的弯道超车行动。

众所周知，春节放假期间，因为物流人员放假等原因，电商面临近半个月生意极淡的时间段。其实消费者在整个春节期间的触网时间并不会减少，而广告竞争力度急剧下降，导致这段时间的广告价格大幅下滑，正是品牌广告的好时期。广告策略以拉新为主，为营造良好趋势，推广从春节假期前半个月开始逐渐加力，春节假期直通车投放产品相关的关键词（偏广泛）并守住最佳位置；钻石展位给予了更多的拉新预算，虽然在假期大部分不会直接反馈到成交，但极低的展示成本让品牌曝光效果更好，在转化行为上，也有着比平时更低的加购、收藏成本，同时展位上增大了站外投放。在整体比例上，钻石展位投放力度大于直通车。

春节弯道超车计划之钻石展位策略如表1-2所示。

表1-2　春节弯道超车计划之钻石展位策略

推广目的	定向人群	展示位置	出价策略	力度
品牌曝光拉新为主	类目兴趣人群、行业访客、相似宝贝、智能定向、DMP组合人群	站内外优质展位	低价	主力
维旧为辅	自店（自己店铺）人群、场景定向	站内优质展位	高价	辅助

假期投放情况如图1-3所示。

图1-3　旗舰店假期投放情况

在图1-3中，在春节前后人为刻意大幅加大推广费的期间，因为快递基本停运，销售非常少，甚至远低于推广费，此时其实是非常不错的启动良机。节后因为节日期间的积累，蓄势而发，一举开创了节后迅速增长的势头。

再强调一点：这种关键时点的淡季营销可以完全无视ROI（投入产出比）和销售投放比例之类的，完全按规划节奏执行即可。

3. 冲刺阶段（2017年2月—5月）

春节战略带来了很好的效果，节后店铺营业额快速增长，继续采用激进的投放策略，力求集中火力，直通车和钻石展位推广相结合，短期内对目标人群尽量多次重复展示，加深品牌印象；对全渠道流量创造机会多次触达，加强转化效果；快速增长的销量，也为店铺免费流量的快速上升创造了条件。

在这期间，伴随推广力度加强，日销售额最终放大到年前的近5倍，推广的效果也逐渐明显好转，反映直接效果的推广ROI持续上升。

这期间的推广策略中，钻石展位仍以拉新为主；直通车拉新和维护老顾客都加大力度，后期力度大于钻石展位。

冲刺期间的钻展策略如表1-3所示。

表1-3　冲刺期间的钻展策略

推广目的	定向人群	展示位置	出价策略	力度
品牌曝光广泛拉新	类目兴趣人群、竞店访客、相似宝贝、智能定向、DMP组合人群	站内外优质展位	低价至中位价	主力
维旧为辅	自店人群、场景定向、系统托管	站内优质展位	高价	辅助

4. 调整定价空间，线上线下价格统一

天猫旗舰店起势后，通过细分区间分析，再加之品牌产品效果远好于一般产品，决定提高售价。合理的价格更能保证品牌投入产品的研发、品质把控和提供更优质的服务，也让线上线下同价没有任何障碍。

此次价格调整后，销售基本没受到不利影响，后续发展势头更好，证明定价策略正确，也间接反馈品牌溢价能力的提升。

5. 登顶细分类目，进入平稳增长（2017年6月）

到2017年5月底，J品牌店铺进入平稳增长阶段，广告相对销售额投放比例逐步下降，顺势增长一段时间后，很自然地登顶细分类目榜首。

平稳增长期间，店铺老客比例进一步上升，进入常态化的平稳拉新和维护老顾客阶段。直通车继续挖掘新老顾客的即时需求，为主力投放工具；钻展负责维护全渠道的用户并适当拉新。推广力度兼顾整店短期利润与长期目标的平衡。本阶段钻展的策略如表1-4所示。

表1-4　平稳成长阶段的钻展策略

推广目的	定向人群	展示位置	出价策略	力度
品牌曝光适度拉新	类目兴趣人群、竞店访客、相似宝贝、智能定向、DMP人群	站内外优质展位	低价	平衡
全渠道客户维护触达	自店人群、场景定向、系统托管、DMP人群	站内外优质展位	中高价	平衡

6. 线下渠道招商通过线上启动（2016年3月至今）

在天猫旗舰店上线同时，J品牌启动了线下渠道招商。这对J品牌来说是一个全新领域，不得不投入了相当多的精力去学习和实践，好在凭借几年线上努力耕耘的积累，并且佐以互联网方式借助线上去发展线下分销，还是逐渐打开了局面。随着旗舰店品牌线上投放的加码，线下也完成了全国绝大部分省区的初步覆盖。

初期，线下借重线上的强力广告覆盖与人群影响力积累粉丝；后期，线下渠道广泛触达用户，反哺线上销售，加之线上线下统一的销售价格体系等，最终达到线上线下相互促进、相互推动的初衷。

1.1.5　运营及推广效果评估

从本次品牌突破的实施情况来看，商家基本上实现了规划的目标，尤其是旗舰店突破期的走势，甚至好于预期。图1-4为成长曲线，图1-5为投入曲线。从中可以看出，集中大量投入，快速提升的策略取得了成功，后续推广不增长后店铺仍然维持较快增长。

销售额

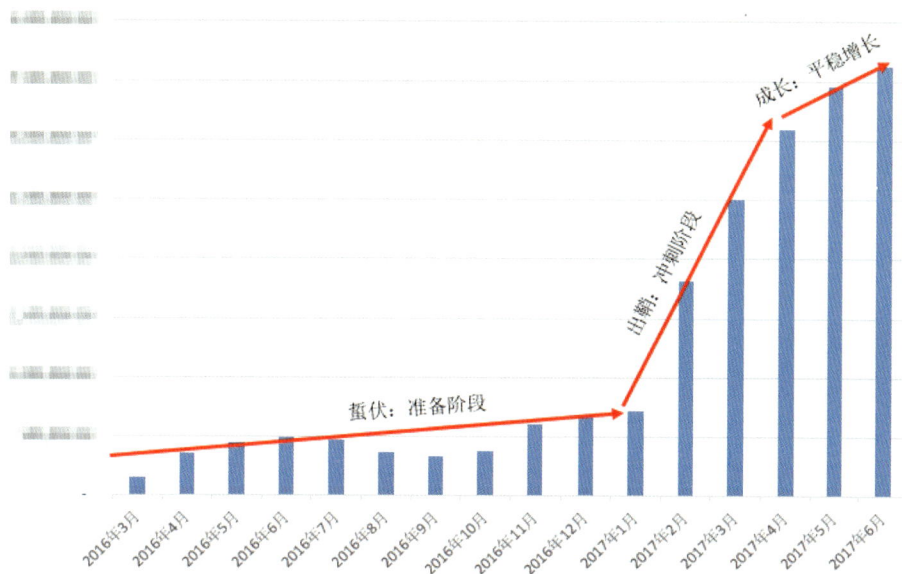

蛰伏：准备阶段

出鞘：冲刺阶段

成长：平稳增长

图1-4　各阶段成长曲线

更可喜的是，线上销售的快速突破，也促使品牌的线下推进势如破竹，至2017年中已全面进入全国30多个省市（区）线下市场，发展态势喜人。品牌总的客户量和忠实粉丝快速翻番增长，而且赢得良好的口碑，最终实现了预期目标。

推广费

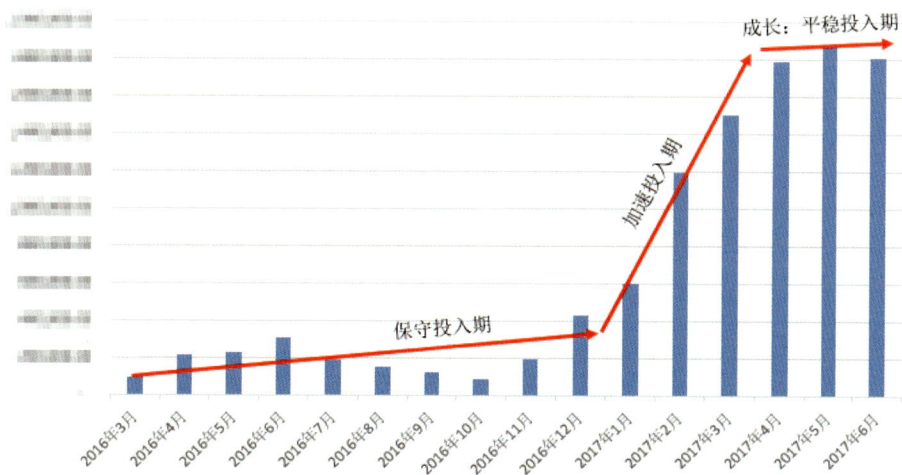

保守投入期

加速投入期

成长：平稳投入期

图1-5　各阶段投入曲线

通过本案例，可以清晰地认识到，直通车和钻展推广对店铺成长的推动和品牌升值直接快速有效。当然，还可以引申出如下的一些思考。

1. 重新认识每个UV的价值

前面提到，随着店铺的成长，店铺品效广告投放的ROI逐渐提升，但这并不是其最主要的成果。商家更注重的是品牌价值的提升。

品牌宣传的效果不仅能通过店铺各种数据体现出来（例如免费搜索流量的增加、全店销售的持续递增），而且能在各种渠道被我们感知。例如，从顾客的评论里可以发现，一些人是"无意间看到J品牌"，彼虽无意，实则是由商家的各种定向人群投放主动展现给目标客户；一些人是多次购买了，这表明店铺活跃，老顾客逐渐增加；还有的人说是亲朋好友推荐而来或推荐给了闺蜜朋友，这种口碑推荐具有极大的传播力……这些都是品效广告的价值所在，更值得重视。

也就是说，每个UV的价值远不是其当期的成交所能体现的，甚至每次展现（该品牌投放广告的精准展示每月均有数千万次，更不用说还有大量由广告等推动的其他免费展示流量）都会深远地影响到品牌的价值。互联网时代品牌影响力由哪些因素决定？怎样才能快速有效并划算地提升品牌影响力？是多在电视上打广告？是花大价钱请明星代言？还是实实在在地于最接地气的地方恰到好处地触达精准消费者？这都是值得品牌商重新思考的。

从本案例可得出的基本结论是，新零售时代，线上品效兼备的品牌投放方式是打造品牌高效有力的方式之一：在快时尚、碎片化时间为特征的网络时代，品牌的影响力更在于实实在在地触达真正目标用户并直接产生互动；而有效触达到终极，就是让目标受众成为品牌的消费者，再到品牌粉丝的转换；有了这些，加上良好的产品和服务，就能产生品牌影响力的自发传播。

2. 规划的重要性

如何让投放更有效？只卖货的投放是低效率的，品效兼备才是更好的方式。但是，这需要对店铺或品牌有长远的规划，并有恰当的中短期策略。许多商家只会卖货，又如何涉及品牌价值的增长？天猫平台上部分商家虽然有品牌，但并不注意维护品牌，无法凝聚粉丝，更谈不上规划提升品牌的影响力，品效兼备只能是空谈。互联网时代让品牌快速成长是非常有可能的，期待更多的商家能重视和关注。

3. 具备电商基因的企业比较容易迈过新零售的门槛

具备电商基因的企业的线上营销已经基本数据化，这使他们能更好地洞察消费者，知道如何最有效地触达目标消费者，如何生产消费者真正满意的产品而不是自己认为好的产品，进而更好地服务于目标消费者。一旦线上线下结合起来，很容易就能得到1+1>2的结果。

4. 良好的执行细节才能赢得战局

下面举两个例子来说明执行细节的重要性。

示例1：产品和服务领域一直领先同行。图1-6为该品牌C店和旗舰店的店铺动态评分。

店铺动态评分	与同行业相比	店铺动态评分	与同行业相比
描述相符 **4.8** ↑	高于56.20%	描述相符： 4.9	↑ 高于 30.85%
服务态度 **4.9** ↑	高于54.21%	服务态度： 4.8	↑ 高于 28.82%
物流服务 **4.8** ↑	高于49.38%	物流服务： 4.8	↑ 高于 26.01%

图1-6　店铺动态评分

好的满意度带来大量的老客户重复购买和源源不断的口碑推荐。一提到老客户，也许有些商家认为产品本身没有复购需求，实际上越是耐用品，口碑推荐所起的作用越大。

示例2：推广本身的效果问题。

在投放中，对推广布局、直通车和钻石展位协同能力有较高的要求。可以毫不夸张地说，不同推广操作员操作出来的效果差上一两倍是一点也不奇怪的。针对推广，重要的不是花了多少钱，而在于花的钱达到了什么样的效果。推广效果在天猫店铺运营中具有非常重要的杠杆作用。因此，即使规划理念都没有问题，但执行效果太差的话，还是一场空。

不要忽视不同推广操作细节的效果差别，假设推广效果即使只多30%，那么累积下来总的差距也是非常惊人的。举个例子来说明下。假设某行业某层级店铺的推广成交平均占整店成交25%，即推广成交对整店销售额的放大系数为1/25%，为4倍，A店的推广ROI是2，比B店高30%，店铺月推广预算都按上年月均销售额的15%（此前一年的销售额假定均为800万元），扣除推广费前的净利润率为20%，在这些假定都不变的情况下模拟运作10年，结果如表1-5所示。

表1-5　不同推广效率ROI店铺模拟运作结果

项目 店铺	年份	推广预算	推广ROI	推广成交	杠杆	全店月销售	年销售	不扣除推广费的净利润率	年推广费	年净利润
A店	第1年	10.00	2	20	4	80	960	20%	120	72
	第2年	12.00	2	24	4	96	1152	20%	144	86
	第3年	14.40	2	29	4	115	1382	20%	173	104
	第4年	17.28	2	35	4	138	1659	20%	207	124
	第5年	20.74	2	41	4	166	1991	20%	249	149
	第10年	51.60	2	103	4	413	4953	20%	619	372

项目\店铺	年份	推广预算	推广ROI	推广成交	杠杆	全店月销售	年销售	不扣除推广费的净利润率	年推广费	年净利润
B店	第1年	10.00	2/(1+30%)	15	4	62	738	20%	120	28
	第2年	9.23	2/(1+30%)	14	4	57	682	20%	111	26
	第3年	8.52	2/(1+30%)	13	4	52	629	20%	102	24
	第4年	7.87	2/(1+30%)	12	4	48	581	20%	94	22
	第5年	7.26	2/(1+30%)	11	4	45	536	20%	87	20
	第10年	4.87	2/(1+30%)	7	4	30	359	20%	58	13

从表1-5中可以发现，5年后销售额近4倍关系，10年后就差十几倍了。这里假定两个店铺的其他内功都一样，其实不只是推广ROI，店铺内功的方方面面都会被放大。这样就不难解释为什么一些店铺开始时差别不大，可是随着时间逐渐拉开差距，甚至达到几倍或几十倍的差距。

1.2 手把手教你获取海量低价直通车流量[①]

说到直通车推广，商家需要明确的是，直通车首先是个推广引流工具，然后再考虑引入的推广流量是否精准这个问题。如果在缺少流量的情况下，一味追求流量的精准性，可能的结果是流量精准了，但是销售额的增长并不明显。

衡量直通车引流是否盈利的指标是投入产出比（ROI）。投入产出比参考两方面的综合数据：点击花费和转化。高转化未必高投产，低转化也未必不能盈利，全看在优化过程中能否有效控制花费。

1.2.1 低价直通车引流案例呈现

对于大部分店铺来说，流量问题往往是核心问题之一，在这个情况下优先考虑尽量把流量引入店铺，之后再考虑精准与否的问题。这是因为，只有在流量足够的情况下，店铺才可能有机会提高销售额，否则，即使流量再精准、转化再高，在流量不足的情况下，销售额也不会太高。例如图1-7所示的店铺情况。

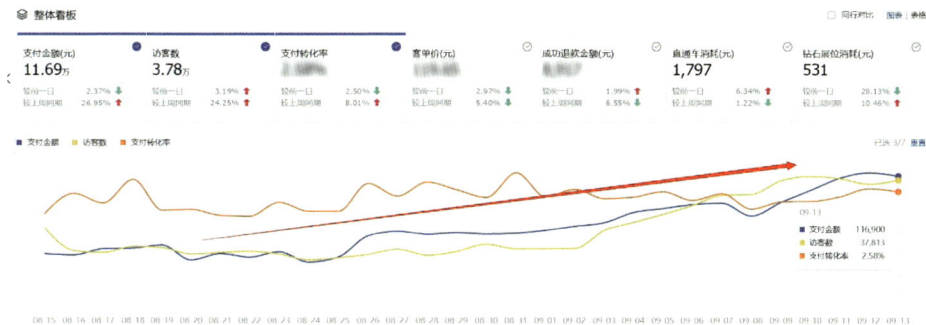

图1-7　某店铺的整体情况

该案例店铺在2017年8月15日时，流量是1.7万个UV，销售额4.7万元，30天后，即2017年9月13日，流量做到3.7万个UV，对应的店铺销售提升到11万元，如图1-8所示。这个周期里转化率相对稳定，靠的是流量的稳定提升，如图1-9所示。

流量提升主要依赖于直通车低价引流技巧，通过多推广手段，低价关键词以及账户

---

① 案例及内容提供：关欣（老关）

质量的优化，低价引来大流量，达到高投产，保证盈利。再依靠这些流量提升店铺销量，带动免费流量，店铺很快进入了一个快速上升通道。

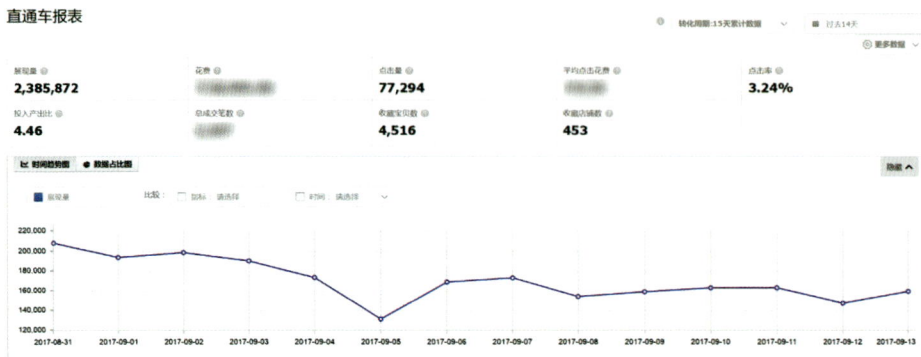

图1-8　店铺流量与销售额对应关系

状态	推广计划名称	计划类型	分时折扣	日限额	投放平台	展现量	点击量	点击率	花费	平均点击花费	收藏宝贝数	投入产出比
推广中	测款1 [illegible]	标准推广	50%	[illegible]	计算机 移动设备	22,802	1,004	4.40%	[illegible]	[illegible]	39	7.51
推广中	测款2 [illegible]	标准推广	50%	[illegible]	计算机 移动设备	19,225	739	3.84%	[illegible]	[illegible]	25	2.01
推广中	定向_[illegible]	标准推广	50%	[illegible]	计算机 移动设备	55,182	798	1.45%	[illegible]	[illegible]	37	1.33
推广中	测款3 [illegible]	标准推广	50%	[illegible]	计算机 移动设备	31,466	1,590	5.05%	[illegible]	[illegible]	64	1.62
推广中	测款4 [illegible]	标准推广	50%	[illegible]	计算机 移动设备	13,127	557	4.24%	[illegible]	[illegible]	14	2.64
推广中	5_[illegible]	标准推广	50%	[illegible]	计算机 移动设备	6,566	253	3.85%	[illegible]	[illegible]	13	4.28
推广中	6_[illegible]	标准推广	50%	[illegible]	计算机 移动设备	6,733	269	4%	[illegible]	[illegible]	18	4.63
推广中	7_[illegible]	标准推广	50%	[illegible]	计算机 移动设备	4,512	155	3.44%	[illegible]	[illegible]	8	3.43
	(合计)			6220元	-	159,613	5,365	3.36%	[illegible]	[illegible]	218	3

图1-9　店铺流量逐步提升

关于如何提升转化、做好精准流量，可以参考本书其他章节，这里不再细说，主要介绍关于低价流量的引流内容。

1.2.2　直通车低价引流技巧

1. 低价关键词寻找

直通车关键词的流量来源有多种。有些来自客户的搜索，有些则是淘宝的推荐，如图1-10所示。

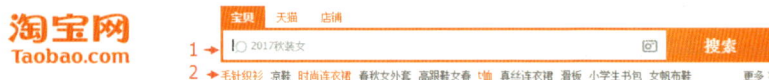

图1-10　淘宝网首页的关键词流量来源

在第一部分的搜索框中，客户根据购买意向输入关键词后，进行相关的搜索，根据结果再做款式的分析判断，这个过程是一个关键词精准搜索行为。这些词转化普遍较好，属于精准词。

第二部分同样产生直通车流量，这里提供的关键词来自淘宝的主动推荐。这部分关键词相对不够精准，推荐位置非常多，在直通车总流量中占了很大的份额。这些词同时具有低竞争、流量便宜的优势，是低价流量的主要来源关键词。通常把这些词称为广泛词。

淘宝系统推荐词的流量有时会出现大起大落的情况，一个原来没有流量的词，突然间获得很大的展现，然后在某个阶段流量又会骤然下滑降到零，如图1-11所示。

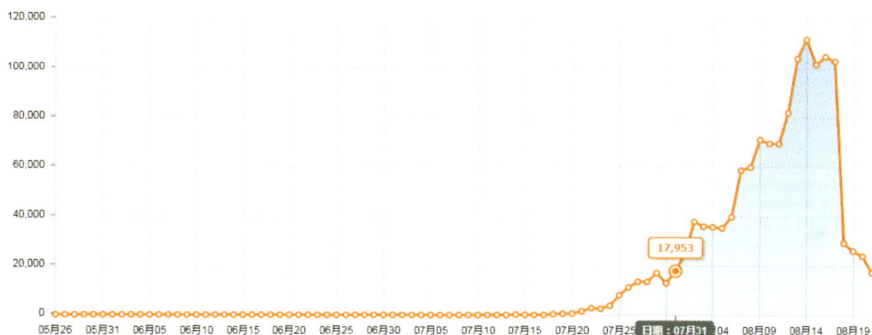

图1-11　淘宝推荐词具有大起大落的趋势

这里不分析词具体的流量来源，要做的只是把这个词尽快挖掘出来。找词渠道有多种，主要是关注TOP20W词表和生意参谋的行业热搜词。多积累词表，各个子类目可以获得几千到几万词量不等。通过观察词表，可以发现，每个星期都有很多新的关键词冒出来，另外有很多老的关键词流量逐渐减少。淘宝的流量处在一个动态变化的过程中。每周新出来的词，一开始的时候，竞价都比较便宜，过两个星期后，逐渐被更多的人挖掘出来，竞争加大后，出价才逐渐提高。

实际推广中，即便有些商家能发现一些低价词，在使用上仍然有顾虑。例如是否有流量，是否能转化，是否会影响账户质量等。以图1-12所示的数据为例，对于一些好的产品，只要能把点击单价做到足够低，这些广泛词的低价流量能给账户带来盈利。对于账户质量的影响，是个逐渐筛选优化的过程。

广泛词里真正有效的词比例并不大，但是因为词量基数足够大，还是能找到足够多的好词。首先批量加词，加入后，马上根据质量分进行判断。目前推广的趋势是无线端，通常首先判断无线分值，低于6分的都删掉，维持一定的计划质量。剩下的词，正常投放一段时间，例如一周后，开始分析数据。无线端删除低于1%点击率的词，再次删除投放后质量分低于6分的词。然后再加一批新词进来测试。逐渐给主打款积累更多能带来流量的好词。

有时在推广过程中，可能会遇到某些不盈利但是有流量的词。很多人会考虑删除这些词。建议大家先保留，降低费用再观察一段时间。流量得之不易，不要轻易把一些做到流量的词，因为还没全面分析数据就贸然删掉。

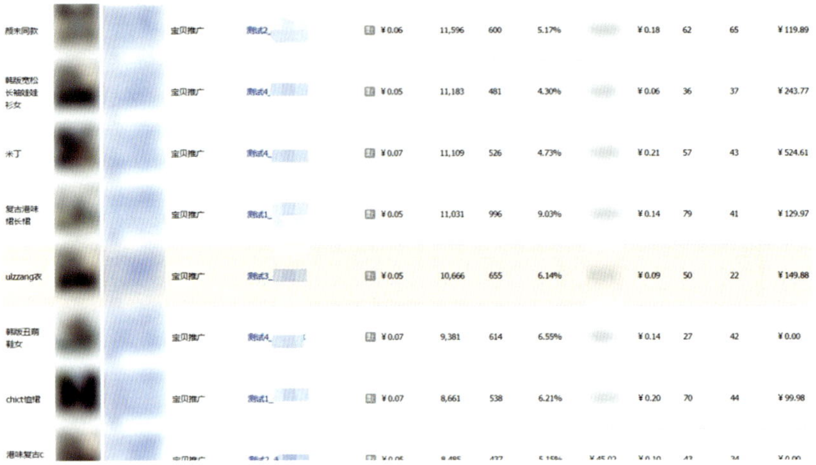

图1-12　关键词报表

2. 关键词质量得分优化技巧

只是找到低价上升词，还不足以帮商家做好流量。

关键词的流量由搜索量和关键词的竞争排名决定。排名取决于关键词的综合得分。综合得分等于出价乘以质量分。

由此可知，质量分会直接影响到商家的排名，大家优化的时候都应以质量分的优化为主。但是很多人对于质量分的理解经常是错误的。

例如，通常看到的质量分值都处于2~10分这个区间。其实在显示时这个分值是对质量得分的小数部分进行四舍五入处理后得到的。系统计算排名综合得分的时候，使用的分值是未四舍五入的原始分值。

图1-13展示了直通车对于扣费规则的举例。

您的实际扣费规则：

下一位的出价×下一名的质量得分/您的质量得分+0.01

		实际情况举例：（得分后台显示时做了标准化处理）				
掌柜	关键词	出价（元）	质量得分（原始分）	质量的分(直通车后台中标准化处理后的得分)	最后综合排名得分	综合排名	最终扣费（元）
A	雪纺 连衣裙	0.68	1358	10	92344	1	0.64
B	雪纺 连衣裙	0.70	1221	10	85470	2	0.67
C	雪纺 连衣裙	0.80	1009	9	80720	3	0.74
D	雪纺 连衣裙	1.20	613	7	73560	4	1.20

图1-13　扣费规则

类似于店铺的层级会根据销售额高低分层的方式，标准分记录的是原始分分值高低的层级，例如原始分值最高的2%是10分，2%~5%的是9分，依次类推。同在10分的层次内，高原始分的比低原始分的分值差别会在5~10倍。大家平时可能会碰到这个情况：两个商品推同一个词，质量分显示都是10分，竞争同一个位置的时候，价格会差两三倍。就是因为原始分的区别太大。这个原始分是看不到的。很多商家认为优化到10分就好了，其实只是进入到一个新的竞争层次，还需要继续优化。

影响质量分、原始分的因素有很多，总共有100多项参数，主要区分为以下几类（见图1-14）。

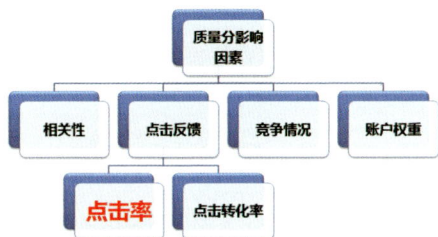

图1-14　质量分影响因素分类

1）相关性

商品属性、商品标题、商品描述文本、直通车推广标题等都会影响关键词相关性。

2）点击反馈

点击反馈包括点击率、点击转化率、收藏率、加购率、DSR等。其中最重要的是点击率。

3）竞争情况

账户以往的数据表现会影响到计划质量，计划质量再影响当前质量分，相互之间的关系如图1-15所示。

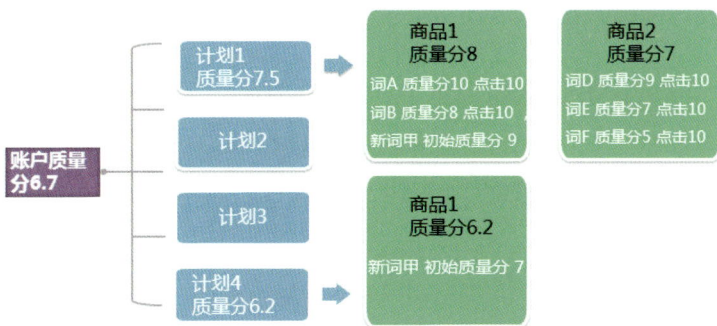

图1-15　计划质量影响质量分

例如，计划1和计划4里，相同的商品用上相同的关键词，一个初始质量分是9分，一个是7分。分值不同的主要原因就是这两个计划质量不同。

利用计划质量来提升质量分是一个很强的直通车优化技巧。

提升历史计划质量的方式，跟计划的花费金额没有直接关系，参考的是质量分、点击率、点击量。高点击率的商品配合足够的点击量，能逐渐做高计划质量。有些店铺在点击率不好的时候强行加大花费，计划质量反而越做越差。

提升质量分的细节会有很多，商家可以核心关注点击率这一指标。

店铺通常会碰到些款式，点击率很高，点击量很高，花费相对又是比较便宜的。这些款式可以收集起来，专门作为店铺的提升计划质量引流款。除了能直接吸引低价流量外，这些款还能提升账户计划质量，这样在新加入测试款或者主打款的情况下，能帮助其他款式获得不错的初始质量得分。

图1-16是 一个通过计划质量提升获得低价流量的案例。图1-17展示了直通车的计划数据。

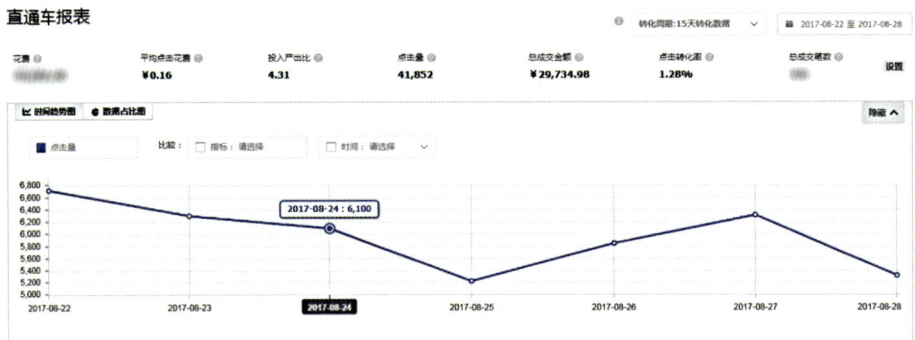

图1-16　通过计划质量提升获得低价流量

图1-17　直通车后台计划

店铺在推广过程中，前期并不是直接主推主打款，而是反复测试，选出某些点击率高的款，一般是以3%以上点击率为标准保留款式。这些保留款式有效提升了计划质量，可以积累大量低价流量，后期根据款式数据做具体分析，从中选出投入产出比好的款式并着重推广。如8月直通车数据中，PPC做到0.16元。靠着这个低价流量，在转化普遍一般的情况下，仍然做到4.31的直通车投产。

3. 多推广策略

（1）推广计划布局

很多商家喜欢在一个计划里推一个款式，这样容易对计划资源造成浪费。

图1-18所示的计划布局很简单，几个精准主打计划配合广泛计划，每个计划会同时推多款。精准计划里推广表现好的精准词、大词，广泛计划测试广泛词。对于店铺主打的热卖款，转化不错的情况下，款式缺的就是流量。流量来源于推广词，更多的推广词带来更多流量。单计划可用词量有限，多计划可充分用足词表的词。

状态	计划名称	计划类型	日限额	展现量	点击量	点击率	花费	平均点击花费	投入产出比
推广中	测试4	标准推广	￥600		34,704	4.33%		￥0.16	2.71
推广中	测试1	标准推广	￥800		45,859	4.74%		￥0.18	2.84
推广中	测试2	标准推广	￥600		38,035	4.71%		￥0.16	3.99
推广中	测试3	标准推广	￥600		31,467	4.39%		￥0.17	2.78
推广中	主打1	标准推广	￥1,600		38,283	4.57%		￥0.14	2.63
推广中	主打2	标准推广	￥1,600		26,470	4.26%		￥0.16	2.43
推广中	主打3	标准推广	￥600		21,669	4.25%		￥0.16	2.86
推广中	主打4	标准推广	￥600		24,124	4.33%		￥0.15	3.08
	（合计）				260,611	4.48%		￥0.16	2.94

图1-18　直通车推广计划安排

账户流量由多计划流量汇集而成。2017年20个推广计划逐渐向商家开放，商家可以利用的计划会更多。

（2）多推广类目

在店铺所属的大类目下，都会有很多子类目。根据平台的规则，店铺可以在当前大类目下任意拓展子类目商品。直通车流量根据类目划分，每个子类目对应的关键词流量都有不同，利用这样的拓展机会，各子类目下找到合适的商品进行推广，通过多类目引流，给店铺提供更多流量。只要店铺流量足够多，商家就有机会压低费用，做好低价流量。

很多人都担心多类目规划会让店铺的人群不精准。人群体现在客户年龄层、消费能力、风格喜好等多个方面，而不是在店铺的子类目商品分布上。商家针对目标客户去寻找他们喜好的商品，店铺的人群标签会越来越好。

（3）热卖款群打造

三年前大家的普遍打法是做单个热卖款。热卖款销量足够大时，引爆的免费流量会有十倍或数十倍的增长。最近这几年，淘宝优化流量模型，开始去中心化。在无线个性化时代，流量逐渐分散。这种情况下，热卖款群反而能获得更好的发展机会。

前面说的种种，关键词也好，质量分、点击率也好，店铺类目规划布局也好，都是为了帮商家积累更多的好款。

好款是逐渐测试优化而来的。先把店内商品分为4个级别：热卖款、畅销款、引流款、测试款。创建4个测试计划，加入准备好的款式，分别加上词表里的词进行测试。为了维护一定的计划质量，首先删掉低分词。每个计划设置一定的限额，保证每天有足够费用获得相应流量。一个星期后，统一分析测试款情况。首先要看的数据是点击率。点击率足够好的款作为引流款优先保留，不好的款从计划里删除。款式点击率高，计划质量就有了，相应的点击花费比较低，账户相对安全。后续再分析其中的收藏加购转化数据，从中选出表现更好的热卖款、畅销款。测试不间断，好款会越来越多，逐渐形成店铺热卖款群。

展开全部	默认出价	移动出价比例	展现量	点击量	点击率	花费	投入产出比	总成交金额	点击转化率	平均点击花费
	0.06元				5.73%		3.36			￥0.15
	0.08元				4.56%		2.09			￥0.18
	0.05元				5.20%		2.73			￥0.10
	0.07元				4.54%		1.39			￥0.20

图1-19　款式数据分析

几个环节紧密结合：广泛关键词提供测款阶段相对便宜的流量→测款找出点击率高的款→点击率高带动质量分以及计划质量→把关键词的点击单价做得更便宜→解决流量

问题后，控制流量费用，提升投入产出比。

这是长期的优化方向。难在前期计划质量不足、好款不多的时候，需要亏钱去测试。建议大家能多花些时间和精力，找出受消费者关注的好款式商品，解决店铺以后的流量、计划质量、选款问题。

4. 直通车人群设置及无线端优化

（1）直通车人群设置技巧

人群精准化是这两年直通车推广最大的变化。

在人群的使用上有利也有弊。人群设置合理，能给账户带来大幅提升，反之，人群设置错误也会带来极大的隐患。

人群的使用上，一般用两类方式：优质客户人群和自定义标签测试。

优质客户人群以四类为主：收藏过店内商品的访客、店内商品放入购物车的访客、购买过店内商品的访客、浏览未购买店内商品的访客。这四类是跟店铺关系最密切的人，长期测试下来，数据表现都不错，可以设置高溢价，如图1-20所示。

状态	搜索推广	溢价	展现量	点击量	点击率	花费	平均点击花费
优质人群							
推广中	店内商品放入购物车的访客	[illegible]	[illegible]	[illegible]	6.46%	[illegible]	¥0.24
推广中	收藏过店内商品的访客	[illegible]	[illegible]	[illegible]	6.56%	[illegible]	¥0.24
推广中	浏览未购买店内商品的访客	[illegible]	[illegible]	[illegible]	6.93%	[illegible]	¥0.13
推广中	购买过店内商品的访客	[illegible]	[illegible]	[illegible]	5.42%	[illegible]	¥0.24

图1-20　关键词人群设置

自定义标签需要先进行测试，如图1-21所示。

状态	搜索推广	溢价	展现量	点击量	点击率	花费	总成交笔数	直接成交金额	投入产出比
天气人群									
人口属性人群									
推广中	30--40岁-女	50%	[illegible]	[illegible]	4.88%	[illegible]	[illegible]	[illegible]	9.17
推广中	40--49岁--女	40%	[illegible]	[illegible]	4.32%	[illegible]	[illegible]	[illegible]	0
推广中	100-300元-女	50%	[illegible]	[illegible]	5.27%	[illegible]	[illegible]	[illegible]	21.84
	合计：汇总		[illegible]	[illegible]	5.17%	[illegible]	[illegible]	[illegible]	6.53

图1-21　关键词人群测试

标签可以单项人群测试也可以两两组合。为安全考虑，溢价比例开始设置不要超过50%。标签名称尽量规范，例如设置30~40岁的女性人群，标签名称可改为“30-40岁-女”，方便以后分析的时候一目了然。

测试时可以同时开几十个标签，过一两周，数据量足够大了，开始分析各项数据。

分析的标准是先看点击率，再看投入产出比。保留点击率高于创意平均点击率的人群标签，删除低的人群标签。一般来说最后保留3~4个好标签，效果就很不错了。

以往广泛词不够精准，投放效果并不好。现在有了人群工具，可以大范围投放广泛词，然后根据精准人群重点投放，精准效果已经比以前好了很多。

由于有溢价的关系，很多人担心实际出价扣费会更高。

好的人群可以提升点击率、转化率，持续投放一段时间后，计划质量会越养越好，反过来会降低点击花费。

有效的人群设置是做低价流量非常重要的手段。

（2）无线端直通车优化技巧

直通车的流量现在以无线端为主。

无线端直通车优化最重要的环节不在于技巧，而在于产品和客户群规划。

无线端客户群在年龄层、消费能力方面与PC时代有些许不同。针对这样的无线端客户群，以往热卖的商品有可能无法再引起他们的兴趣，如何分析无线端用户的特性和喜好，如何开发适合无线端客户群体的产品，是摆在各家掌柜和运营面前最大的问题。

推广技巧上，要关注无线端流量的飙升，如图1-22所示。

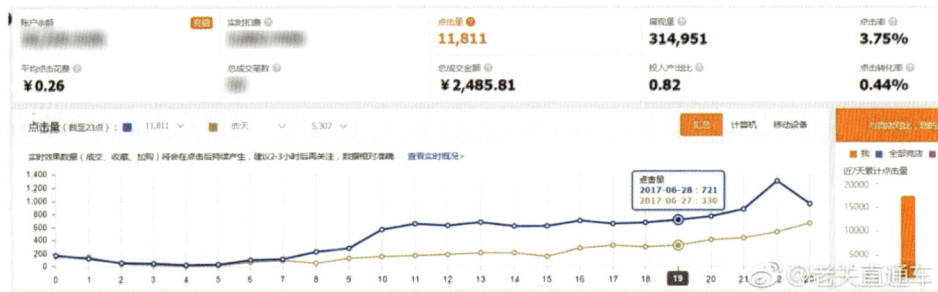

图1-22　无线端流量飙升

无线端飙升的流量数据看起来很猛，其实从规则上说，只是质量分的正常提升。

前面内容曾提到，历史计划质量会影响到质量分。之前的投放效果越来越好后，某一个阶段，质量分受计划质量影响统一提升，会在点击花费不变的情况下流量提升数倍。

大家或多或少都碰到过这种情况。很多商家很珍惜这些来之不易的流量，不敢降低直通车出价，硬挺着花费。其实这时候完全可以大胆降低价格。

直通车的低价流量本身就是在计划质量提升、流量大幅上涨后开始控制的。稳定计划质量，依赖的不是花费金额，而是点击率或点击量。

款式必须符合点击率合格指标。对于大部分类目来说，无线端点击率要大于3%。有些竞争激烈的类目，无线端的点击率必须大于3.5%。单款的单击率为3%~3.5%，是有机会实现流量增长的。要成长为热卖款，单款的点击率需要冲到4%~5%。

5. 其他直通车推广渠道注意事项

（1）定向推广

从推广逻辑来说，直通车定向更接近钻展的方式。

定向的流量碎片化比较严重，商家做定向低价流量的方式跟前面的关键词推广方式类似，也是通过多推广商品分别抓定向的碎片流量。

（2）PC端关键词推广

在当前无线端大发展的情况下，PC端流量已经越来越少。不建议店铺大力去做PC端流量。而对于某些中高端商品店铺，因为客户群关系，无法做好无线端，建议保留一半的计划去测试PC端。2016年中高端商品主打PC端，2017年也还有一定的机会，随着无线端的发展，PC端走向不明朗。

（3）店铺推广

店铺推广也是传统的PC端推广手段，操作方式简单。在PC端竞争越来越不受关注的时候，店铺推广目前还能做到一些不错的流量。

1.2.3　直通车低价引流技巧总结

没有哪一样推广工具是完美的，商家应该选择适合自己的推广方式。

直通车是一个高度竞争的推广工具，在竞争的过程中，部分精准推广方式的广告费用越来越高，而另一部分的广泛流量仍然存在蓝海机会。原因就在于很多运营人员错误地认为直通车只能高价去推精准词。

店铺最终的考核目标是投入产出比、盈利，改变优化策略，把握优化方向，做好自己的低价流量，同样能让店铺有更好的发展。

1.3   直通车高转化人群标签玩法①

随着淘宝、天猫平台千人千面功能的出现，人群标签对自然搜索的影响越来越大，平台对人群标签筛选性也越来越细致化。商家运营店铺的时候，不仅要学会掌控货，还要重视人和场的玩法。通过买家人群画像，精通掌握人群画像的玩法与设置，从而对店铺和宝贝设置精准标签，引来更多精准流量。

1.3.1   人群标签背景及概述

人群标签就是要找到精准人群。精准人群分为两种：精准访客人群和精准成交人群。根据标签的特征，可以针对性地制定直通车搜索人群玩法，从而获取一定的精准人群标签。搜索人群针对的是直通车账户的层面，直通车改版后其中搜索人群的变化最快，流量的精准性变得极为重要。受淘宝的千人千面影响，一旦店铺人群标签不精准，会导致转化率下滑，进而影响自然流量。那么如何通过直通车玩转个性化搜索人群呢？

1.3.2   高转化人群标签操作方法

1. 了解标签分类及店铺标签

首先了解标签的分类，再通过标签分类熟知标签定位，以及如何给店铺打标。

商家需要先结合生意参谋、客户运营平台、钻展DMP对店铺人群标签、宝贝标签、店铺标签做全方位的定位。由于店铺标签不一致性，直通车人群也会出现不一致性。再通过直通车搜索人群标签进行更精细化的操作，从而提升高转化人群标签，让店铺人群更加精准。

标签分类通常分为以下几种：

（1）店铺标签

每个店铺细分类目对应的人群画像也是不同的，每个店铺都会有自己的标签，每个产品都有大词、精准词、长尾关键词，每个词背后都是一个对应的人群，这个人群背后都有对应的人群标签。

① 内容提供：倪萍（妮子）

（2）宝贝标签

通过宝贝的属性、材料、风格、类目等形成一个产品初始的人群标签。宝贝上架后，买家行为动作如收藏、加购、成交等初始买家自身带有的属性又形成宝贝标签。宝贝上架中后期，买家收藏、加购、成交的特征形成人群标签。

（3）人群标签

人群标签根据买家特定属性如性别、星座、淘气值、地域等，买家最近有收藏过、加购过、成交过等数据分析购买需求与特征。从成交订单的属性如产品的客单价、类目偏好、风格特征、购买频率、购买渠道等可以分析客户的人群行为，从而判断人群标签，如图1-23所示。

关键词	性别	年龄	消费层级	城市	淘气值
连衣裙秋	女（33%）	18-24	0-100	广州 上海	600-800
连衣裙女秋	女（28%）	25-29	100-260	北京 山东	1000+
连衣裙女秋2017新款	女（19%）	30-34	260-490	广州 上海	801-1000
秋连衣裙	女（20%）	35-39	1000-2000	北京 上海	500-600
长袖连衣裙秋	女（4%）	40-45	1815 以上	广州 北京	400-500

图1-23　关键词人群标签

2. 人群标签定位方法及步骤

（1）了解店铺人群特征

1）根据生意参谋工具了解店铺人群特征

操作路径：生意参谋→市场行情→人群画像→买家人群画像

店铺买家人群画像如图1-24所示。

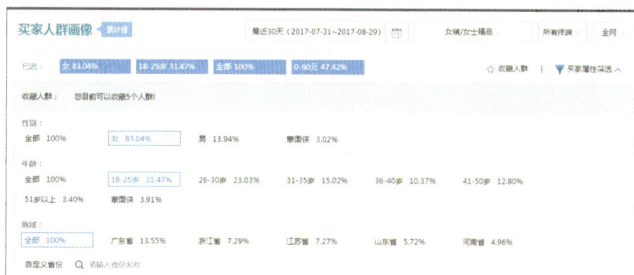

图1-24　店铺买家人群画像

通过查看买家人群画像，清晰了解关键词搜索人群属性情况。通过解析人群画像，如人群性别特征、年龄段人群占比、人群职业区分、地域分布情况等可以为付费流量直通车做精准引流。

2）使用客户运营平台了解店铺人群特征

根据客户运营平台可分析人群地域、访客行为、收藏加购成交人群与同行相比占比情况、活动人群画像、折扣敏感度情况、类目人群偏好度，从而合理运用到直通车搜索人群里面，如图1-25所示。

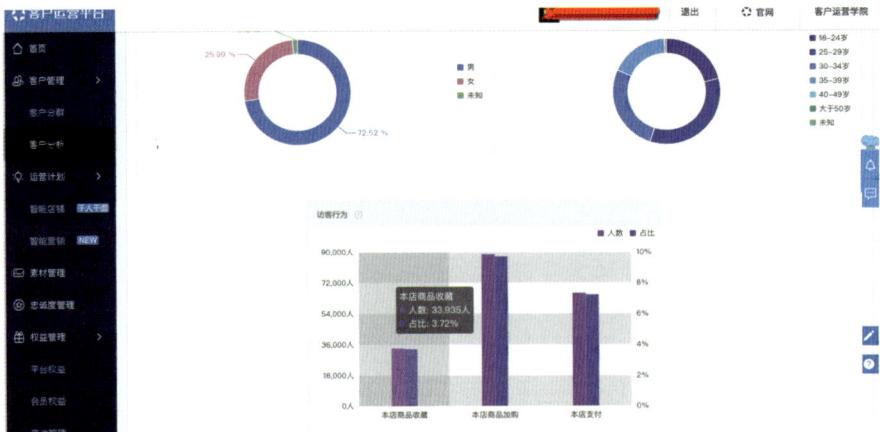

图1-25　客户运营平台店铺人群特征

3）通过钻展的达摩盘了解店铺人群特征

基于钻展的达摩盘（DMP）自定义组合人群圈定与兴趣点设置，通过数据透视分析出人群年龄、性别、职业、买家信用等级等人群，合理选出精确人群标签，如图1-26所示。

人群透视

加购物车用户　覆盖人数约：**159,048人**　选择对比人群

用户年龄

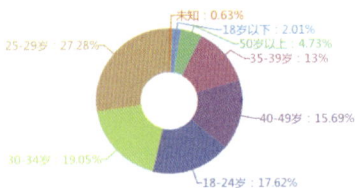

用户性别

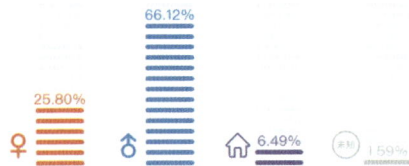

用户职业

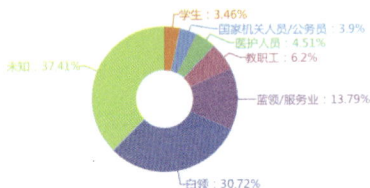

买家信用等级

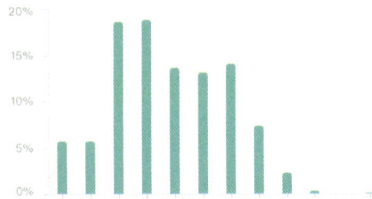

图1-26　达摩盘店铺人群特征

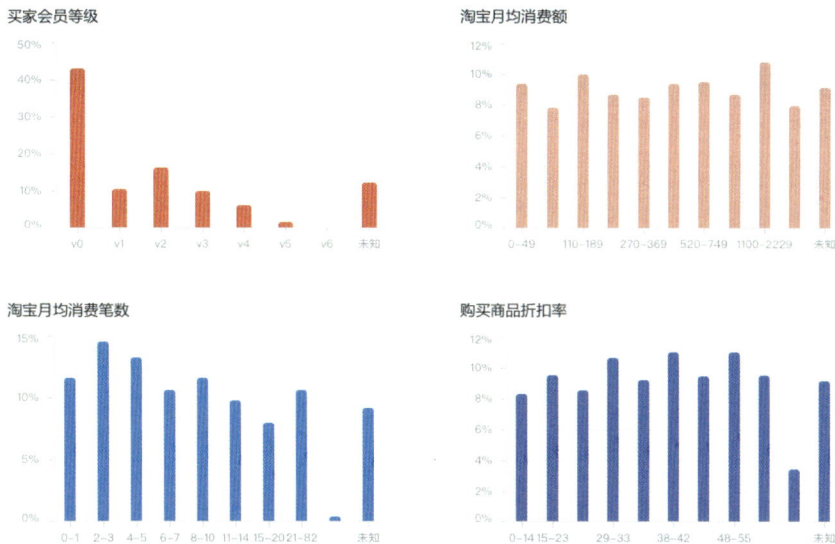

图1-26 （续）

（2）通过直通车搜索人群对店铺进行打标

直通车自定义搜索人群本是通过买家搜索过的关键词将宝贝推荐给买家，而自定义搜索人群将买家进一步细分，分为核心客户、潜在客户，其本质是通过搜索关键词针对不同人群进行溢价，让商家通过不同人群的溢价将商品在更加精准的人群中获得更多展现。直通车人群分为优质人群、节日人群、同类店铺人群、付费推广/活动人群、天气人群、人口属性人群这几类（见图1-27）。根据标签定位优化直通车人群搜索。

图1-27 添加访客人群

1）店铺人群标签分析

首先对店铺标签进行分析，通过生意参谋工具查看店铺客户特征，了解客户群体年龄层次、性别占比、地域分布等情况，从而对直通车搜索人群有初步的合理判断（见图1-28）。

图1-28　查看店铺人群特征

其次查看访客人群画像，针对这些关键词对应的人群进行优化（见图1-29）。

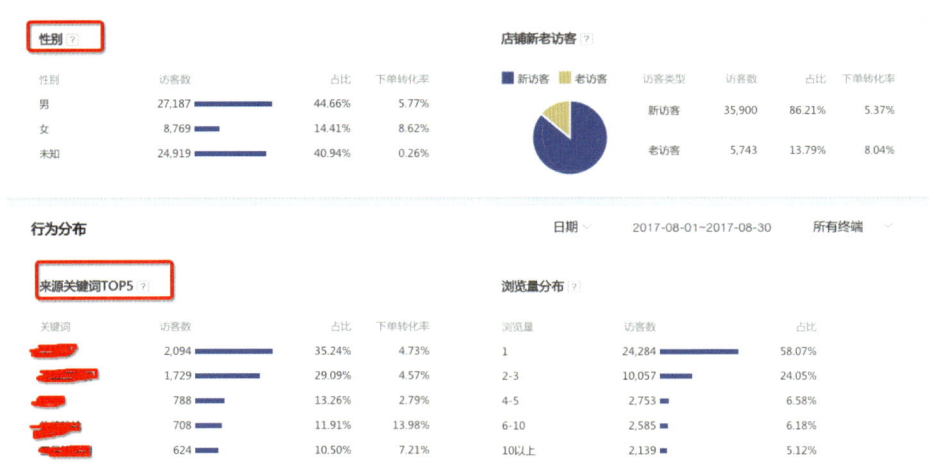

图1-29　查看店铺人群画像

2）直通车标签获取流量价值

通过店铺标签数据表现，针对直通车搜索人群进行加价和组合人群玩法。例如经过直通车数据测试，类目客单价100~500元，男性30~39岁是店铺精准人群，对这部分的人群进行溢价，效果比较明显，如图1-30所示。

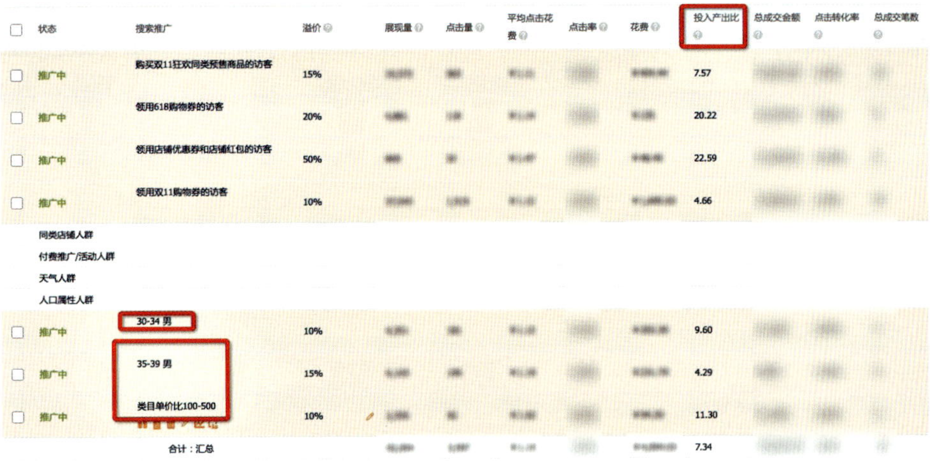

图1-30　人群定向数据

3）宝贝标签人群

直通车测试一段时间后，会为单品宝贝打标。首先通过生意参谋的商品效果功能观察单品在店铺是否有一定权重，如图1-31所示。直通车主推的款在店铺单品中排行前三，各方面数据表现不错。通过直通车对单品打标之后，观察数据前后的变化，一旦标签养成后，单品有了固定标签，会发现直通车人群PPC降低，ROI上升数据较明显。

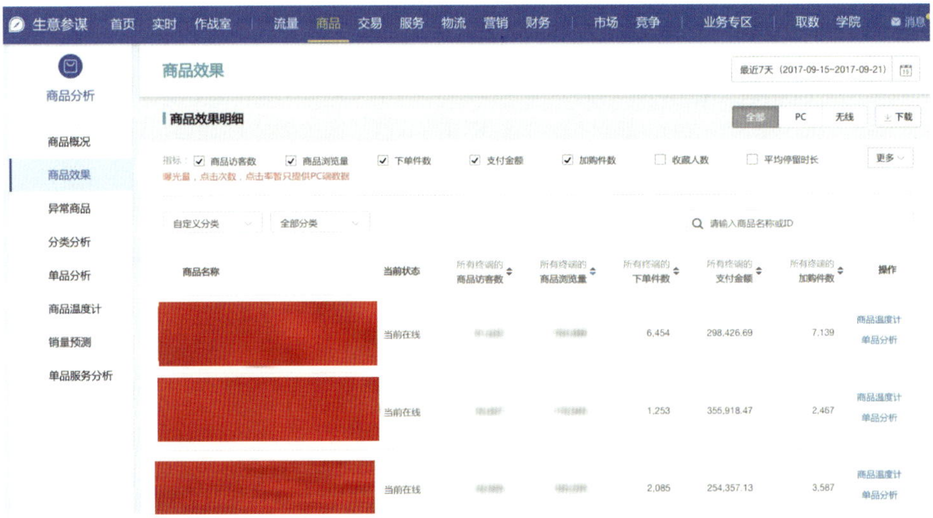

图1-31　商品效果分析数据

3. 人群标签优化

1）通过人群画像反推店铺布局

根据买家人群画像合理地做人群组合溢价，从数据来看，店铺中18~24岁、单价在100左右的人群受众最多，可根据人群特征对店铺做出风格装修、活动页面设置等优化，如图1-32所示。

图1-32　人群定向直通车后台数据

综上来看，可以首先通过直通车拉来人群，然后再看店铺实际的人群，根据这些人群画像，针对性做相应的优化，这样可以更好地获取精准流量。

2）标签养分法优化方法：单品人群玩法

针对主推款做单独人群搜索计划，确定人群标签的组成。搜索人群采取低出价、高溢价的玩法。选择三高词（质量得分高、ROI高、展现高）做人群计划，这样能在短时间内降低PPC，提升ROI，如图1-33所示。

状态	搜索推广	溢价	展现量	点击量	点击率	花费	平均点击花费	点击转化率	投入产出比	总成交笔数	总收藏数	总购物车数	直接成交笔数
推广中	18-24女100上	70%	14,776		7.96%				4.03				
推广中	25-29女100上	65%	5,100		7.22%				2.61				
推广中	30-34女300上	60%	29		3.45%				-				
推广中	18-24女300上	60%	267		6.74%				0				
推广中	18-24女100下	70%	22,944		7.29%				5.40				
推广中	30-34女100下	60%	604		6.95%				0				
推广中	25-29女300上	60%	181		5.52%				62.02				
推广中	25-29女100下	70%	5,501		6.85%				3.53				
	合计：汇总		113,688		6.63%				4.28				

图1-33　优化后单品直通车后台人群数据

进阶引流揭秘

天猫

直通车操作一段时间后，观察生意参谋店铺人群标签变化和买家人群淘气值的变化区间，如图1-34所示。

特征分布 日期 2017-07-31~2017-08-29 所有终端

淘气值分布

淘气值	访客数	占比	下单转化率
601-800	10,232	24.71%	6.86%
501-600	10,098	24.38%	5.39%
401-500	7,755	18.73%	4.51%
400及以下	6,036	14.57%	1.52%
801-1000	4,027	9.72%	8.54%
1000+	3,264	7.88%	10.66%

消费层级

消费层级(元)	访客数	占比	下单转化率
0-25.0	30,163	72.84%	5.45%
50.0-105.0	4,283	10.34%	6.44%
25.0-50.0	4,237	10.23%	6.04%
105.0-240...	2,022	4.88%	7.02%
240.0-445...	496	1.20%	7.46%
445.0以上	211	0.51%	9.00%

性别

性别	访客数	占比	下单转化率
男	27,018	44.64%	5.79%
女	8,747	14.45%	8.60%
未知	24,755	40.90%	0.26%

店铺新老访客

■ 新访客 ■ 老访客

访客类型	访客数	占比	下单转化率
新访客	35,717	86.25%	5.39%
老访客	5,693	13.75%	8.01%

图1-34 优化后生意参谋店铺人群标签变化

搜索人群可以理解为针对对应人群提升质量得分，从而达到优先展现目的，这些都是个性化搜索展现的具体体现。关键词表现越好，人群越精准。同理，人群效果转化好，关键词质量得分也会好。

1.4 解决直通车推广亏损，助力店铺业绩飙升[①]

1.4.1 背景概述

你是否遇到过以下情况：

- 产品优势不明显或者老客户没有维护好，又没有做好其他流量渠道的推广，对于直通车推广的依赖非常强，成交量大部分来源于直通车推广，造成如果不做直通车推广就没有流量和销量的情况。
- 店铺销量的主要提升点来源于直通车。这时如果不注意把控推广的ROI，又没有开拓好其他的流量渠道，容易在直通车推广方面投入过大，以致店铺出现亏损情况，加大店铺经营压力。
- 想通过"战略性亏损"的策略来撬动自然流量。所谓"战略性"应当是有规划、有步骤实施，只懂得把钱投进去，等待自然流量到来却没有止亏转盈的能力。把问题归结于"开通了直通车为什么还没有自然流量"。
- 在做直通车推广时盈利，整体直通车数据表现不错，却不知道接下来可以再做些什么。

要解决这些问题，应先深入了解直通车。直通车是一个通过引入流量带动一定量级的成交，最终提升自然流量的推广工具。

引入流量、带动成交、提升自然流量是循序渐进的三个步骤。只有一个环节一个环节地解决，才能最终实现店铺成长。大多数人卡在第一步，没法继续往下走，或是不懂得应当从何入手放大流量。

直通车拉动店铺成长的方法有很多，例如大家所熟知的打造热卖产品迅速提升排名以获得自然流量，或是靠数据分析能力低价引流。本章重点介绍从调整直通车推广入手，将直通车调整到不亏损后，逐渐放大流量，随着流量提升，销售额也随之增长的案例及方法。

1.4.2 扭亏为赢案例呈现

某店铺从2017年3月开始调整，到8月营业额从36万元提升到89万元，增长约2.5倍（见图1-35~图1-37）。在店铺和产品上并未做大调整，唯一调整的地方就是直通车。这

① 内容提供：伍丹（蛋蛋）

个店铺的利润率不错，直通车投入产出比（ROI）只要达到2就可以实现盈亏平衡，调整一段时间后，直通车ROI已经达到3.75，花1.5万元能成交5.9万元。但是目前的问题是每天只花费500元，拿到的流量不到1000个UV。店铺运营人员对直通车的操作不熟悉，不知道如何放大流量，同时也没有要放大流量的意识，店铺营业额一直在30~40万元浮动，停滞不前。

图1-35　生意参谋运营视窗

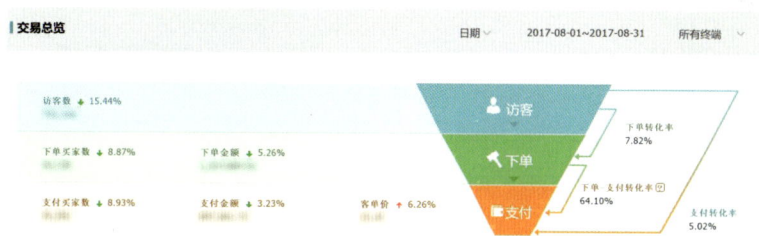

图1-36　生意参谋交易总览

图1-37　案例商家直通车报表

该店铺在确定方向后先把原来推广计划里的产品做了梳理，赚钱的推广或是加词或是加价，以放大流量，亏钱的部分稍作调整，或是降价或是删除推广词。

店铺中一个月销量达到一定值的产品加入到直通车中进行测试，这次测试一共加入了120个产品。

分析店铺过往一段时间的数据，了解PC端及无线端、站内及站外、定向及关键词的情况后，有针对性地建立计划，进一步放大流量。

一个月之后，直通车月点击量由之前的29 461次提升到112 455次，直通车投入产出比相对于3月略微降低，但是直通车推广整体仍保持盈利，如图1-38所示。

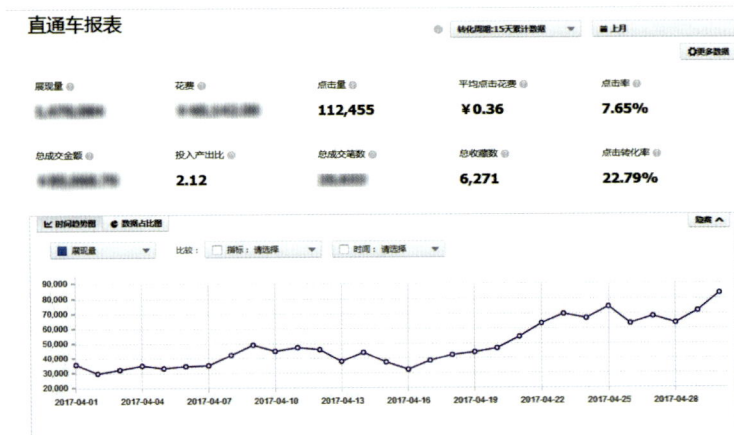

图1-38　直通车报表

2017年8月直通车推广的点击量达到40.9万次，通过直通车推广投入产出比提升到2.99。在保证推广盈利的前提下，仅仅通过直通车推广带来的成交额就已经超过3月整月营业额，8月营业额大幅提升已成必然，如图1-39所示。

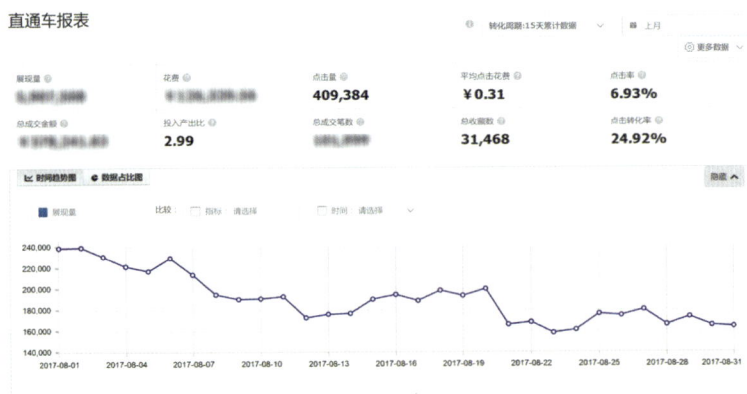

图1-39　案例店铺直通车报表数据情况

该案例店铺从2016年9月到2017年3月营业额一直没有什么大的增长变化。之前的直通车推广的整体表现看起来非常不错，从直通车的投入产出比来看是赚钱的，然而并不懂得放大流量，每天的花费比较少。虽然直通车推广后是赚钱的，但对于自然流量以及整个店铺营业额提升贡献来说非常有限。

根据图1-40，再结合前面的图，可以发现，店铺的营业额上升以及直通车的消耗和店铺流量的提升成正比关系。若适当提高直通车的花费，引入更多的流量，自然流量以及营业额随之提升。

图1-40　案例店铺流量趋势

在涉及直通车推广计划决策时，很多商家习惯于以营业额目标来划分一定的比例，或者给直通车设定一个固定的费用作为推广预算。在店铺流量与直通车引流成正比的情况下，应该以直通车的盈亏状况来衡量直通车的投入情况。如果亏损，就需要先提升ROI，把推广亏损变为盈利。若通过努力，仍然不能够实现盈利，可以考虑设定固定的费用，或划分一定的比例（如营业额或者利润的一定额度作为直通车的月推广预算），有效控制亏损。

部分直通车推广做得不好的商家已经把推广的亏损视为理所当然，没有把控好亏损的尺度，更没有仔细分析原因，先要想办法努力实现盈利，这样才能投入更多的推广费用来实现店铺销售额的增长。

即使没有办法完全解决直通车推广的亏损问题，也可以通过优化操作来把亏损比例缩小，将节省的推广费用来投入推广，提升获取流量，增加店铺的销售额。例如，假设原来每天花5000元只能带来5000个流量，成交6000元，提升后，每天同样花5000元能够带来1万个流量，成交1万元，哪怕仍然是在亏损的状态，推广的效率也比以前高，仍然能够达到提升店铺营业额的目的。

接下来将围绕如何解决直通车的亏损以及放大流量的方法展开讨论。

1.4.3　调整直通车账户盈利步骤技巧

调整账户盈利水平的核心在于找出赚钱的部分，进一步放大，找出亏损或者完全不成交的地方，削减开支或者删除。通过这个调整过程，让自己的直通车不断趋向更赚钱的方向，自然而然地会提升投入产出比，最终实现盈利。

1. 推广账户自我诊断

调整账户首先要对账户诊断。

第一步：在所有产品中找出更适合推广的产品。

从图1-41所示的数据中可以看出，4个不同的推广计划盈利水平相差非常大，投入产出比高的能到14.37，投入产出比低的只有0.65，亏损非常严重。如果想要快速解决推广亏损的问题，可以从推广亏本的产品入手，降低推广亏本产品的预算，或者不推这些产品。

花费 ↑	平均点击花费 ↑	总成交金额 ↑	投入产出比 ↑	总成交笔数 ↑	点击转化率 ↑
		￥2,589.47	2.36		1.72%
		￥2,482.00	14.37		5.82%
		￥14,316.59	4.21		9.22%
		￥70.00	0.65		2.82%
		￥19,458.06	4.07		6.87%

图1-41　寻找适合推广的产品

从提升投入产出比角度来说，如果账户本身已经为这些产品花费了大量的推广费用，现在已经有了一定的自然流量和销量，那么并不一定适合这么做。但如果上述数据是发生在产品测试阶段，那就很容易对需要推广的产品做出判断，如图1-42所示。

	推广计划列表	推广单元列表	创意列表	关键词列表	地域列表	⚙			
计划类型	日限额	展现量 ↑	点击量 ↑	点击率 ↑	花费 ↑		平均点击花费 ↑	总成交金额 ↑	投入产出比 ↑
标准推广	￥200.00	207,906							2.36
	计算机设备	130,591							1.77
	移动设备	77,315							2.85
标准推广	￥100.00	26,248							14.37
	计算机设备	19,295							10.73
	移动设备	6,953							16.59
标准推广	￥450.00	111,977							4.21
	计算机设备	57,260							5.30
	移动设备	54,717							3.90
标准推广	￥200.00	17,594							0.65
	计算机设备	15,337							1.24
	移动设备	2,257							0.22
		363,725							4.07

图1-42　通过测试对推广产品进行取舍

接下来通过投放设备、流量来源、推广类型来看到PC端和移动端在站内站外以及关键词和定向的推广效果。

先看无线端和PC端。在移动互联网时代，大多数商家都着眼于无线端流量，PC端越来越不受到重视，哪怕在同一个账户里面，PC端和无线端的表现也有可能不一样。众所周知，当前大多数情况下无线端流量占比都远超PC端，那么是否还要投放PC端？这需要以产品在PC端的表现作为判断依据。如果它的投入产出比和转化都高，那么可以把这一部分小流量玩好，获取一些成交；如果这部分投入产出比还不如无线端，那么可以考虑放弃PC端的推广流量。一般来说针对高单价、功能复杂、购买决策周期比较长的产品，PC端的表现会比较好。如果PC端表现比较好，可以给产品单独地建立一个PC计划进行投放。

同理，可以看一下站内和站外。一般来说大部分商家都会放弃站外，因为在淘宝网购物时大多在淘宝站内，那么站外是个什么样的地方呢？站外主要包括视频网站、论坛、门户网站和各种各样的APP等。站外受众上网的主要目的不是购物，通常来说转化率低于站内。但是有一个非常有趣的现象，即站外投入产出比经常比站内更高，这是为什么呢？因为只有很少的一部分商家选择了站外投放，导致站外竞争相对较小，而且随着大数据技术的发展，站外投放和目标用户的人群匹配已经越来越精准，建议商家开始重视站外投放效果，如图1-43所示。

计划类型	日限额	展现量 ↑	点击量 ↑	点击率 ↑	花费 ↑	平均点击花费 ↑	总成交金额 ↑	投入产出比 ↑	点击转化率 ↑
标准推广	¥400.00	254,935		7.95%			¥51,761.07	4.26	7.97%
	站内	240,478		8.22%			¥50,987.22	4.24	8.06%
	站外	14,457		3.50%			¥773.85	5.50	4.35%
标准推广	¥500.00	646,383		3.96%			¥104,255.07	7.76	8.72%
	站内	507,067		4.86%			¥101,285.00	7.71	8.82%
	站外	139,316		0.68%			¥2,970.07	10.28	6.11%
标准推广	¥100.00	90,820		6.74%			¥18,685.80	5.07	9.28%
	站内	72,506		8%			¥17,834.86	5	9.44%
	站外	18,314		1.72%			¥850.94	7.29	6.35%
标准推广	¥300.00	132,656		1.49%			¥3,356.63	6.08	4.41%
	站内	67,422		1.63%			¥2,015.82	4.65	4.84%
	站外	65,234		1.35%			¥1,340.81	11.32	3.87%

图1-43　站内与站外流量对比

从推广类型可以看到关键词和定向效果。定向推广是系统根据顾客行为，抓取相应的消费者进行展示。有时候会出现自己花时间精力选择的关键词投放后的效果并不好的情况，这时不如选择定向推广，让系统帮忙抓取这部分精准流量。特别是一些小类目的关键词少，竞争激烈，大家都在争夺那几个核心关键词时，可以考虑把目光转向定向推广，也许会达到更好的效果，如图1-44所示。

再来看看推广地域。很多时候推广地域都是凭感觉以及从邮费角度考虑。从地域报表可以看到每个地区的投放效果，令地区选择更有依据。可以看到成交最多的地区以及只消耗不成交的地区。如果不投放只花费不成交的地区，那么整体投放的效果会更好，如图1-45所示。

计划类型	日限额	展现量	点击量	点击率	花费	平均点击花费	总成交金额	投入产出比	点击转化率
标准推广	¥400.00	254,935		7.95%				4.26	7.97%
	站内	240,478		8.22%				4.24	8.06%
	站外	14,457		3.50%				4.35	4.35%
标准推广	¥500.00	646,383		3.96%				7.76	8.72%
	站内	507,067		4.86%				7.71	8.82%
	站外	139,316		0.68%				10.28	6.11%
标准推广	¥100.00	90,820		6.74%				5.07	9.28%
	站内	72,506		8%				5	9.44%
	站外	18,314		1.72%				7.29	6.35%
标准推广	¥300.00	132,656		1.49%				6.08	4.41%
	站内	67,422		1.63%				4.65	4.84%
	站外	65,234		1.35%				11.32	3.87%

图1-44　从推广类型查看关键词和定向效果

推广计划	省市	点击量	点击率	平均点击花费	投入产出比	总成交笔数	操作
2016.12.29测试计划2	海南		5.25%		26.12	5	分日详情
2016.12.30测试计划4	甘肃		3.86%		20.55	3	分日详情
2016.12.29测试计划2	江西		5%		16.39	4	分日详情
2017.1.4定向计划	上海		2.26%		15	18	分日详情
2016.12.29测试计划2	新疆		3.82%		13.50	2	分日详情
2017.1.4店铺推广	上海		5.82%		11.23	31	分日详情
2016.12.29测试计划	浙江		5.32%		10.65	21	分日详情
2016.12.29测试计划3	上海		5.75%		9.19	100	分日详情
2017.1.4定向计划	湖南		2.94%		9.01	12	分日详情

图1-45　推广地域

人群也须加以重视，选择与产品匹配的人群出价，然后按照投入产出比进行优化，其结果往往比通投的效果要好很多，如图1-46所示。

状态	搜索推广	溢价	展现量	点击量	点击率	花费	平均点击花费	投入产出比	点击转化率	总成交笔数	总收藏数	总购物车数
推广中	良	50%	3,392		4.57%			1.75	2.58%	4	4	10
推广中	差	90%	527		4.55%			2.86	4.17%	1		3
推广中	冰雹、大雨、暴雨、大雪、暴雪、冻雨	80%	572		3.15%			0	0%	0	1	1
推广中	优	60%	31,918		4.29%			1.88	2.99%	41	29	110
推广中	雷阵雨、中雨、中雪	80%	6,455		3.87%			1.12	1.60%	4	2	16
推广中	高温	100%	317		3.47%			7.58	9.09%		1	
推广中	凉爽	100%	4,705		4.04%			3.06	4.21%	8	7	17

图1-46　精选人群

状态	搜索推广	溢价	展现量	点击量	点击率	花费	平均点击花费	投入产出比	点击转化率	总成交笔数	总收藏数	总购物车数
推广中	浏览未购买店内商品的访客	200%	1,347		10.24%			4.62	9.42%		4	17
推广中	喜好折扣商品的访客	100%	1,577		4.57%			2.47	2.78%		0	9
推广中	高购买频次的访客	100%	148		7.43%			0	0%		2	2
推广中	高消费金额的访客	100%	515		7.18%			1.87	2.70%		1	3
推广中	资深淘宝/天猫的访客	120%	25,437		6.20%			3.20	4.82%		51	159

图1-46　（续）

这样经过整体判断，就可以知道自身店铺投放的优劣。接下来要做的事情就是搭建推广账户结构。

2. 搭建推广账户结构

大多数商家的习惯是，把一个产品放在一个计划里面进行推广，这对计划造成极大浪费。针对每个推广计划，可以根据商家自身的需求，对时间、地域、投放平台进行设置。前面提到的账户自诊后的结果，更多的是为选择投放平台作参考，如图1-47所示。

图1-47　直通车推广计划设置

主要计划类型如下：

测试计划：以确定所有产品的推广效果为主要目的。

主推计划：以获得成交为主要目的。

定向计划：只推定向，少量关键词。

PC端计划：只推PC端，PC端表现好的产品才需要做这个计划。

无线端计划：主推无线端，PC端出价低。

地域计划：根据地域的表现以及营销方向，设置指定地区的投放。

站外计划：主做站外推广，站外高溢价。

店铺推广计划：针对PC端表现比较好的账户建立计划，海量铺词。

（1）测试计划调整

在做所有推广计划之前，先对产品进行投放测试，确定哪些产品适合推广（见图1-48）。同时在这个过程中对产品进行调整，这样才可以在推广中拿到好数据。现实推广中更常见的状况是：不做任何测试，凭着自己的感觉和判断进行推广。有些产品在店铺中卖得比较好，但是到了推广当中并不能获得非常满意的数据。数据情况不明时就直接进行大量投入，是亏本的主要原因。

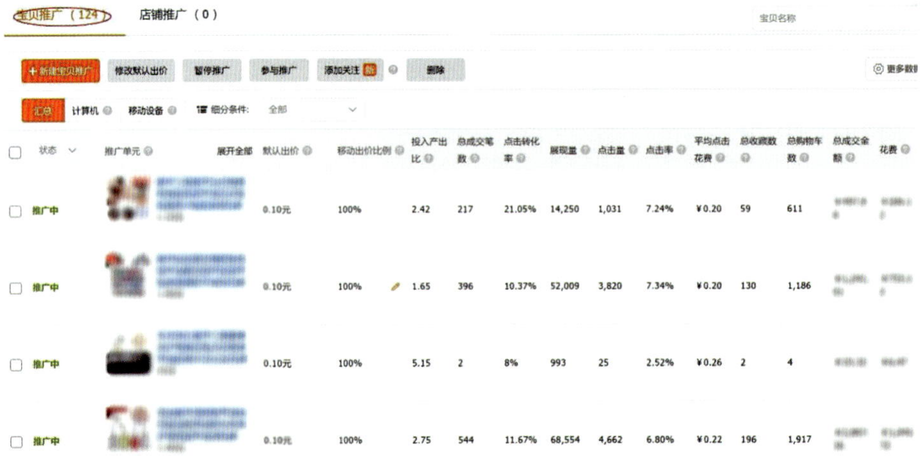

图1-48　在直通车推广计划中测试

在做测试计划的时候，应该设置一个较低的出价，把店铺内大部分产品都放进去试推。测试数据指标符合推广要求时再主推。

测试计划操作要点：200个词加满，以一个比较低的出价，同时对图片进行测试。多推产品，让更多产品有尝试机会。低价、多词、广泛撒网有利于降低PPC，通过一段时间推广后也会慢慢产生成交量，让一直卖不动的产品慢慢也能有销量，实现全店动销。

按照测试的数据结果，可以选取其中表现比较好的产品做主推，在选择的过程中主要参考的数据有：点击率、转化率、收藏量和加购物车的数量。这些数据指标比较好的产品有机会时可以打造成热销款，也可以放进主推计划重点打造。

（2）主推计划调整

经过测试，点击率、转化率都有不错表现的产品才适合放在主推计划中。主推计划的特点是大预算，其中包含花费和成交量都比较高的关键词，应重点关注（见图1-49）。

推广计划名称	计划类型	分时折扣	日限额	投放平台	投入产出比	总成交笔数	点击转化率	展现量	点击量	点击率	平均点击花费
主推计划	标准推广	70%	2500元	计算机 移动设备	2.70		30.92%	1,837,760			
高投产比测试计划	标准推广	70%	2300元	计算机 移动设备	3.99		23.08%	1,221,334			
20170323定向	标准推广	100%	150元	计算机 移动设备	2.43		14.41%	758,332			

图1-49　主推计划

主推计划操作要点：计划中可以包含一个款或者多个款，以成交为导向，成交能力强，担负着整个直通车里绝大比例的成交。每个关键词都必须是能成交的词，高出价，重点关注，尽量让表现好的关键词排名靠前。当需要打造热卖款，放大流量以获得更多成交时，主要从这个计划入手。

（3）定向计划调整

可以放入多个款，只推定向，不放关键词或放少量的关键词，便于查看定向推广的效果，并快速进行调整（见图1-50）。

推广单元	展开全部	默认出价	移动出价比例	投入产出比	总成交笔数	展现量	点击量	点击率	平均点击花费	点击转化率	花费
		0.10元	100%	5.46	423			1.52%			
		0.10元	100%	14.32	6			0.51%			
		0.10元	100%	7.63	4			1.46%			
		0.10元	100%	7.49	18			1.35%			

图1-50　定向计划

定向计划操作要点：多放产品，不要关键词流量。开启智能投放、兴趣点、位置。智能投放可以以账户平均点击单价一半左右出价。针对兴趣点和位置，由于是叠加扣费，前期的溢价建议不要出太高，以10%~30%溢价进行投放。

后期按照投放效果，进行加价或减价。投入产出比好的提升溢价，兴趣点或者位置表面好的提升溢价，表现不好的降低或是不溢价，如图1-51和图1-52所示。

图1-51　定向计划一

图1-52　定向计划二

（4）PC端计划调整

PC端投入产出比好的店铺才需要开启这个计划，关闭无线端的投放，只获取PC端流量（见图1-53）。

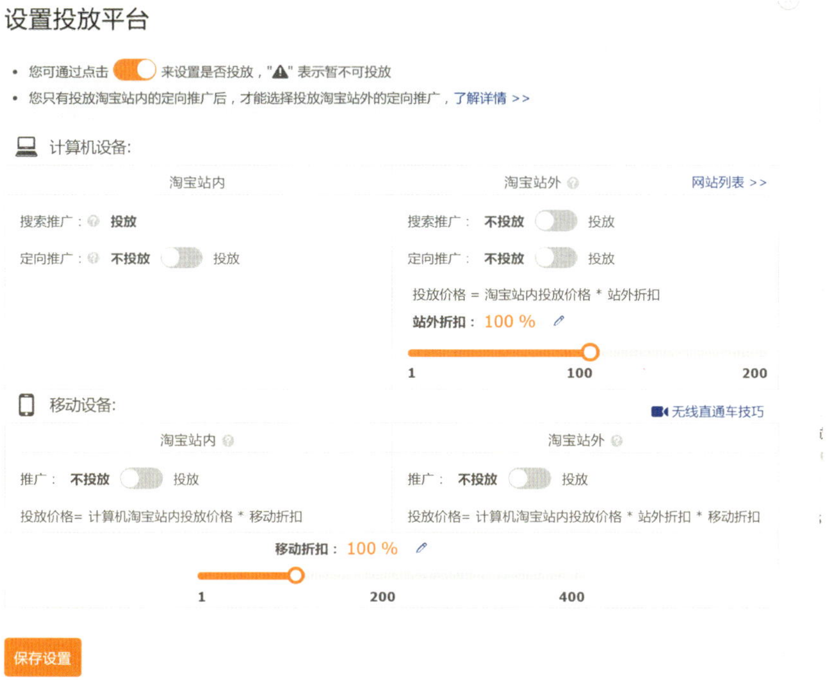

设置投放平台

- 您可通过点击 来设置是否投放，"⚠" 表示暂不可投放
- 您只有投放淘宝站内的定向推广后，才能选择投放淘宝站外的定向推广，了解详情 >>

💻 计算机设备：

| 淘宝站内 ⓘ | 淘宝站外 ⓘ | 网站列表 >> |

搜索推广：**投放**

搜索推广：**不投放** 〇 投放

定向推广：**不投放** 〇 投放

定向推广：**不投放** 〇 投放

投放价格 = 淘宝站内投放价格 * 站外折扣

站外折扣：100 % ✏

1 ——————100——〇—— 200

📱 移动设备：

◀ 无线直通车技巧

| 淘宝站内 ⓘ | 淘宝站外 ⓘ |

推广：**不投放** 〇 投放

推广：**不投放** 〇 投放

投放价格= 计算机淘宝站内投放价格 * 移动折扣

投放价格 = 计算机淘宝站内投放价格 * 站外折扣 * 移动折扣

移动折扣：100 % ✏

1 ——200——〇—— 400

保存设置

图1-53　开启PC端投放

由于PC端的流量有限，PC端计划需要做一个比较高的出价，尽量获取靠前的排名。

（5）无线端计划调整

由于现在淘宝、天猫平台推广流量主要在无线端，一般账户都需要无线计划。只是有些时候，无线端计划可以和主推计划合并为同一个计划。对无线端单独投放的原因是方便查看报表，根据关键词的表现对其进行调价。

无线端计划设置要点：关闭PC端或者PC端低出价，为PC端做一个0.05元的出价，让展现主要在无线端。

（6）地域计划调整

通过对报表分析以及营销目标，只对成交表现比较好的地区进行投放。直通车投放地域选择可以具体到城市。可以按照平时成交比较多的地区来选择地区，也可以按照直通车报表地域列表当中投入产出比比较好的城市进行选择（见图1-54）。

地域计划设置要点：投放之初，关键词正常出价，其后按照流量获取的情况以及投入产出比进行调价。

（7）站外计划调整

并不是所有商家必须投放，针对前面账户自诊中站外表现比较好的账户建立计划（见图1-55）。

43

图1-54　地域计划设置

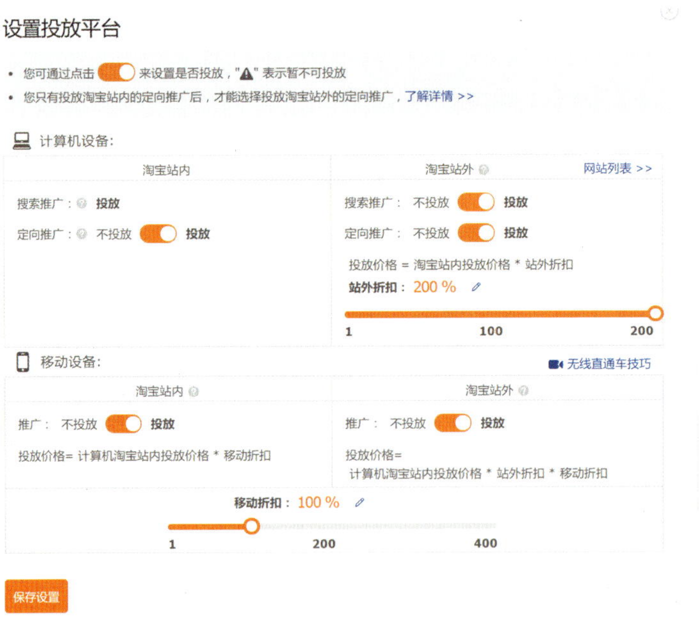

图1-55　站外计划设置

站外计划投放技巧：站内出价比无线端溢价200%。尽量选取流量比较大的关键词，广泛匹配。如果无法获取流量，可以添加更多的关键词或者提高出价，直到有流量为止。由于站外竞争比较小，通常来说，价格出得较高时，扣费仍然会比较低。

（8）店铺推广计划调整

区别于宝贝推广，店铺推广主打的不是单个产品，而是以一类产品或是全店的形式进行推广。因为店铺推广只在PC端展示，所以一般来说PC端表现好的店铺去做店铺推广效果会比较好。

店铺推广计划推广的不是单个产品，而是对店铺的大量产品同时进行推广。和宝贝推广最大的区别是不需要使用主图作为推广图片，可以自行制作一张长方形的创意图，为店铺引流，更类似于钻展。

和关键词推广的区别是店铺推广可以添加1000个关键词。可以把在直通车当中表现好的词全部添加进去，不需要区分产品。先以一个低出价投放，根据引流的效果调整出价。没流量时提升出价，投入产出比好时提升出价，投入产出比不好时降低出价。在店铺推广当中，即使质量得分较低，仍然有获得展现的机会，可以先考虑多投放关键词，获取更多的展现机会，然后再考虑优化提高质量得分。

3. 账户结构调整重点

账户架构搭建过程：从未推广过的产品，推广之初先进行测试，在测试计划中获取相应的数据效果后，对产品进行调整。接着按其表现分别放入相应的计划当中，之后会初步放大流量。接下来按照产品的表现，投入产出比好的加价，投入产出比不好的降价，通过这样的做法，在保证推广效果的同时，可以获得更多的流量。

4. 加大流量获取

很多商家头疼的问题是一个产品看似推广效果不错，但需要更多的流量。经常是看着赚钱，一提升出价，投入产出比会越来越差，甚至慢慢变成亏损。直通车只能拿到很少的流量，无法获取更多的流量和成交，那么在放大流量方面可以怎么做？

众所周知，获取更多流量的方法有两个，一个是加价，一个是词。先来看看加价。提高出价，排名靠前，获得更多的流量，但是有可能导致投入产出比下降。在单个计划里提升流量的正确做法是只提升投入产出比好、推广盈利那部分的关键词。如图1-56所示，箭头朝上表示关键词投入产出比较好，建议调高出价，而关键词投入产出比较差则调低出价，用箭头朝下表示。

在既有推广计划里，表现比较好的关键词，可以拿到更好的位置以及更多的流量，放大效果。可以利用搭建好的架构，把表现比较好的产品放入定向计划、PC端计划、无线端计划、地域计划、店铺推广计划等，还可以把它放进更多的计划里面，设置更多关键词，通过多渠道全方位获取流量。

关键词	计算机质量分	移动质量分	过去一小时平均排名(05:00~06:00)		计算机出价	移动出价	投入产出比	总成交笔数	展现量	点击量	点击率
			计算机排名	移动排名							
	9分	-	无展现分布	无展现分布		0.02元	3.65				1.12%
	10分	-	无展现	无展现		0.02元	3.72				2.63%
	10分	-	首页左侧位置	无展现		0.02元	2.74				1.79%
	10分	-	首页左侧位置	无展现		0.02元	3.42				4.62%
	10分	-	无展现	无展现		0.02元	-				2.22%
	9分	-	无展现	无展现		0.02元	-				6.06%
	10分	-	无展现	无展现		0.02元	11.24				5.38%
	9分	-	首页左侧位置	无展现		0.02元	2.54				1.21%
	9分	-	无展现	无展现		0.02元	24.76				4.55%
	9分	-	首页右侧第1	无展现		0.02元	3.49				1.17%
	10分	-	首页左侧位置	无展现		0.02元	3.45				0.74%
	8分	-	首页左侧位置	无展现		0.02元	-				0.35%

图1-56　关键词列表

　　本节介绍给大家的方法是通过分析自身店铺特征，找出推广当中亏损与盈利的部分，往盈利的方向多投入，尽量减少亏损的方向，或者不做投放，慢慢扭亏为盈。在保证推广盈利的情况下，加大推广力度，放大流量。

1.5 挖掘弱竞争人群，网罗智钻低价流量[①]

1.5.1 智钻推广观念更新

一些商家以为智钻是有实力的大品牌商家才能做，觉得自己玩不起。但是实际上，只要掌握有效的方法，中小商家一样可以玩转智钻。除了大家所熟知的品牌宣传之外，智钻在人群圈定、个性化标签店铺、日常引流、销售、拉新客户、激活老顾客等都有举足轻重的作用。

移动互联网时代免费流量越来越多地倾向于人群标签定向以及个性化。传统商家只重视搜索端的流量，往往忽略手机淘宝APP首页个性化流量所带来的巨大价值。研究后发现，商家店铺来自手机淘宝APP首页的免费流量占比非常大。手机淘宝APP首页展现的内容基于千人千面、人群标签化定向技术，可以为用户带来更精准的购物体验。

当店铺做好个性化标签后，有机会在淘宝平台对对应的人群进行推荐，更多的流量会来自淘宝首页的猜你喜欢等入口。因此，在直通车中利用精准的人群溢价功能也会显著提升直通车的点击率。

在智钻的为宝贝引流功能中可以使用更多的人群场景来更有效地发挥好定向功能。例如，智钻可以用拓展关键词功能定向更广的人群，也可以定向到DMP所圈定的店铺最精准的最近浏览过的人群以及店铺的收藏加购人群等。

随着智钻的升级，创意模块、智能定向、系统托管、自动出价、智能调价、创意优选、创意万花筒等一系列傻瓜式的优化功能降低了智钻投放的门槛。同时CPC模式的加入让引流成本更可控。淘积木工具使落地页创建过程更加方便，另外还增加了个性化功能如千人千面、优惠券等，更加有效地提高店铺的转化率。

很多商家已经更深刻地认识到智钻的重要性，开始运用智钻。如何有效地降低引流成本？显然，这是目前商家最关心的问题之一。本节就从实际案例来讲述商家如何有效地通过低价获取智钻的流量。

---

① 内容提供：陈薛潇（陈兄）

1.5.2　智钻低价引流案例呈现

某天猫女装新开张的店铺2017年7月的销售额在42 948元（见图1-57），到2017年8月销售额提高到709 961元（见图1-58），一个月达到15倍的提升。在这个过程中，店铺和产品上并没有进行过大范围调整，为什么短短一个月时间内有那么大的突破？其中主要的一点就是通过智钻大量低价引流，使店铺宝贝销售的增长趋势远大于类目增长，进而推动搜索等免费流量也跟着大幅增长，最终使店铺整体销售超常规增长。

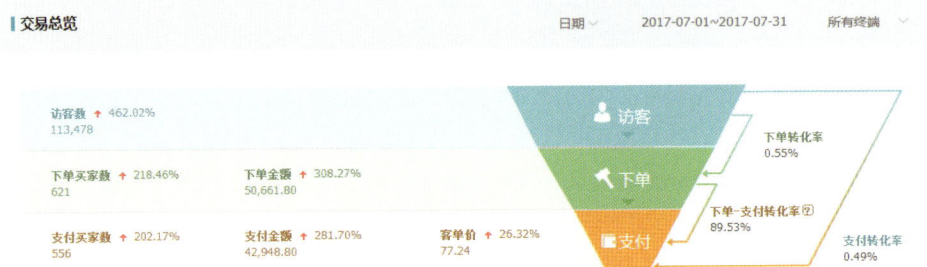

图1-57　店铺7月交易总览

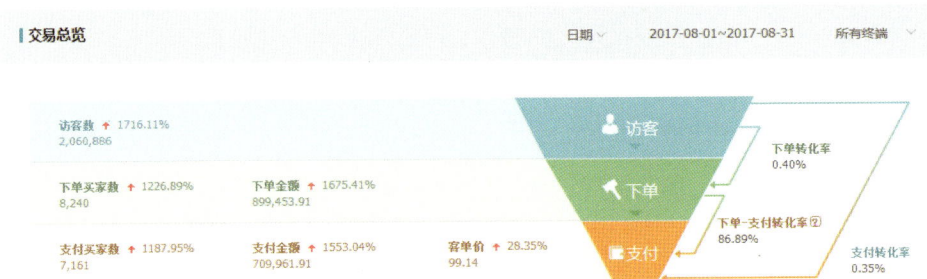

图1-58　店铺8月交易总览

案例店铺在确定好方向之后，梳理了整体布局。因为新店铺整体收藏、加购人群不是特别多，所以在智钻上想要只投放这部分优质人群来提高销量有点不太现实。只能从新客角度考虑，只有不断拉新曝光，吸引消费者注意，等收藏加购的人群沉淀之后才有更多的成交量。

在确定推广目标之后，开展计划的人群圈定步骤，具体步骤如下。

第一步，选择访客定向中的店铺定向，先挖掘竞争对手的人群，以补充自身店铺的不足，筛选几万个店铺，同时进行挖掘。

第二步，加入全店的相似宝贝定向。因为有了第一步的访客定向基础，这时全店相似宝贝定向的效果提升非常明显。随着流量逐步放大，再加入高级兴趣点定向、DMP定向以及智钻单品定向，多维度全方位地深挖新客人群。

根据公式：成交金额=流量×转化率×客单价，由于转化率和客单价相对稳定，可以得出只有店铺引入大量流量，产品销量才会快速增长。

从图1-59中可以发现，该店铺2017年8月大部分流量来自手机淘宝APP首页，这部分流量提升了4136倍，每日好店提升了9999倍。手机淘宝搜索、手机淘宝问大家等个性化流量均有大幅度提升。这个大幅提升的数据结果离不开通过智钻来圈定人群，让店铺通过获得大量的系统推荐而获取流量。

流量来源	访客数	支付转化率	支付金额	客单价	操作
淘内免费	2108.05%↑	48.19%↓	1346.67%↑	26.46%↑	
手淘首页	4136.38%↑	20.12%↓	4087.51%↑	23.74%↑	趋势 商品效果
手淘搜索	928.89%↑	29.06%↓	819.43%↑	25.98%↑	详情 趋势 商品效果
手淘每日好店	>9999%↑	0.00%—	0.00%—	0.00%—	详情 趋势 商品效果
淘内免费其他	1338.91%↑	34.78%↓	1016.11%↑	18.94%↑	详情 趋势 商品效果
手淘找相似	2918.42%↑	67.20%↓	1272.14%↑	38.60%↑	趋势 商品效果
手淘问大家	2499.91%↑	34.69%↓	2079.83%↑	28.39%↑	趋势 商品效果
手淘拍立淘	332.88%↑	10.45%↑	439.55%↑	12.85%↑	趋势 商品效果
猫客搜索	405.00%↑	17.19%↓	499.30%↑	43.31%↑	详情 趋势 商品效果

图1-59　店铺生意参谋后台流量构成

1.5.3　智钻低价拉新玩法组合

在利用智钻推广获取推荐人群时，商家通常的做法是以同类目中的知名品牌店铺或者TOP级大店铺去圈定人群，目的是通过最大的人群量获取更多的目标访客流量。但是，当大部分商家都这样操作时，热门的店铺人群竞争会变得异常激烈。这时，中小商家的访客流量往往被忽略。就单个中小商家店铺的访客数量而言，虽然不会很大，但是数以万计的中小商家在总和上数量非常巨大。如果能够把握住这部分中小商家的流量，相对激烈的热门店铺人群竞争来说，更容易以非常低的价格获取流量。

1. 将海量小众人群店铺作为获取流量的目标

使用场景：相对更适合预算比较少的商家，可以设置1个"万级店铺访客定向"计划。

本章前面已经介绍了直通车低价引流策略，就是利用多词、多宝贝、多计划等方面。相类似，智钻的每一个访客定向所圈定的人群数可以理解为一个关键词。在这个时候就需要收集大量的店铺，然后进行多资源位投放，如图1-60和图1-61所示。

图1-60　将海量小众人群店铺作为获取目标流量

图1-61　多资源位投放策略

但是不能盲目寻找目标店铺，只有找到相对精准的店铺才能实现效果。那么，通过什么样的渠道来判断这些店铺是否精准？大家都知道，通过生意参谋可以找到自身店铺所有成交的长尾关键词，那么可以利用这些成交长尾关键词寻找目标店铺。在生意参谋找到这些长尾关键词之后，在淘宝首页一一搜索，针对每个关键词可以搜索出多达4000个商品，如图1-62所示。

图1-62　淘宝搜索关键词

搜索到这些商品之后，把这些商品和店铺进行整理及收集，如图1-63所示，每个长尾成交关键词列一个表格。

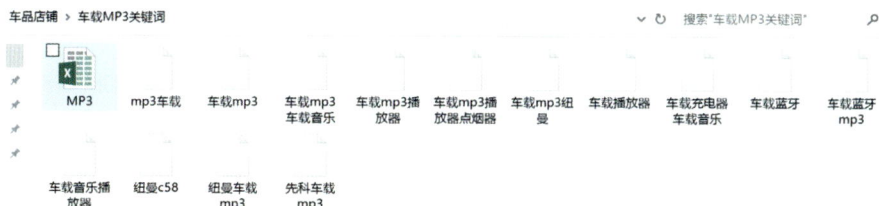

图1-63　每个关键词收集到的店铺及商品整理到表格里

然后针对投放的钻展资源位，尽量选择淘宝站内流量渠道，如图1-64所示。

广告位名称	媒体信息	创意类型	创意	可裂变尺寸	创意要求
PC_网上购物_淘宝首页焦点图右侧banner二_新	淘宝网	单张图片	一级	-	160x200
PC_流量包_网上购物_天猫精选首页小图	天猫精选	单张图片	一级	-	180x180
PC_流量包_网上购物_淘宝首页天猫精选大图_新	淘宝网	单张图片	一级	-	250x155
PC_网上购物_我的淘宝_右侧banner图	淘宝网	单张图片	二级	-	300x125
PC_流量包_网上购物_淘宝商业搜索底部小图	淘宝网	单张图片	二级	-	300x125
PC_流量包_网上购物_淘宝首页2屏右侧大图	淘宝网	单张图片	一级	336x280	300x250
PC_流量包_网上购物_淘宝首页3屏通栏大banner	淘宝网	单张图片	二级	920x300	375x130
PC_流量包_网上购物_淘宝首页焦点图	淘宝网	单张图片	一级	-	520x280
PC_流量包_网上购物_爱淘宝焦点图	爱淘宝	单张图片	一级	-	520x280
无线_网上购物_手淘app流量_手淘焦点图	淘宝网	单张图片	一级	-	640x200
无线_流量包_网上购物_app_新天猫首页焦点图2_640	淘宝网	单张图片	一级	-	640x200
无线_流量包_网上购物_触摸版_淘宝首页焦点图	淘宝网	单张图片	一级	-	640x200
无线_流量包_网上购物_触摸版_爱淘宝焦点图	爱淘宝	单张图片	二级	-	640x200
PC_网上购物_天猫精选焦点图2	淘宝网	单张图片	一级	-	730x300
PC_流量包_网上购物_淘金币首页通栏轮播	淘金币	单张图片	二级	-	990x95
PC_网上购物_淘宝首页通栏1	淘宝网	单张图片	一级	-	880x70

图1-64　智钻资源位数据

经过前面几个步骤，搜集到对应的店铺以及资源位，接下来开始布局智钻计划。智钻一共可以建立100个计划，每个计划下面又可以建立100个单元，然后每一个单元里面又可以放置100个访客定向店铺。利用这个原理，把所采集的一万个店铺放置到计划当中，在出价上采用系统建议出价的10%左右进行投放，如图1-65和图1-66所示。

图1-65　店铺智钻后台计划数据

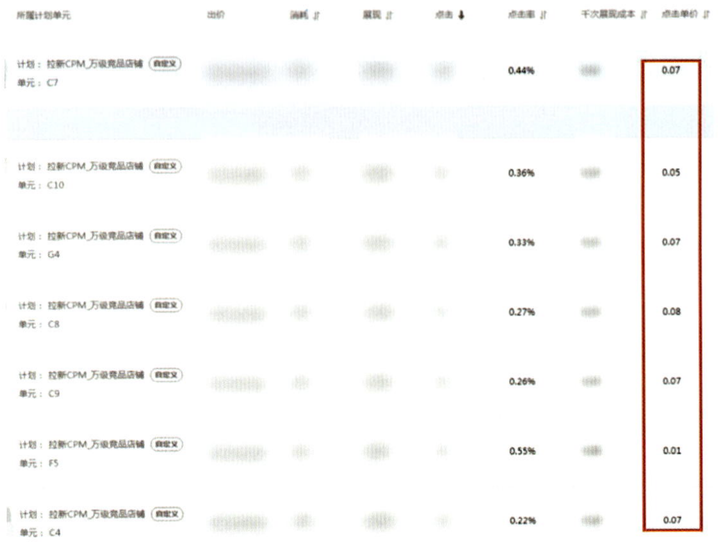

所属计划单元	出价	消耗	展现	点击	点击率	千次展现成本	点击单价
计划：拉新CPM_万级竞品店铺 (自定义) 单元：C7					0.44%		0.07
计划：拉新CPM_万级竞品店铺 (自定义) 单元：C10					0.36%		0.05
计划：拉新CPM_万级竞品店铺 (自定义) 单元：G4					0.33%		0.07
计划：拉新CPM_万级竞品店铺 (自定义) 单元：C8					0.27%		0.08
计划：拉新CPM_万级竞品店铺 (自定义) 单元：C9					0.26%		0.07
计划：拉新CPM_万级竞品店铺 (自定义) 单元：F5					0.55%		0.01
计划：拉新CPM_万级竞品店铺 (自定义) 单元：C4					0.22%		0.07

图1-66　店铺智钻后台单元数据

2. 网罗竞争相对小的购买意向人群

使用场景：预算比较少的商家，特别是细分小类目店铺的商家在"万级店铺访客定向"基础上增加高级兴趣点定向补充更多低价拉新流量。

针对高级兴趣点定向，同样采用多关键词多单元进行操作，关键是可以进行自由筛选，如图1-67所示。

类目型定向-高级兴趣点

韩版连衣裙　　　　　　　　　　　　　　搜索

标签	所属类目	人群相关度	人群数量	全部添加	已选标签	所属类目	人群相关度	人群数量	全部移除
标签筛选：	全部类目								
韩版连衣裙	女装/女士精品		17,300,300	添加					
梅花韩版连衣裙	女装/女士精品		2,770,900	添加					
冬季韩版连衣裙	童装/婴儿装/亲		1,693,380	添加					
金雅丽童韩版连	童装/婴儿装/亲		1,693,380	添加					
烫金韩版连衣裙	女装/女士精品		2,770,900	添加					
侧边韩版连衣裙	女装/女士精品		2,770,900	添加					
韩版连衣裙	女装/女士精品		17,300,300	添加					
韩韩版连衣裙	女装/女士精品		17,300,300	添加					
新品韩版连衣裙	童装/婴儿装/亲		1,693,380	添加					

已选个数 0/50

图1-67　高级兴趣点

从图1-67中可以看到，针对每一个关键词，系统所匹配出来的长尾词都能覆盖到相对应的大量的人群。利用多单元的特征，一个计划中可以组建100个单元，那么每一个单元又可以同时放置50个高级兴趣点。这样一个计划里面可以同时覆盖到5000个高级兴趣点人群。利用宽泛的人群覆盖量去抓取竞争小的高级兴趣点关键词的人群，从而达到低价引流的目的。同样，在出价上可以选择系统建议出价的10%左右进行投放。在资源位的选择上同样采用"万级店铺访客定向"的资源位。

3. 拓展相似产品无竞争流量

使用场景：预算适中的商家，在"万级店铺访客定向"计划基础上增加"高级兴趣点定向"和"相似全店宝贝定向"以获取更多优质的低价流量。

相似宝贝定向，指的是近期对指定宝贝的竞品宝贝感兴趣的人群，其中又可分为喜欢相似宝贝的人群和喜欢我的宝贝的人群，如图1-68所示。

图1-68　相似宝贝定向设置

同样采用一个单元，选择一个指定的相似宝贝。还是利用前面的原理，一个计划里面可以放着100个相似宝贝。

从图1-69中可以发现，每一个单元信息里面放置的这些宝贝中的每一个都能买到对应的低价的流量。同样，在出价和资源位的选择上采用"万级店铺访客定向"相同的方法。

状态	单元信息	出价区间	消耗	展现	点击	点击率	千次展现成本	点击单价
▶	D7 计划：拉新CPM相似全店 (自定义)	Ⓜ 0.32-18.44		382,460				0.09
	详情　复制　移除　报表　加入对比							
▶	C9 计划：拉新CPM相似全店 (自定义)	Ⓜ 0.32-18.44		349,629				0.10
▶	A2 计划：拉新CPM相似全店 (自定义)	Ⓜ 0.32-18.44		224,601				0.58
▶	A10 计划：拉新CPM相似全店 (自定义)	Ⓜ 0.32-18.44		186,999				0.06

图1-69　相似宝贝数据

4. 通过DMP标签组合低价拉新

使用场景：预算偏高的商家，在"万级店铺访客定向"计划基础上增加"高级兴趣点定向"和"相似全店宝贝定向"，更可以配合"DMP标签"组合大面积进行曝光，以提高品牌知名度。

相信很多商家对DMP并不陌生，DMP其实就是一个数据标签管理工具，其中包含600多种标签（见图1-70）。

图1-70　DMP中的标签

首先通过DMP现有用户标签（90天内购买过店铺宝贝的人群）进行数据透视分析，清楚自身店铺的人群画像特征，如图1-71所示。

图1-71　人群分组

单击"透视分析"之后进入如图1-72所示的界面，勾选出基本信息中的用户职业、用户性别、用户年龄以及地理位置中的用户常驻城市。

图1-72　选择透视指标

明确店铺成交用户人群的特征，如图1-73所示。

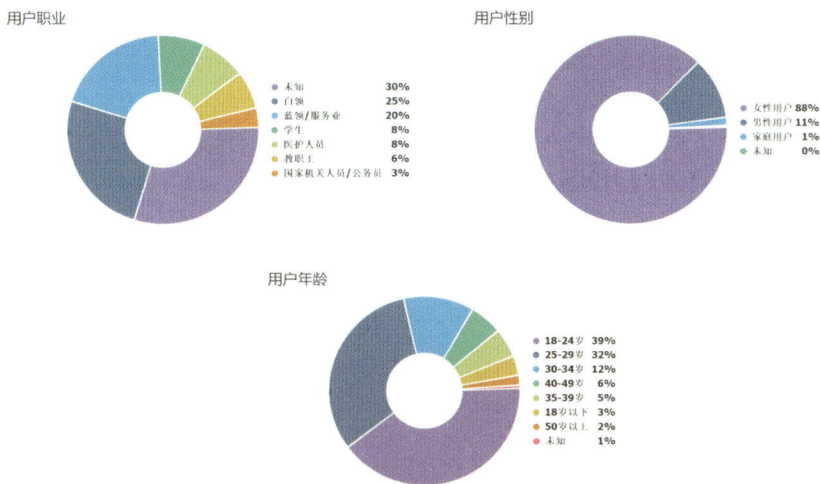

图1-73　店铺成交用户人群特征

在了解清楚人群特征之后，就可以对这部分人群进行标签组合，全网拉新投放。设置如图1-74所示。

图1-74　全网投放设置

通过人群画像分析，如性别、职业、年龄等，再跟其他相关的属性进行组合，如笔单价、7天、叶子浏览偏好、收藏偏好、点击偏好、加购物车偏好等，向大量人群进行投放。同样，在出价和资源位的选择上采用"万级店铺访客定向"相同的方法。

5. 单品推广拓展关键词低价引流

使用场景：预算高的商家，在"万级店铺访客定向"计划基础上增加"高级兴趣点定向"和"相似全店宝贝定向"，配合"DMP标签组合"大面积进行曝光，再结合"单品拓展关键词"玩法，进行全网全链路覆盖。

2017年，智钻升级时把直通车的定向功能引入到智钻中。接下来深入分析一下智钻的单品推广功能。

如图1-75所示，智能定向-访客定向包括喜欢我店铺的访客和喜欢相似店铺的访客。智能定向-相似宝贝定向包含喜欢我的宝贝的人群和喜欢相似宝贝的访客。再看一下单品定向中的达摩盘定向。达摩盘定向包括对本店有过收藏或者已经加入过购物车的人群，也可以选择昨日浏览过自己店铺以及3天、7天或15天内浏览过店铺的访客，使店铺的单品定向人群更精准，实现更好的转化率。

请选择定向类型

| 智能定向-访客定向 ⊘ | 智能定向-相似宝贝定向 ⊘ | 智能定向-购物意图定向 ⊘ | 达摩盘定向 | 扩展定向 ⊘ |

图1-75 选择定向类型

接下来介绍如何充分利用扩展定向，使店铺的单品宝贝可以拓展出更多的关键词。从图1-76中可以看到，一个单元的一个宝贝可以拓展30个关键词，在智钻中可以建立100个计划。100个计划乘以30个关键词就等于3000个拓展关键的流量，它的覆盖面非常广泛。接下来看一下扩展定向的效果和布局，如图1-77所示。

扩展定向 ⊙ 已选个数 30/30

露肩　　　　　　　　　　　　　　　　搜索

标签	可竞流量 ↓↑	市场平均价 ↓↑	全部添加
二件套 露肩	35,875		
上衣 阔腿 露肩	7,935		
二件套 半裙 露肩	11,760		
二件套 显瘦 露肩	10,215		
上衣 二件套 露肩	20,335		

已选标签	可竞流量	出价(元)	市场平均出价	全部移除
☑ 出价助手		批量出价		
☑ 阔腿 雪纺 露肩	875	0.28		移除
☑ 宽松 阔腿 露肩	915	0.28		移除
☑ 半裙 气质 露肩	935	0.28		移除

图1-76 扩展定向设置

为宝贝引流计划管理 今日预算 ▓▓▓ 消耗占比 **0.38%** 　　　　　　2017-07-01 至 2017-07-31

消耗	展现量	点击量	点击率	千次展现成本	点击单价
	6,929,132	**87,626**	**1.26**%		**0.35** 元

图1-77 扩展定向的效果和布局

这个计划只做了一个单品的一个多计划推广，一个月就获取8万多次的点击量。如果说商家一个计划里面放了10个这样的宝贝呢？即使可以获得80万次点击量，至少一个月获取20多万次的点击量相对来说还是比较轻松的（见图1-78）。

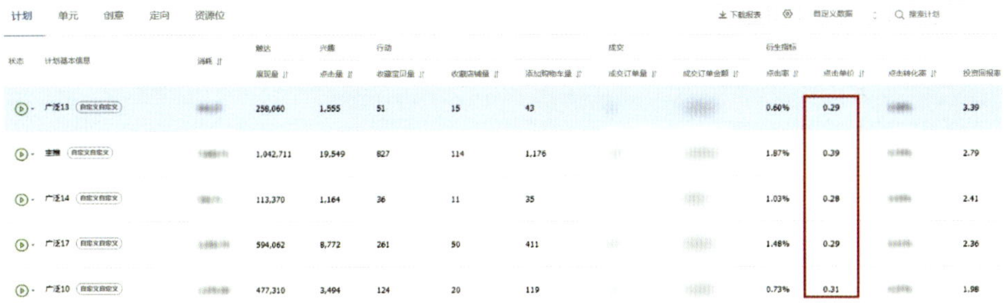

图1-78　扩展定向效果

最后再来看一下定向下面的细分情况，如图1-79所示。可以发现这个账户里面一个单品宝贝一共做了1654个拓展关键词定向。一定要注意的是，在智钻的单品推广中包括点击率排名因素。商家产品的主图点击率越高，那么这里的效果会越好。

图1-79　扩展定向的细分

1.5.4　智钻低价引流玩法总结

前面介绍的五种低价引流的方法中，高级兴趣点定向和万级店铺访客定向特别适用于一些标品以及小类目人群的店铺。相似宝贝全店定向和达摩盘定向，以及智钻单品，定向更偏向全类目通用，同时可以根据不同的预算来组合不同的玩法。

掌握了这五种低价引流的玩法之后，再结合店铺单品让流量每天不断递增放大，带动单品每天增长收藏量和加购量以及成交量，让单品的趋势朝更猛的方向发展，从而带动单品的排名，以获得更大的手机淘宝APP个性化流量。

如图1-80和图1-81所示，在31周总访客数11万人次，到35周，短短的1月，提高到115万人次。能达到这样的效果，就是充分利用了智钻的低价引流所带来的增长幅度。建议在深入了解本节内容后，结合店铺实际情况操作。

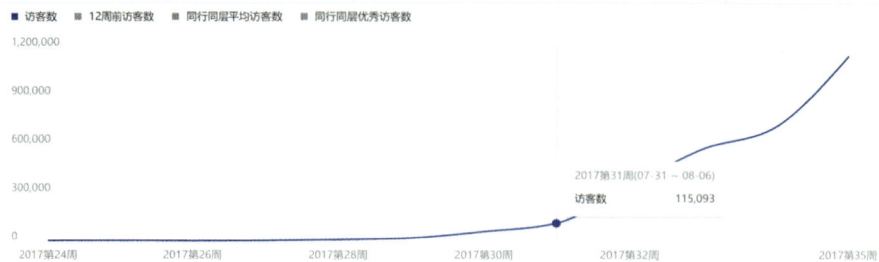

图1-80　店铺生意参谋后台7月数据

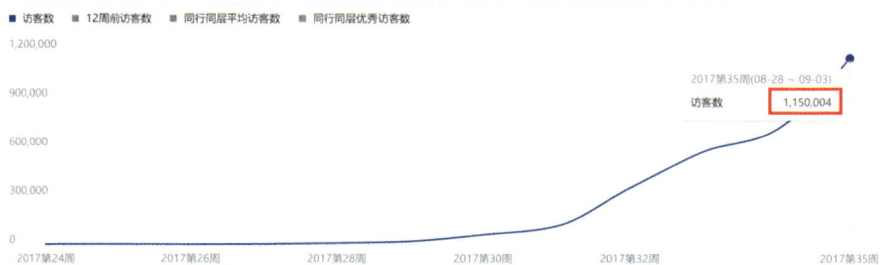

图1-81　店铺生意参谋后台8月数据

进阶引流揭秘

1.6 直通车和钻石展位结合打造热销产品矩阵[①]

不同店铺在成长周期上对流量运营和产品运营都有着不同的要求，特别是中型卖家，店铺已经有一个或者两个热销产品。这时如果希望业绩进一步增长，就需要打造多个热销产品，形成热销产品矩阵，这样店铺才会持续稳步增长。

在这个过程中需要有产品上新这个源泉支持，快速积累免费流量，建立数据化选款机制，通过直通车和钻石展位结合推广加速打造热销单品，四个过程缺一不可。完整而且有效地运转这个过程，店铺才能形成热销产品矩阵的基础。

商家需要把握好上新节奏，以及细致地做好上新产品的规划等工作。新品快速积累免费流量涉及新品预热—搜索流量切入—店内流量导入—营销策划加速。有了免费流量后，每个新品就有获取流量的能力，这时通过科学的数据化选款，选出一个个拥有潜力成为热销产品矩阵的新品，然后输送给直通车和钻石展位加速测试并打造成热销产品。本节重点介绍的是直通车和钻石展位（下面简称直钻）结合打造热销产品矩阵方法。

1.6.1 产品矩阵案例呈现

案例中的天猫女装店铺之前采用的是集中上新的方式，选款方面主要来自对供货市场的判断，直钻的运用上以粗放型的宽泛性推广为主。之后通过调整夏装上新的节奏，加大对免费流量的获取，严格数据化选款，再建立直钻推广标准，着重加速店铺热销产品的成长，最终打造出一个个热销产品，形成热销产品矩阵。

1. 持续稳定的上新节奏

例如，店铺设定为每周二上新，做一个全年上新规划（见表1-6），然后细分到每个季度，进而细分到每个月的上新节奏（见表1-7）。

① 内容提供：郑海峰（慢慢）

表1-6　全年季度分布表

季度	1月	2月	3月	4月	5月	6月	7月	8月	9月	10月	11月	12月
春季												
夏季												
冬季												

表1-7　2017年天猫店铺夏季上新规划表

夏装上新计划表										
时间	第一波	第二波	第三波	第四波	第五波	第六波	第七波	第八波	第九波	第十波
	3月第一周	3月第二周								
连衣裙										
时尚套装										
西装										
衬衫										
蕾丝衫/雪纺衫										
T恤										
休闲裤										
毛针织衫										
合计款数										
款数占比										

2. 店铺新品测试与数据化选款

上新通过新品预热、搜索流量切入、店铺内部流量导入、营销活动策划快速积累新品的流量。新品积累流量之后在7天内快速分析新品的流量，进而数据化选款。如图1-82所示，收集每款新品的数据情况，测试选出比较受到消费者关注和喜欢的商品。

商品id	访客数	平均停留时长	详情页跳出率	支付转化率	加购件数	收藏人数	加购率	收藏加购率	退款率
907	34.31	41.96%		99	41	10.92%	15.44%	0.00%
316	20.51	47.19%		29	14	9.18%	13.61%	26.33%
285	28.51	41.64%		26	13	9.12%	13.68%	0.00%
321	26.24	61.65%		29	9	9.03%	11.84%	0.00%
228	30.26	51.32%		20	7	8.77%	11.84%	0.00%
1135	32.46	56.15%		97	47	8.55%	12.69%	0.00%
14858	40.03	70.54%		1254	598	8.44%	12.46%	0.00%
525	38.21	39.91%		43	20	8.19%	12.00%	26.18%
163	45.63	48.14%		13	7	7.98%	12.27%	50.00%
186	31.5	62.07%		14	4	7.53%	9.68%	17.70%
396	35.47	50.54%		29	13	7.32%	10.61%	0.00%
330	44.31	55.02%		12	12	7.27%	10.91%	0.00%
220	17.6	49.42%		16	5	7.27%	9.55%	50.00%
1199	20.01	65.13%		87	44	7.26%	10.93%	0.00%
166	23.6	38.97%		12	1	7.23%	7.83%	0.00%
666	27.54	54.22%		48	24	7.21%	10.81%	0.00%

图1-82　店铺最近7天生意参谋商品效果统计表

3. 把数据化选款中表现较好的商品进行直通车测试

数据化选款完成后把加购率、收藏加购率大于店铺均值1.5倍以上的潜力款都推送到直通车测试定性（针对具体潜力款的数据值，不同店铺和类目会有差别，大家可以根据实际情况确定）。需要注意的是，数据化选款涉及其他参考数据：访客数、停留时长、跳失率、支付转化率、退款率等，如图1-83所示。这个时候直通车的布局很重要。

图1-83　店铺直通车后台报表

4. 建立直通车不同计划布局

直通车的计划布局应该有测试计划、重点计划、全店计划、店铺推广计划、定向计划等，每个计划都有自己的目标和数据标准，从而加快对店铺优质潜力款的孵化和提升。

5. 测试之后的商品根据数据重新定位

通过直通车的测试之后，对每款商品进行数据分析，最终再次定义每个潜力新品，定义分为：重点款、引流款、普通款、处理款。重点款最终都是热销产品矩阵之一，如图1-84所示。

CTR高	加购收藏率高	最优	重点款
CTR高	加购收藏率底	重点优化详情和评价	引流款
CTR低	加购收藏率高	优化图	普通款、利润款
CTR低	加购收藏率低	放弃	放弃

图1-84　直通车单款数据测试定义表

6. 根据最终商品定义主次调整页面布局

直通车测试后定义好的款，重新调整在店铺页面上的位置，以及在每个商品中的关联推荐位置（见图1-85）。做好页面布局导流调整，可以加快热销产品的成长。

图1-85 店铺生意参谋商品专题页分类效果

7. 用钻展对店铺潜力热销产品进行推广布局

之后再通过钻展针对热销产品矩阵里面的产品进行推广布局，加大拉新力度。

8. 各环节配合及节奏把控，打造热销产品矩阵

案例店铺通过各个环节相互配合，以及节奏的把控，在2017年3月到7月取得了不错的成绩。如图1-86所示，店铺后台数据显示，夏季店铺平均客单价是220元，连续打造了多个热销款计划，实现了店铺单日最高销售额50万元（日销），单月销售额超过1000万元，夏季商品销售的5个月里累计销售额近3100万元的好成绩。这个成绩与不断上新选款、获取免费流量、数据化选款、直钻打造热销产品矩阵这一流程息息相关。

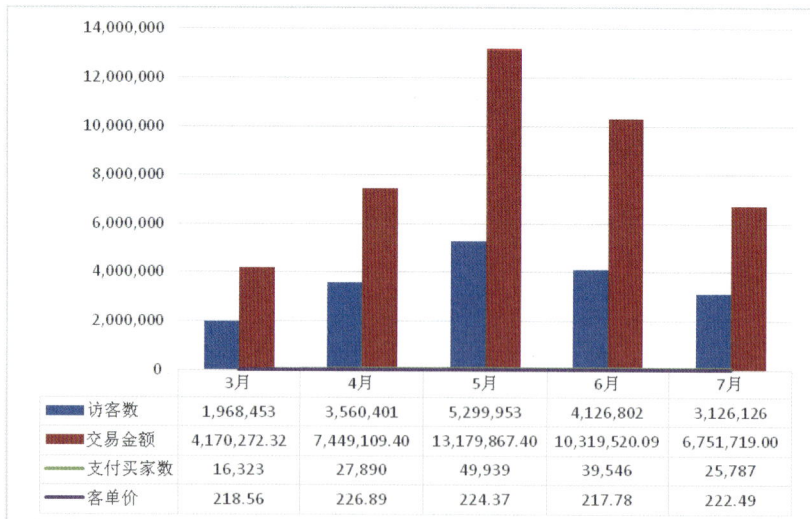

	3月	4月	5月	6月	7月
访客数	1,968,453	3,560,401	5,299,953	4,126,802	3,126,126
交易金额	4,170,272.32	7,449,109.40	13,179,867.40	10,319,520.09	6,751,719.00
支付买家数	16,323	27,890	49,939	39,546	25,787
客单价	218.56	226.89	224.37	217.78	222.49

图1-86 2017年案例天猫女装店铺夏季销售数据报表

1.6.2 直钻结合打造新品热销矩阵操作步骤

本小节直接从新品进入数据化选款开始讲解具体操作步骤。

1. 数据化选款

店铺上了很多新品，新品引入有了一些免费流量，这个时候根据数据反馈进行初步选款。找出优秀的款式，然后输送到付费推广环节，加快优质新品的成长速度。然后不断循环，打造热销产品矩阵。

（1）新品数据表格下载

通过"生意参谋-商品效果"找到每个新品的数据表格，如图1-87所示。

图1-87　生意参谋-商品效果

（2）新品数据表格整理

对导出的商品数据表格进行合并和整理，接下来计算出主要的几个数据：退款率=退款金额/支付金额，加购率=加购件数/访客数，收藏加购率=（加购件数+收藏人数）/访客数，然后计算出店铺同类目的加购率均值（加购率均值=加购件数之和/访客数之和），如图1-88所示。

图1-88　新品数据表格

（3）新品数据分析

案例店铺同类目的店铺加购率的均值是5.4%，然后再乘以1.5倍，得出加购率的参考值是8.1%，所以先筛选出这一批新品中加购率大于8%且访客大于100人次的优质新品。

最后结果如图1-89所示，这些款接下来要重点输送到付费推广环节。这个数据分析的意义就是帮助优先找出新品中加购率最好的新品。

商品id	访客数	平均停留时长	详情页跳出率	支付转化率	加购件数	收藏人数	加购率	收藏加购率	退款率
907	34.31	41.96%		99	41	10.92%	15.44%	0.00%
316	20.51	47.19%		29	14	9.18%	13.61%	26.33%
285	28.51	41.64%		26	13	9.12%	13.68%	0.00%
321	26.24	61.65%		29	9	9.03%	11.84%	0.00%
228	30.26	51.32%		20	7	8.77%	11.84%	0.00%
1135	32.46	56.15%		97	47	8.55%	12.69%	0.00%
14858	40.03	70.54%		1254	598	8.44%	12.46%	0.00%
525	38.21	39.91%		43	20	8.19%	12.00%	26.18%
163	45.63	48.14%		13	7	7.98%	12.27%	50.00%
186	31.5	62.07%		14	4	7.53%	9.68%	17.70%
396	35.47	50.54%		29	13	7.32%	10.61%	0.00%
330	44.31	55.02%		24	12	7.27%	10.91%	0.00%
220	17.6	49.42%		16	5	7.27%	9.55%	50.00%
1199	20.01	65.13%		87	44	7.26%	10.93%	0.00%
166	23.6	38.97%		12	1	7.23%	7.83%	0.00%
666	27.54	54.22%		48	24	7.21%	10.81%	0.00%

图1-89 筛选出的优质新品

2. 付费流量布局

（1）直通车推广

做完数据化选款后，就需要把选出的优质新品输送到直通车推广环节。由于这些产品已经通过数据过滤，因此风险降低了一些，可以放心地布局到对应的计划里面，然后推广。

1）直通车推广计划命名

在计划布局之上会把产品推广分到对应的周期，例如，初期—测图（测款），成长期—重点（销量），平稳期—日常（维护），后期—产出（减少）。因此直通车推广中每个计划的命名都是不一样的，命名规则为：数字-推广类型-设备-货号-阶段-目的。因为这里有20个计划，每个计划加上数字容易区分。推广类型主要分关键词、定向、店铺推广、人群（超低出价+300%人群溢价）。设备对应的是计算机、无线、站内、站外。货号就是自己的产品编号简写。阶段指产品所处的推广阶段。目的是指明确这个阶段的推广方向。例如，十五-词-无线-1659-测款-CTR。

2）做好每个计划的推广预算

因为每个计划的目的不一样，所以匹配的预算也会有差别。

例如，测款计划主要用于来测试优质新品，测试出优秀的创意图，小预算就可以完成。重点计划主要用来提高宝贝销量，拉升宝贝权重，费用应该是最多的。定向计划通常是当优质宝贝成为热销产品后，随之开启定向，以提升商品的覆盖面，这个预算可以根据产出来匹配制定。店铺推广计划用来做PC端店铺引流，落地页集中在类目二级页上，这个计划的预算可以根据实际引流情况来定，一般不会很高。全店计划主要用来积累数据，可以引流、测款，也可以测定向等，这个预算一般也不会太高。由于品牌词计划和站外计划使用率很低，它们的预算根据实际情况而定。建议的预算分配是：店铺推广（10%）、全店计划（10%）、测款计划（20%）、种子计划（50%）、定向计划（10%）、站外/品牌计划（视情况而定）。

3）直通车推广计划建立

全店计划基本设置如下：

- 预算：小预算，视消耗情况而定。
- 投放平台：全开。
- 投放时间：区别重点时段，其他时段低折扣投放，60%~80%出价。
- 地域：剔除低转化率地域。
- 关键词方向：产品相关词，重点考虑竞争度小的词、上升词。关键词数量尽量多于100个。
- 出价：系统建议价。
- 人群：5%初始，出价优质人群逐步增加溢价和组合（有技巧）。
- 创意：2张以上创意，最优点击率图。
- 标题：尽量解决点击量大的关键词的相关性。

测款计划的基本设置如下：

- 预算：小预算，视消耗情况而定，后期根据效果而定。
- 投放平台：投放站内无线端关键词，不开定向。
- 投放时间：行业投放模板，关闭凌晨时段（凌晨点击率低）。
- 地域：主关键词点击指数的前8个省。
- 关键词方向建议：相关性高的词、热门搜索词（下拉框词）、生意参谋热词榜二级词（类目词+具体属性），展现量大于2000次以上。
- 关键词数量：30个左右。
- 出价：系统建议价的1.5~2倍，视竞争度而定。
- 匹配方式：先广泛后精准，视情况而定。
- 人群：5%初始，出价优质人群逐步增加溢价和组合。
- 创意：4张创意轮播测试，女装组合图效果更佳。
- 标题：解决所有关键词的相关性。

定向计划基础设置如下：

- 预算：小预算，视消耗情况而定。
- 投放平台：前期重点投放站内定向，无线端定向和关键词融合在一起。
- 投放时间：前期使用行业模板，爆款不同时间设置不同折扣（有技巧）。
- 地域：剔除低转化率地域。
- 关键词（关键词的质量分可以影响定向的初始质量分，前期使用关键词）。
- 方向：高点击率、高质量分。

- 数量：10个以内。
- 出价：初期系统建议价1.5倍，中后期低价。
- 创意：前期2张以上创意，女装组合图效果更佳，中后期使用点击率最高的创意图。
- 标题：尽量解决点击量大的关键词的相关性。
- 智能投放：是定向的总开关，初始出价使用购物意图标签的均价。
- 访客定向：防守和进攻，不同策略使用不同。
- 购物意图定向：初始用5%，修改宝贝主标题会影响购物意图标签，修改前用1%保存。
- 位置：初期5%，重点手机淘宝APP位置，视流量获取情况而定出价。

店铺推广计划基础设置如下：
- 预算：小预算，视消耗情况而定。
- 投放平台：PC端和站内。
- 投放时间：行业模板。
- 地域：全地域。
- 方向：产品相关词，重点考虑竞争度小的词、上升词。
- 数量：尽量多，最多可以1000个。
- 出价：系统建议价。
- 创意：2张以上创意，关键词那边点击率最好的创意图。
- 标题：尽量解决点击量大的关键词的相关性。
- 落地页：选择对应的关键词的二级页或者首页。
- 点击率：要求达到行业均值以上。

种子计划基础设置（以无线端为主）如下，这也是重点计划：
- 预算：前期逐步增加，视消耗情况而定，后期根据效果而定。
- 投放平台：只投放站内和无线端。
- 投放时间：前期行业模板，剔除凌晨时段，后期不同时间不同折扣（有技巧）。
- 地域：前期核心关键词点击指数的前8个省，中后期地域精简和增加（有技巧）。
- 方向：产品相关词、搜索下拉框词、系统推荐词、生意参谋搜索入口词。
- 数量：由少到多，前期20个左右，后续看效果增加。
- 出价：系统建议价1.5倍。
- 人群：5%初始，出价优质人群逐步增加溢价和组合（有技巧）。
- 创意：2张以上创意，女装组合图效果更佳，轮播快速测试出高点击率图。
- 标题：解决所有关键词的相关性。

4）直通车重点计划优化

优化一：测款计划优化。

测款计划搭建的基础设置明白之后，接下来要做的就是对这个测款计划进行周期性更换。不一定是同一个计划一直用于测款，考虑到测款计划很多时候测试不了优秀的热销款，计划的点击率会随着款式不好而变差，随之而来的就是这个计划的权重会越来越低，到后期需要测试其他款的时候需要出更高的价格才能获取到展现，所以建议这个计划是变动的，如果某一个计划的测款数据一直很差，建议暂停7~15天后重新开启。

如何分析一个优质款是不是能成为热销矩阵款里面的一员呢？通常可以通过计算这个类目的行业热词榜的TOP50词的无线端的点击率来判断，因为加购率在前期的数据化选款时已经解决，所以这一阶段只需要解决点击率问题。

下面展开讲解下如何计算对应类目的无线端点击率。

找出行业对应类目热词榜的TOP50词。下载生意参谋对应行业二级类目热词榜，如图1-90所示。

图1-90　生意参谋市场行情行业热词榜

从下载的数据表格中提取出一些品牌词，剔除品牌词之后，找出搜索人气TOP50的词，然后把这50个词使用软件批量查询直通车对应关键词在移动设备上的点击率（路径：直通车→工具→流量解析→对应关键词→数据透视→移动设备），结果如图1-91所示。

整理表格，计算出移动端的搜索人气TOP50词的均值点击率（均值点击率=移动点击指数之和/移动展现指数之和），得出来的数值是3.45%。通常热销矩阵中款式点击率高于这个均值的1.2倍左右，因此最终移动端的参考点击率是4.14%，也就是说连衣裙这个类目要想成为热销矩阵的款，前提是移动端点击率为4%以上。

关键词	展现指数	点击指数	点击率	市场均价	移动展现指数	移动点击指数	移动点击率(%)	移动市场均价	移动竞争度
连衣裙	23751869	222829			7984402	164133	1.89%		11230
连衣裙女夏2017新款	2857627	117281			2416837	113791	4.42%		5764
秋装新款女	1142539	48826			980622	47858	4.58%		3225
裙子女2017新款	896726	35959			786550	35221	4.20%		3198
女装	5234477	35003			3918710	29594	0.68%		6094
雪纺连衣裙	3912981	55218			1782934	45478	2.36%		4534
背带裙	717458	23283			541556	22292	3.85%		2506
裙子	1208376	26059			792173	24156	2.83%		3091
连衣裙女夏	1812022	50532			1095151	48766	4.17%		4527
女装2017新款夏	727864	23866			588998	22869	3.63%		2616
真丝连衣裙	2262616	45022			1249927	34033	2.52%		2849
2017款连衣裙	130014	5699			112955	5603	4.66%		1801
吊带连衣裙	1027038	46392			821961	45115	5.17%		2946
套装裙	325079	6473			271866	6303	2.14%		2877
蕾丝连衣裙	713692	18909			405926	16489	3.80%		2422
碎花连衣裙	619520	14256			430296	13041	2.82%		2479
一字肩连衣裙	618601	30062			525525	29299	5.25%		2481
棉麻连衣裙	1651598	37829			910923	29135	2.98%		3083
连衣裙女2017新款 韩版 显	410493	14376			344439	13959	3.79%		1880
长裙	1004997	29899			569515	27121	4.47%		3135
女连衣裙2017新款夏	2857627	117281			2416837	113791	4.42%		5764
a字裙	261295	5477			145963	4993	3.19%		2047
长裙女夏2017新款	351035	15431			280246	14847	4.98%		2089
气质连衣裙	834149	23476			454327	21652	4.47%		2796
吊带裙	579976	18044			314389	16398	4.14%		2317
连衣裙女夏气质	463701	13290			300177	12361	3.85%		2107
吊带	484491	19748			334397	19179	5.41%		1831
裙子女夏	339504	12046			280556	11713	3.91%		2758
裙子女2017新款 显瘦	245348	10882			223677	10717	4.50%		1627
连衣裙女夏2017新款气质	669746	26764			590793	26235	4.16%		2042

图1-91　行业热词榜数据查询结果整理表

最终通过测款计划获得的数据如图1-92所示。

CTR高	加购收藏率高	最优	重点款
CTR高	加购收藏率底	重点优化详情和评价	引流款
CTR低	加购收藏率高	优化图	普通款、利润款
CTR低	加购收藏率低	放弃	放弃

图1-92　产品定义表

这里的点击率（CTR）高是指要高于前面计算的移动端行业热词TOP50的均值点击率，也就是4%以上。直通车可以推广点击率高，加购不是很好的产品，但是不会推广点击率低的产品，这里点击率低指的是低于行业均值。

经过测款计划以后，筛选优质的新品，对应的类目只能留下一两个作为主推款，成为热销产品矩阵中的一员。

有了测试数据后则开始调整产品布局，把这几个产品布局到店铺的各个展示位置（见图1-93），并且最终得到这个产品的最终定位。

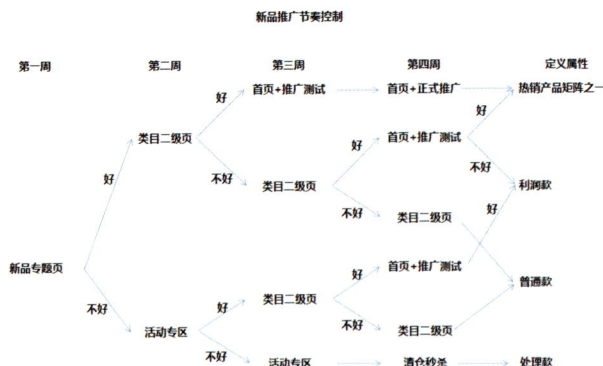

图1-93　店铺展示位置确定流程

优化二：种子计划优化。

在前期通过免费流量数据化选出高收藏加购的优质新品，然后通过直通车测款计划完成对优质新品点击率的测试，满足这两步条件的产品成为店铺热销产品矩阵中的一员。

接下来通过种子计划迅速把商品推起来，让该产品成为真正的热销产品。种子计划的操作核心就是对PPC（点击单价）的优化。初始的种子计划都是以无线端为主，因此这里重点介绍怎么降低无线端的PPC。首先从测款计划的关键词优化开始。

在降低PPC之前，应该争取让关键词的质量分都上升到10分。其实大部分情况下，当关键词的点击率都是大于同行的情况下，质量分一般3~5天就会提升到10分。等质量分稳定在10分3天之后再开始降低PPC，这样操作的风险相对小。

第一步：找到对应关键词的对比平台和对应时间。点击对应计划的关键词，然后进入流量解析。

操作路径：流量解析→数据透视→投放平台→移动设备→点击率，如图1-94所示。

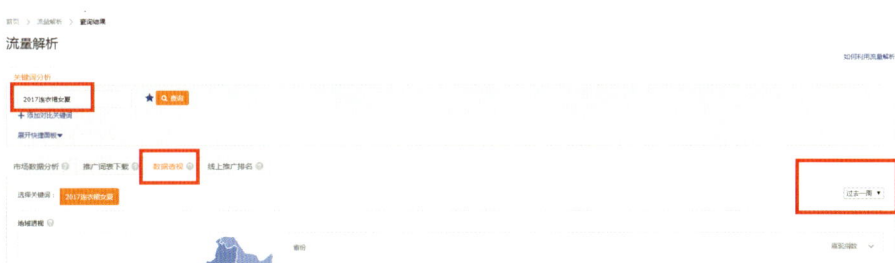

图1-94   直通车流量解析

这里要注意两个细节：

- 时间依据：选择对比时间，如果选择昨天，则和昨天的同行对比，如果选择7天，则和同行7天对比。
- 端口依据：选择对应的平台与同行对比。

首先查看行业数据，如图1-95所示。

图1-95   查看同行数据

其次查看自己的数据，如图1-96所示。

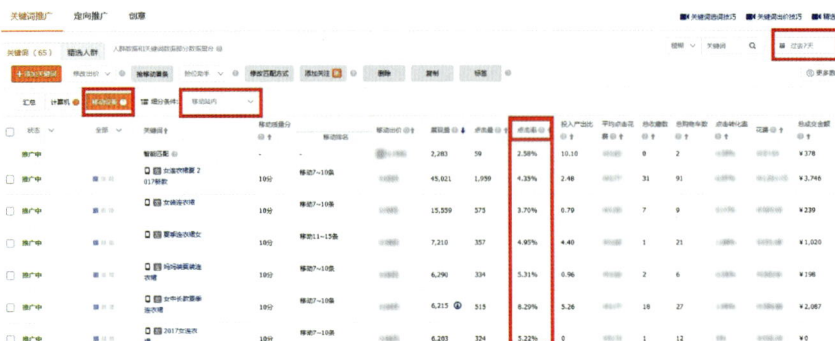

图1-96 查看自己的数据

第二步：根据自己对应端口和时间上的关键词的点击率与行业点击率之间的倍数来判断是否有降价的空间。自己的点击率大于同行的倍数越大，PPC降低的可能性就越大。点击单价降低到同行均值即可，不可太过追求超低的PPC，视自己情况而定。

第三步：观察点击率（CTR）、点击单价（PPC）来考虑是否降低出价，如表1-8所示。

表1-8 关键词数据对比

关键词	自己CTR	自己PPC	行业CTR	行业PPC	优化方向建议
2016 新款女装夏连衣裙	2.76%	0.61	1.96%	0.38	可以降低出价0.1元
2017 连衣裙 新款	5.70%	0.74	3.16%	0.8	还可以降低0.1元
2017 女装 连衣裙	2.47%	0.57	1.38%	0.59	还可以降低0.1元
2017 新款 连衣裙 夏季	4.77%	0.62	4.07%	0.74	保持
2017 新款裙子夏	4.57%	0.77	3.98%	0.69	降低0.1元
2017 新款夏季时尚女式连衣裙	5.74%	0.75	2.77%	0.51	降低0.2元
2017 韩版夏季连衣裙	6.00%	0.70	3.35%	0.58	思考中
2017 款连衣裙	4.77%	0.74	4.45%	0.75	思考中

降低PPC的过程其实也是测试关键词的一个过程。可以通过各种找词渠道把找到的词放进对应的宝贝计划里面进行推广，点击率小于同行的基本都会被淘汰。

降低PPC任务的参考目标就是把PPC优化到比同行低即可，后期再去优化ROI。当完成降低PPC的任务后，就要给这个计划布局更多的种子计划，并且把这个宝贝布局到全店计划、店推广计划、定向计划中，使效果最大化。

而随着产品销量增加，对应计划的预算随之增加。这里要注意的是，预算不能全部给一个宝贝，因为要打造热销产品矩阵，所以预算更应该合理分配到其他潜力新品的推广上。

优化三：人群计划优化。

人群的优化主要是基于店铺的核心人群，这与店铺风格和产品的属性有很大关系。假设店铺主要定位在30~34岁的优雅淑女风格上，那么在人群属性溢价上主要针对这类年龄和风格。这两个人群属性的溢价是贯穿在任何一个宝贝上的。不同的宝贝是以单独每个人群作为一个单元去测试，如图1-97所示。

如果数据优秀，就会开始组合或者增加溢价，如图1-98所示。

在确定是热销产品的推广过程中，更注重的是店铺认知用户的溢价，其中包括：浏览未购买店内商品的访客、收藏过店内商品的访客、店内商品放入购物车的访客。在确定为优质新品的人群测试中更偏向购买过店内商品的访客。

在定向投放人群选择的时候通常会重点投放“喜欢我店铺的访客”，如图1-99所示。

搜索推广	溢价	展现量	点击量	点击率	花费	点击转化率	投入产出比	总成交金额	平均点击花费
	15%	-	-	-	-	-	-	-	-
1750元及以上	20%	719	4	[illegible]	[illegible]	[illegible]	0	¥0	[illegible]
550-749元	50%	106,911	4,061	[illegible]	[illegible]	[illegible]	2.92	¥8,940.97	[illegible]
300元以下	15%	332,809	12,351	[illegible]	[illegible]	[illegible]	1.95	¥18,928.37	[illegible]
百搭	20%	595	12	[illegible]	[illegible]	[illegible]	0	¥0	[illegible]
35-39	30%	236,606	11,818	[illegible]	[illegible]	[illegible]	2.57	¥22,752.66	[illegible]
100-300	60%	274,889	9,874	[illegible]	[illegible]	[illegible]	4.25	¥33,975.06	[illegible]
40-49	70%	1,186,698	79,872	[illegible]	[illegible]	[illegible]	2.25	¥132,748.97	[illegible]
300-500	20%	54	1	[illegible]	[illegible]		-	-	[illegible]
韩版	70%	726,139	34,869	[illegible]	[illegible]	[illegible]	2.61	¥70,463.73	[illegible]

图1-97　直通车后台精选人群

搜索推广	溢价	展现量	点击量	点击率	花费	点击转化率	投入产出比	总成交金额	平均点击花费	总成交笔数
300元以下-35-39	50%	169,494	7,921	4.67%	[illegible]	[illegible]	1.48	¥12,917.29	[illegible]	74
100-300 -40-49	100%	622,595	42,416	6.81%	[illegible]	[illegible]	2.65	¥116,646.10	[illegible]	621
550-749元-韩版	100%	52,299	2,330	4.46%	[illegible]	[illegible]	3.12	¥8,605.21	[illegible]	47

图1-98　直通车后台精选组合人群

图1-99 喜欢我店铺的访客

同时定向计划是单独执行，一个计划里面包含多个热销产品矩阵里面的产品，可以同类目用同一个出价、人群来获取流量，这样做出来的定向流量相对来说都是不错的。

从人群的设置上看，主要围绕自己店铺的认知用户和老客户，以及符合店铺人群和风格的人群来投放，这样一方面增加店铺访问深度，同时也可以给更多新品带来流量。客户在店铺产生的流量价值变高，每个客户都能停留下来找到喜欢自己的产品。这也是通过直通车来打造热销产品矩阵的重要人群玩法。

直通车推动建立热销产品矩阵的时候更多的是计划布局，测试更多的新品，预算分配到多个热销产品推广上，是不断发现优质新品→测试新品→推广新品→形成热销产品→成为热销产品矩阵的过程。在这个过程中需要配合页面装修布局和搜索优化去共同完成。

（2）钻石展位推广

在钻展推广部分主要是通过对人群的细分来达到推广效果的。主要分为新客、认知、老客这三类人群。针对这三类人群所做出来的投放比例是完全不一样的，现阶段大部分店铺使用钻展的目的就是拉新。拉新过程就是把未进店的潜在客户变成认知或者成交用户，把流失的客户重新变成活跃的认知或者成交用户。

因此，钻展在打造热销产品矩阵方面主要偏重于拉新，对于符合店铺风格和年龄的新品采用老客户来积累流量。预算占比上，建议80%用来拉新，20%用来收割（这里把未成交的认知用户变成成交客户的过程叫作收割，把流失沉默的客户变成成交用户的过程叫作回流）。

1）钻展定向的选择

拉新定向的选择上主要使用CPC智能定向（原系统智能推荐）-店铺扩展人群和CPC访客定向（针对对手）。收割认知促进销售的定向选择CPM智能定向-店铺优质人群、CPM达摩盘的未成交的核心用户（针对收藏多次、浏览5次以上、加购物车、领优惠券、下单未购买的访客）。

2）钻展资源位的选择

现阶段拉新或者收割来说主要的资源位都集中在无线端。对于大部分的商家而言日常投放主要抓住这个重要的资源位即可，除非是大促或者活动以及有较大预算的情况下可以考虑其他资源位来补充。

进阶引流揭秘

3）钻展出价的策略

钻展出价的策略如表1-9所示。

表1-9　钻展出价策略

目的/时期	拉新	收割
日常	低出价	中高出价
活动	中等出价	高出价

4）钻展创意制作

首先应该把整体人群划分，不同的人群所投放的素材创意应该不一样。建议向老客户投新品，向新客户投放热销产品，也就是说素材的主体产品这一环需要着重区分，这也是创意的基础。同时对人群（年龄、偏好、职业、需求、差异点）的分析有助于素材文案的提升。根据前面对于店铺定位的分析，例如35岁左右的家庭主妇更多关注的关键词包括减龄、收腰、女人味等，因此创意体现出这些关键词而且加上年龄段更容易吸引点击，提高点击率。

5）落地页制作

针对不同人群的落地页选择也会不一样，老客的落地页主要把新品会放在前面，对认知用户的落地页就会更多体现热销产品，热销产品会在最前面。这个刚好和店铺千人千面首页的做法是一致的。因为前面定向基本选择都是店铺引流，所以落地页基本都是集合页二级页，没有投放详情页。

6）钻展推广计划布局

对于打造热销产品矩阵的目标中，对钻展的计划布局主要分两部分：一是店铺拉新引流，二是单品推广投放收割。如图1-100所示的钻展计划布局。

店铺推广	拉新（日常）	CPC-智能定向-店铺拓展	计划1		
		CPC-访客定向（对手）	计划1	计划2	计划3
	收割（活动）	CPM-智能定向	计划1		
		CPM-达摩盘（核心用户）	计划1	计划2	计划3
单品推广	收割（日常）	计划产品1	智能定向		
			喜欢我的店铺		
		计划产品2	智能定向		
			喜欢我的店铺		

图1-100　钻展计划布局

考虑到计划数量相对来说会比较多一点，所以计划搭建的时候要注意：

计划的命名：目的_定向_资源位_时间地域_投放方式。

计划的原则：一个计划，一个单元，一个定向，一个资源位，1~2个创意。

计划的报表格式如表1-10所示。

表1-10　钻展计划

日期	目的	投放方式	计划	定向	覆盖人数	展现	消耗	点击率	点击单价	CPM	收藏宝贝	购物车	订单量	订单金额	转化率	ROI	收藏加购比	收藏加购成本

（3）直钻结合

直钻结合来打造热销产品矩阵，主要是把这两个推广工具进行分层，直通车的作用更偏向于拉新，只有少量的人群是用来收割的，而钻展的作用既可以拉新，也可以收割。拉新时着重参考的是拉新的成本，收割时关注的重点是投产效果。当直钻二者结合投放时就要综合考虑店铺的整体效益，以及店铺的销售额增长和客户的积累。

下面从三个方面来阐述直钻结合的重点。

1）人群的结合

很多店铺习惯把直通车作为拉新工具，钻展作为收割工具，因此与人群的结合上，直通车更偏向关键词和人群属性的结合投放，以便拉更多的新客进店。钻展更多偏向认知人群的收割，主要使用的定向就是CPM智能定向、达摩盘认知和核心用户。

就以打造热销产品矩阵为目的来说，直钻人群的结合方向则是直通车和钻展都偏向拉新，单独把两个工具里面的认知人群作为一个整体来看待。这样才能更容易形成热销产品矩阵，不断通过拉新来提高热销产品的销量。

2）创意图的结合

由于投放人群的细分，创意呈现的点击率也是不一样的。这里直钻结合中要体现创意图的结合，就是要把直通车种子计划里面的高点击率的创意图作为钻展创意图的基础，在此基础上加以修改即可变成钻展投放的素材图。这样做出来的钻展创意图的点击率往往都高于同行。

因为热销产品矩阵里面的产品都是有高点击率主图的产品，这时候把直通车的高点击率创意图过渡到钻展作为创意图后，还要保证一个计划至少有2张不同的高点击率的创意图。这样做的原因是钻展创意图是优选的，每个创意图的人群可能都不一样，这样就可以让流量进入最优质的宝贝，从而更好更快地打造热销产品矩阵。

3）落地页结合

这里主要是把落地页做好细分，专题细分、新品细分、类目细分、热销产品细分。落地页要和千人千面首页/千人千面海报结合起来，直钻因为投放的细分人群不同，所对应的落地页不一样。直通车的关键词、定向、人群这三类推广上看都是直接投放到单品详情页。从直通车店铺推广和钻展的店铺引流都是投放到首页、二级页上面。钻展的宝贝引流和单品推广都可以投放到单品详情页上面。

1.6.3　总结

直钻结合打造热销产品矩阵的过程包括新品的选择上架，新品免费流量的获取，从数据中选出优质新品，推送到直通车测试定义，再通过直钻快速打造成热销产品。整个过程需要做到的就是要有不断上新的源泉，免费流量的快速积累，数据化选款机制，再加上直钻的引流加速，四个过程缺一不可。

只有完整而且有效地运转这个链路，店铺才能形成热销产品矩阵，从而完成店铺流量突破和销售额持续增长。

第2章

精细化运营
玩转淘宝客

淘宝客，是一种按成交计费的推广模式，也指通过推广赚取收益的一类人。几乎每个店铺都希望和更多的淘宝客建立合作关系，得到他们的支持。由于这种推广方式是按成交付费的，不成交不付费，因此受到很多商家的欢迎。只是由于淘宝客推广对于直通车和钻石展位而言可操作性相对较小，好像自己可以掌握的主动权较小，因此很多商家比较迷茫。

商家需要调整对淘宝客推广的认知，并结合其他推广方式整体运用。淘宝客推广的重点在于长期的淘宝客资源的累积和后续应用，建议商家考虑设立专门的岗位负责人，跟淘宝客保持长期的互动合作关系，并且提前安排好推广排期，避免临时有需求时才去找淘宝客合作。大促期间临时找到淘宝客合作是比较困难的。

本章通过对淘宝客的精细化操作和案例的讲解，让商家了解淘宝客推广的技巧，以及如何解决淘宝客推广中的各种问题。

2.1.1 　深入了解淘宝客

1. 部分商家对淘宝客的认知不足

通过多年来对商家运营淘宝客的问题收集与分析，发现许多商家对淘宝客既爱又恨，爱的是成交扣费（CPS模式），恨的是很多商家因为采用低价出售商品加高额淘宝佣金的方式来累积销量，进而导致亏损，或是不了解淘宝客推广而感觉无从下手。

实际上，这是由于相对直通车和钻石展位来说，商家在淘宝客后台的可操作性相对弱，又对于淘宝客群体的经营本质不理解，仅仅被日销万单的淘宝客推广案例所打动，然后盲目跟风，根本没有思考淘宝客推广在店铺整个运营推广过程中的关键性作用。

淘宝客群体分为两类：一类是消费者型淘宝客，另一类是招商型淘宝客，他们各有不同的方式来帮助商家推广。

消费者型淘宝客的经营本质是着重于维护自身粉丝、用户等，利用微信群、QQ群、微博、短视频与直播平台、网站论坛等媒介培养自身粉丝，通过推广主动找到的商家相应的商品或与被动合作商家的商品，进行赚取淘宝客佣金的模式来获取利润。他们通常最希望的是，推广的商品价格低，可以刺激粉丝购买，以及通过满足粉丝群体具体需求来精准推荐商品，通过展示介绍让粉丝用户购买，从而获利。所以消费者型淘宝客有超低价冲量型和人群匹配精准型两种，商家必须清晰地知晓自己是否适合采用这类型的淘宝客推广。

招商型淘宝客典型的特点就是他整合了大量的消费者型淘宝客（有的招商型淘宝客自身也是消费者型淘宝客），通过收取商家的推广成交订单数量的每笔抽成来收费，赚取的是通过推广成交的每笔订单和商家谈判好的服务费，这类淘宝客基本在为消费者型淘宝客输送商家的商品。很多名字叫作某某采集群的QQ群就是如此。招商型淘宝客将找好的产品放到群里，消费者型淘宝客推广采集群里的优质商品。

① 内容提供：刘杰

2. 正视淘宝客对店铺的真实作用

不少淘宝店铺通过淘宝客打造超级热卖单品来获取利润，导致一些商家跟风思考如何用淘宝客一炮而红，其实这些想法是对淘宝客的期望过高。淘宝客是只是淘宝的营销推广工具之一，在热卖单品的产生过程中淘宝客只是助推剂，核心在于产品的品质好坏和消费者体验，很多商家不关注产品本身，这是不可取的做法。由于部分商家不注重产品品质和买家体验，即使短期内通过淘宝客推广累积了大量的销量，但是后期出现店铺产品动态评分大幅下降和退换货率大幅上升的情况，这样也不利于店铺后期的销售。

商家更应该思索在运营店铺过程中，淘宝客这个营销工具适用于店铺的哪一个环节，是否完全适用于自身店铺，不能盲目跟风。

2.1.2 通过淘宝客提高店铺动销率

淘宝客帮助店铺推广，其实不仅仅是打造单品销量，在日常的推广过程中，合理设置淘宝客可以达到提高店铺整体动销率的目的。

淘宝客如意投如何设置才能提高效果？

虽然很多商家设置了淘宝客如意投，但是如何操作如意投产品，才能达到更好的效果呢？具体操作方法步骤如下。

打开淘宝客后台，在首页下方找到如图2-1所示的内容，单击如意投计划左边的暂停按钮，如果是已经开通的商家则显示的是和通用计划、活动计划、定向计划左边的类似手指。单击后会弹出签署如意投协议，勾选"我已阅读并同意《如意投软件服务协议》"，单击"确定"按钮会弹出设置如意投的内容，如图2-2所示。

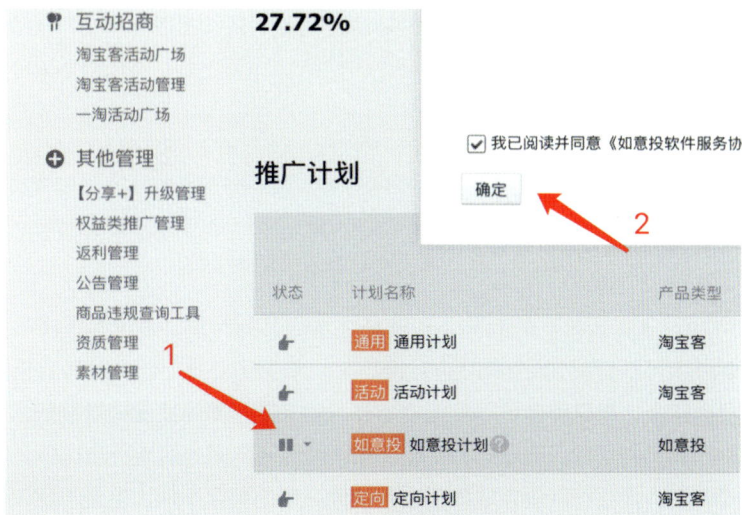

图2-1 淘宝客如意投计划

图2-2　如意投计划设置

类目佣金可以根据店铺具体的利润率来计算，例如设置类目佣金为10%，那么所有通过如意投计划进来购买店铺任意商品，店铺需要支付最低10%的佣金。这里建议正常设置为最低1.5%，如果利润率比较高，建议可以设置略高一点。设置完成后可以选择立即激活，完成如意投计划的创建。

当然前面介绍的只是基础操作，还很难达到提升全店动销率的情况。接下来，回到淘宝客首页，单击"如意投计划"按钮，进入如意投推广设置页面，添加店铺需要推广的单品进行推广，如图2-3所示。

图2-3　在如意投计划中选择主推商品

在图2-3中，选择要推广的商品（在选择主推商品的时候，建议多选择一些商品，如意投计划最多可以设置100个商品进行推广），单击需要推广的商品后会出现一个对号，然后设置佣金。建议佣金可以设置得略高，如产品是新品或者销量较低，可以设置佣金为利润率临界值左右，后期产品销售起量的时候可以适当调整佣金比例，如果是店铺人气款或者热销款，可以适当地设置比利润低一些的佣金比例，但是不建议太低，太低的话可能无法获得流量，无法实现提升动销的效果。

如意投设置后不是及时生效，而是第二天生效，如今天设置了如意投计划后要到第二天凌晨生效，每次修改佣金亦是如此。如果发现3～5天后流量销量很差，建议调整一下佣金比例，适当调高，正常情况下调整后都会出现流量和成交。

还可以通过设置淘宝客的通用计划（和如意投设置方法逻辑相同），设置营销计划等来辅助提高店铺的动销率。

2.1.3　通过淘宝客提高店铺销量

所有营销工具都为店铺提升销量服务，淘宝客该如何玩才能最大程度地帮助店铺提升流量和销量呢？接下来通过一个案例来详细说明。

某天猫商家主要经营厨房用品，由于下半年旺季快到了，该商家决定再开一家新店，抢占更多位置，提升行业份额。2017年7月30日该商家天猫新店开张，苦于新店开通后很多营销推广活动无法参加，引流成为大难题。8月6日决定，想要快速进行冷启动，使用淘宝客进行新店推广是最可行的方式。刚开始商家还比较犹豫，担心淘宝客推广亏损，也担心店铺人群标签受影响，后期难以经营。

经过分析，最终还是决定尝试。由于新店销量较少，转化率相对不高，因此很多淘宝客不愿意推广。此时采用淘宝客推广运作难度相对较大：除了需要找到合适的淘宝客外，还要解决两个难题，第一是如何通过淘宝客推广不亏损或者尽可能减少亏损，第二是如何解决淘宝客推广可能造成的打乱人群标签的问题。

经过精心布局与设置，整体运作成功，2017年8月淘宝客引导14 685名访客进店，如图2-4所示。

图2-4　设置淘宝客后的流量情况

商家到底是如何做到的呢？具体操作过程呈现如下。

2017年8月10日开始正式操作。

第一阶段：累积基础销量和评价。首先，通过发送优惠信息给天猫原有店铺的老客户，设置优惠力度比较大的新店开业酬宾活动，引导成交9笔订单。其后，客服通过电话与客户沟通服务，鼓励客户写下细致的评价与晒图。店铺在2017年8月16日开始有了5个高质量的评价。

第二阶段：淘宝客低价大力推广。8月13日开始联系淘宝客。由于是新店铺，非常明确的一件事是招商型淘宝客并不适合，招商型淘宝客拿到的订单分发给消费者型淘宝客时，这种新店比较难让淘宝客进行推广。于是联系了之前推广合作过的网站平台。由于平时维护到位，一直以来彼此建立了良好的合作关系，该淘宝客答应帮该店铺进行推广（这里需要注意的是，大家一定要用心累积淘宝客资源，并且与淘宝客维护好关系）。双方商定8月18日帮助店铺通过粉丝群与网站进行推广引流。由于店铺销售的产品是小油壶，产品本身单价比较低，和淘宝客谈判后最终敲定价格是直接以较低的价格包邮推广，佣金设置为30%。根据以往经验，这种类型的商品组合购买比例比较高，再加上运费、人工，计算出每单商家的亏损会控制在比较低的范围内。商家对于这个投入力度是完全可以承受的。

如图2-5所示，该淘宝客第一天就为店铺带来5002位访客。由于店铺有了基础销量与评价的铺垫，价格也比较有诱惑力，加之平台帮助店铺大力推广，效果非常明显，第一天就成交了100多笔订单。在推广过程中只有淘宝客成交，其他流量入口没有客户成交，基本上也没有其他渠道的访客入店，这种情况也在预料范围内。

图2-5　店铺账户状态总览

第三阶段：调整淘宝客推广节奏和结构，稳定销量和人群。

在8月26日停止淘宝客的大范围推广，只保留如意投、通用计划、营销计划等基础设置做推广引流，商品价格也恢复至平时的销售价格。如图2-5所示，8月9日—26日有三波起伏流量与销量，这代表了三个高峰推广操作中的核心点。刚开始推广的时候与淘宝客协商为试推广，目的是测试推广效果并完成更多的基础销量与评价，以便在第二波和第三波进行发力时提高转化率。以一般2~3天客户能收到货的时间周期为考量，第一波与第二波推广后客服做了大量电话回访服务工作，收集产品反馈的同时鼓励顾客评价晒图，令产品在转化方面更具有优势。第三波销售流量明显比前两波有所提高。在这整个过程中还需要重点把握几个核心：

- 分三波进行推广，好处是拉长推广周期，令产品销售人气持续上涨，便于有机会在搜索维度提升人气指标，淘宝客推广同时也有搜索成交，开始圈定人群标签。

- 评价与晒图，通过淘宝客推广后不可避免地会出现一些低质量的客户拉低评价评分，商家安排客服从8月20日有客户收到货开始，挑选客户进行电话回访，通过细致体贴的类似超级VIP式的服务提高客户对商家和产品的服务体验，从而使得客户在评价晒图率、好评率、追加评论比例方面有所提升，直接正面影响产品的转化率，对搜索量提升有所帮助。

- 直通车推广配合。直通车在8月30日正式开始配合操作，商家没有提前使用直通车推广，主要由于前期销量、评价都比较少，直通车的转化率不会很高，难以提升质量分，从而降低出价，造成资金浪费。

　　商家在逐渐积累消费者好评与晒图等数据之后，配合开启直通车投放，前期只投放9个精准关键词（见图2-6）。同时开启关键词人群溢价。通过7天推广，产品的销售开始稳步上升（见图2-7）。从一个流量及客户累积较少的新店到每天开始正常销售，通过淘宝客与直通车相互配合的模式后，完成了店铺直接从0到1的起步，提高了店铺的销量。之后商家只需要进行常规淘宝客投放即可，而之前由于累积了较好的淘宝客成交数量，其他的淘宝客也对该产品和店铺产生关注，自发推广店铺的产品。

图2-6　投放的关键词

图2-7 点击量随时间逐步增加

通过上述案例可以发现，该商家通过这次活动既没有出现淘宝客大量推广冲量导致严重亏损现象，也很好地解决了商家所担心的标签混乱后期无法正常经营销售的情况，图2-8所示的数据非常好地验证了这一点，从9月开始店铺的访客数与销量持续上涨。

图2-8 销售分析

2.1.4 通过淘宝客为店铺活动增加销量

淘宝客能帮助店铺提高产品基础销量或提升自然搜索排序。但是，商家与淘宝客紧密合作时，往往是店铺在做天天特价、聚划算、淘抢购、"双十一"等营销活动，这个时期往往能达到比平时更好的推广效果。

淘宝客推广模式是成交后赚取佣金，把人们熟知的销售公式稍微变化下可以得出淘宝客利润公式，淘宝客利润=淘宝客引入的访客数×转化×（客单价×佣金比例），由此可知，淘宝客最担心的是给商家引入访客后，商家不能给淘宝客带来成交利润。

店铺在做营销活动的时候，淘宝客是补充流量的能手。原因是商家报名平台活动的商品已经经过平台层层审核，商品价格是30天内最低成交价，同时平台活动页面营造的氛围也非常有利于提高转化率，促使淘宝客引流量转化成交，淘宝客群体乐于推广活动商品。

如图2-9所示，"99"大促当天，淘宝客为该店铺的贡献占比达到20.88%。如何在店铺活动时玩好淘宝客推广引流，如何用淘宝客打好配合仗，这里为大家分享操作要点。

图2-9　淘宝客的贡献位居第三

首先，商家事先一定要跟合作的淘宝客确定活动日期，尽早与淘宝客沟通合作方案。如果商家平时没有累积特别强有力的淘宝客资源，建议趁报名参加活动时多联系一些淘宝客，因为活动商品的转化率都不错，淘宝客乐于推广，此时谈合作比较容易建立合作关系。之后，再与效果好的淘宝客建立长期合作关系，利于之后的推广。

此时淘宝客可能对佣金提出要求，建议商家把活动截图发给淘宝客，然后双方进行协商（例如，针对聚划算这种活动，淘宝客需要走通用计划佣金，以后可能会调整到淘宝客后台的营销计划，无法给不同淘宝客设置不同佣金计划）。提前沟通也便于淘宝客安排整合他们的资源进行推广。

活动审核通过后，直接设置好通用计划。切记，一定要活动前一天设置好，否则设置将无法在活动当天生效（淘宝客后台佣金设置皆为次日生效）！

淘宝客后台设置基本步骤：单击淘宝客后台左上方的"营销计划"按钮，弹出如图2-10所示的页面，单击左侧的"商品推广管理"，然后单击"添加主推商品管理"，最后单击选择准备参加聚划算的商品进行推广设置。

图2-10　商品推广管理

如图2-11所示，推广时间和佣金比例根据自己的具体情况来填写，通常会把推广时间填写到活动结束后一天，因为一个商品在同一时间只能建立一个商品策略推广，如果时间过长调整起来比较麻烦。

图2-11　推广时间和佣金设置

推广佣金的设置一定要注意，店铺商品在参加活动时已经降低了销售价格，这里就需要跟淘宝客商量好，可以不用给到像30%~40%这样的超高佣金，建议以20%左右进行合作推广为宜。添加推广券部分，必须设置为阿里妈妈推广券，而且不要展现在活动和详情页面中，这是属于淘宝客的专属券。

在跟淘宝客谈判时要沟通清楚，无须设置高额的促销券，只须设置一张有利于提高转化率、金额合理的优惠券即可，具体金额按照利润情况合理安排，如图2-12所示。在天猫、淘宝后台的淘宝卡券中可以设置推广券。与平时设置优惠券唯一不一样的地方是推广方式要选择买家领取；领券形式要设置为阿里妈妈推广券。其他设置与平时设置优惠券一样，时间设置成活动时间即可。最后将需要推广的宝贝链接发给已洽谈好的淘宝客，他们就会在活动开始后进行推广。商家要注意在活动开始前一天提醒合作的淘宝客，避免他们推广商品过多而遗漏。

图2-12　推广券设置

在活动前设置活动商品推广时，同时要针对店铺其他商品的推广进行设置，以便享受到主推商品带来的淘宝客推广流量。

总而言之，在做淘宝客推广时，一定要明确店铺运营过程中需要淘宝客协助的方面，根据店铺的推广策略进行淘宝客推广。明确淘宝客在每个阶段的不同作用，合理运用淘宝客，为店铺提高销量和利润。

2.1.5　回顾总结

淘宝客推广和直通车、钻石展位有本质区别。淘宝客不仅扣费模式与两者不同，还在流量的获取来源上差异很大。淘宝客除淘宝达人直播这类人群外，绝大部分流量在站外，而直通车、智钻绝大多数流量在站内；直通车、钻石展位更多的操作是通过后台进行设置优化，而淘宝客其背后是一个一个的个体通过其工具手段为单品店铺引流。做好淘宝客的重心在于运营维护好与优质淘宝客的合作关系，后台设置只是辅助商家更好地与淘宝客沟通、协调、合作。只有深入了解淘宝客，才能有效地玩转淘宝客。

淘宝客是天猫营销工具中的一种，其目的在于提升整个店铺的销量与通过淘宝客更好地进行引流配合，从而提升店铺的动销率、销量以及为店铺营销活动补充流量，完成销售任务。希望大家能对淘宝客重新认识且能够学会在店铺运营推广过程中应用淘宝客，同时能够举一反三进行更多的操作与提升。

2.2 逆向招募提升十倍淘宝客流量[①]

2.2.1 绕开淘宝客推广误区

在部分商家看来，淘宝客推广是一个低价冲量的渠道，必须要有高比例佣金+高额优惠券才会有效果。佣金合理、引流效果好的淘宝客似乎永远是"别人家的淘宝客"。实际上只要方法得当，是可以快速高效地找到优质淘宝客，并且无须支付高额佣金。

如何找到淘宝客？如何和淘宝客取得联系？如何沟通让淘宝客选中商家的产品，最终实现通过一个淘宝客推广拓展到更多淘宝客推广？这些是商家心中最难解决的问题。

1.淘宝客推广冲销量

很多商家经常遇到通过淘宝客积累新品销量，销量得到快速积累，但活动结束后销售却停滞的情况。建议大家首先找出数据表现不错的产品，然后通过淘宝客推广冲销量。之所以淘宝客不推广商家的产品，追根溯源是因为商家的产品表现太差。高佣金+大额优惠券+服务费的玩法并不会给新品的成长带来更多帮助，反而有可能打乱店铺人群标签。

2.淘宝客如何看待新品

淘宝客达人不喜欢推广没有销量、没有评价的产品，是因为这类产品的数据不明，他们怕做无用功。阿里系平台也考虑到这方面的问题，同时基于产品丰富度方面的考虑，兼而给个性化商品、小众商品商家更多展现机会。很多站内的推广渠道是不推广月销量2000件以上产品的。事实上淘宝客也会推广新品，只不过新品要有特色，能给他们向市场推广的信心。相同的工具不同人使用，最终的结果也可能不同。商家需要关注的是怎么能给到消费者想要的好商品，给淘宝客有信心推广的商品。

3. 淘宝客流量是否打乱人群标签

对于这个问题大部分商家越来越关注，任何一种引流都有可能打乱人群标签，关键是看进入店铺并且成交的人群和店铺的原有人群画像是否匹配。单就高佣金+大额优惠券+服务费的玩法，如果引入的人群和店铺原有人群画像差距比较大，就有可能影响店铺人群标签。如果引入的流量是手机淘宝APP首页的千人千面的达人流量，就不会产生

---

① 内容提供：张志岭（齐鲁随风）

影响，反而可以通过直通车、钻石展位展示给更多受众，提升人群圈定数量。

2.2.2　获取淘宝客精准流量操作技巧

本节以某天猫女装店铺为例进行介绍。该店铺大约在一个半月的时间里，通过逆向招募方式联系淘宝客达人，维护达人关系并拓展淘宝客，最终实现定向计划精准流量增长。

如图2-13所示，店铺3月定向计划流量12万人次。淘宝客招募启动后，店铺在2017年4月13日到5月12日定向计划流量121万人次，大部分流量来自于手机淘宝APP首页淘宝达人，流量大约提升10倍，如图2-14所示。

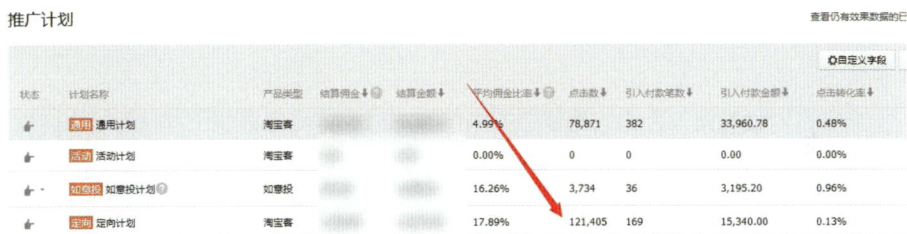

图2-13　店铺3月定向计划流量

图2-14　淘宝客招募启动后店铺定向计划流量

这个商家在3月之前并不重视淘宝客推广，后来虽然设置了定向计划等待淘宝客申请，因为店铺产品数据相对比较好，还能获得一部分流量，也曾经通过阿里V任务招募淘宝客，不做筛选，不做数据分析，直接支付了几百元的服务费，同时开的佣金条件也不错，但是并没有给店铺带来流量。3月偶然的机会在有好货发现一位达人在推自己同行的产品，通过生意参谋平台进行数据跟踪后发现该产品的淘宝客流量非常不错，于是尝试联系这位达人。

开始的时候并不顺利，多次留言无果。但是想到同行这么大的流量又非常羡慕，于是商家咬咬牙设置了一个几乎不赚钱的佣金计划，然后把计划链接发给达人并非常诚恳地给淘宝客做了大段的留言，详细说明了自身产品的特点、优势，以及转化率、店铺对这个产品的规划。达人仍然没有回复。一周后，商家惊喜地发现淘宝客在定向计划中作了申请，马上快速审核通过。很快这个达人带来了高额的流量和成交。

1. 逆推方式获取淘宝客联系方式

很多商家急于求成，听说通过阿里V任务渠道可以招募达人，就不做任何分析直接招募，花了很多冤枉钱，最终达人推广的效果并不好，成交和流量都没有多少。

商家可以通过逆推方式找到适合的淘宝客。首先，商家必须了解一点，淘宝客有渠道推广资质但未必能力最佳，这是部分商家通过有好货招募淘宝客但效果不好的原因。每个淘宝客都有自己擅长的类目及推广渠道，那么如何找到适合自己产品推广的淘宝客达人呢？首先打开手机淘宝APP首页，如图2-15所示。其中可以看到有好货、淘宝头条、必买清单、每日好店、生活研究所等很多入口，这些都是达人的展位。仔细观察可以发现，所有这些流量入口几乎都是千人千面的，所有入口展示的产品都是用户搜索过、浏览过、收藏过或是购买过的产品。所以这里的流量是非常精准的定向流量，这种流量的导入不会影响店铺的人群标签。

图2-15 手机淘宝APP首页的流量入口

这里以有好货和必买清单为例具体说明一下如何找到淘宝客。首先这些淘宝客写的

进阶引流揭秘

文章或是推荐的产品已经在首页展示，说明他们有这样的推广能力，不仅有推广的资质，而且是优质的文章或是产品攻略，只有这样才会被系统推荐展示在手机淘宝APP首页。这种方式获取的达人相对于直接在阿里V任务招募的淘宝客效果要好很多。点击有好货，进入如图2-16所示页面。

图2-16　有好货版块页面

在有好货版块页面中，点击对应产品可以看到对应的达人推广页面。在文案底部有一个达人头像，后面有关注字样，只需要收集这个名称即可，如图2-17所示。当然也有很多推荐名字后面没有关注字样，说明这些不是达人，是类目活动推荐位置。

通过必买清单获取达人名称的逻辑与有好货类似，点击"必买清单"，可以看到如图2-18所示的页面，在页面中点击对应产品，可以进入达人推广的清单中，在图片下方可以看到达人的名称（见图2-19），此时就可以收集达人名称了。

图2-17　有好货页面中达人信息

图2-18　必买清单版块页面

图2-19　必买清单页面中达人信息

2. 通过阿里V任务招募淘宝客

相信很多商家已经掌握了前面介绍的方式，接下来最难的事情是和达人取得联系。淘宝客推广不像是直通车或钻石展位只是和系统算法博弈，淘宝客推广是和淘宝客来合作，每一个淘宝客都是一个有血有肉的活生生的人，他们有感情、有喜好，有的时候不只是看佣金，当然大部分情况下，高佣金还是一块很有力的敲门砖。

前面已经收集到达人的名称，接下来的工作就是找到达人的联系方式，然后取得沟通。阿里V任务的官方网站（v.taobao.com）还是一个很强大的达人搜索招募引擎，这里暂且把它这样定义。阿里V任务首页如图2-20所示。

图2-20　阿里V任务首页

在阿里V任务中，商家可以按照三种不同的分类来查找达人，一般最为常用的是按照渠道查找达人。在上一节中，通过有好货和必买清单收集了达人的名称，这里就用有好货渠道的达人来演示操作步骤，如图2-21所示。

把收集到的有好货的达人名称粘贴到搜索框中，点击搜索即可检索到对应达人，单击达人头像，可以跳转至达人主页，如图2-22所示。

图2-21　按照渠道搜索达人

图2-22　达人主页

在达人主页顶部即可获取到达人的旺旺联系方式。同时还可以看到达人的优质作品，分析下作品的浏览量，以及累计评价，可以大致判断出达人的推广效果，确定是否适合推广自己的产品，如图2-23所示。

假设通过分析后得出此达人适合推广自己的产品，也获取到旺旺联系方式，那么问题来了，联系了达人就一定会收到回复吗？大部分情况是达人不会回复！并不是因为达人太高冷，而是因为很多商家的问询方式太机械。笔者有幸和达人一起交流沟通，谈到这个问题时，达人的回复是，每天都有几百人用相同的方式联系他们，例如"你好，在吗？""在吗，亲？""给你高佣金帮我推广""给40%佣金给我保多少销量？"，换个角度来考虑，如果我们是达人也不会回复。所以想要做出好的效果，一定要用不一样的方式。首先要保证达人一目了然店铺的情况，查看到店铺的产品，以及佣金的比例情况，快速确认是否可以合作，而不至于浪费太多时间。那么商家一定要做好准备，特别是做好合理的合作方案。商家首先要做好一个定向计划来和达人合作。

图2-23　达人发布的作品

3. 先设置好淘宝客定向推广计划再找达人合作

定向计划设置如图2-24所示。

图2-24　商家定向计划

操作路径：商家中心→淘宝客推广→定向计划→新建定向计划，如图2-25所示。

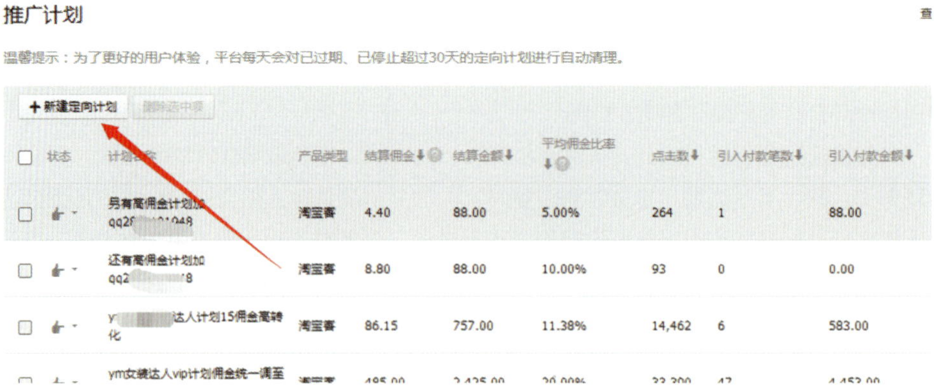

图2-25　新建定向计划

新建定向计划如图2-26所示。具体设置步骤是：计划名称可以自己命名，如达人专属、高佣金计划等。计划类型一定要选择不公开。审核方式默认为全部手动审核，起止日期一般无须设置。重点是类目佣金，如果店铺产品的毛利率普遍偏高，那么可以设置类目佣金。例如设置20%类目佣金，那么所有通过审核的达人，推广引流进入店铺该类目的所有商品成交后都会扣去20%的佣金，相当于店铺推广佣金为20%，建议把类目佣金设置为最低，一般是1.5%、3%或5%。单独在定向计划中设置产品，这样淘宝客达人带来的流量，对单品推广成交的按照单品设置的佣金来扣佣金。如果商家设置了20个单品，但是淘宝客达人引来的流量没有购买这20个单品，而是购买了店铺的其他产品，是否需要支付佣金呢？需要，因为这里设置了类目佣金，会按设置的比例支付，所以建议大家把类目佣金尽量设低。

设置好定向计划之后会跳出一个淘宝客邀请链接，用于邀请达人合作。在后面的操作中会用到，如图2-27所示。

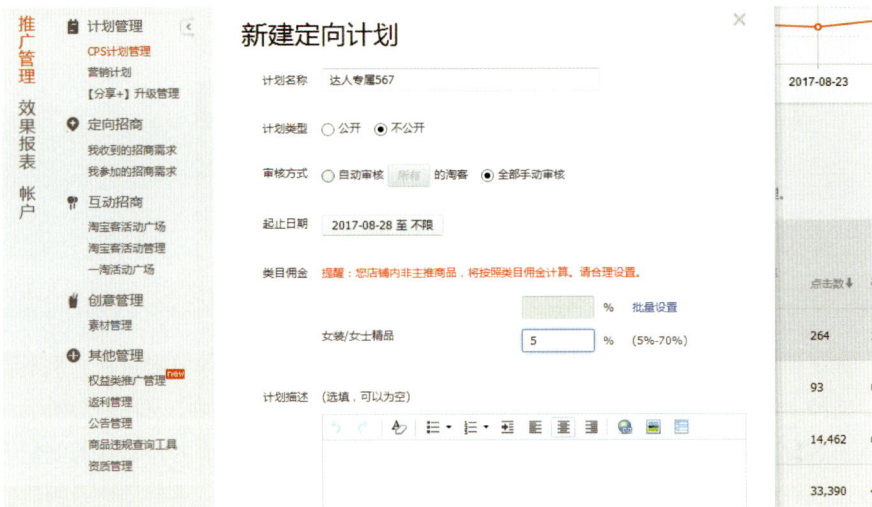

图2-26　定向计划设置

图2-27　定向计划创建成功

4. 找达人合作的沟通话术

完成以上步骤就做好了一个和达人合作的计划，接下来就是与达人沟通了。首先要避免一些达人比较反感的问题，例如保证销量、保证流量之类的，因为达人能做的是流量引入，对于成交是没办法给出任何承诺的。达人只是有资质把产品提交到有好货、必买清单等渠道，获得展示机会，但是成交关系到产品吸引力、在同类产品中的竞争力、页面、转化周期等一系列问题，这是淘宝客单方面没办法解决的，他们无法保证成交数据，也无法保证一定会上手机淘宝APP首页推荐。对比，商家要有个比较合理的期望。初次合作，可以先尝试以佣金模式合作，测试效果，可以承诺如果效果好则签署季度合作或是年度合作。这是因为不仅商家找适合的淘宝客达人不容易，淘宝客达人找到一个合适的商家，可以长期合作且持续稳定获得佣金也是不容易的。推荐使用如图2-28所示的话术。

图2-28　邀请达人推广的话术

如果商家完全按照以上步骤操作，淘宝客达人还是不回复，请不要着急，也不要失落，坚持去做，同时关注一下对应定向计划后台的淘宝客管理模块，如图2-29所示，看下淘宝客管理中有没有等待审核的淘宝客。淘宝客达人没有回复，并不意味着他们不想合作。或许他们已经直接去申请推广产品了，可以在定向计划淘宝客管理中看到他们，商家只需审核通过即可，如图2-30所示。只要产品和合作条件有足够吸引力，一定会有机会的。

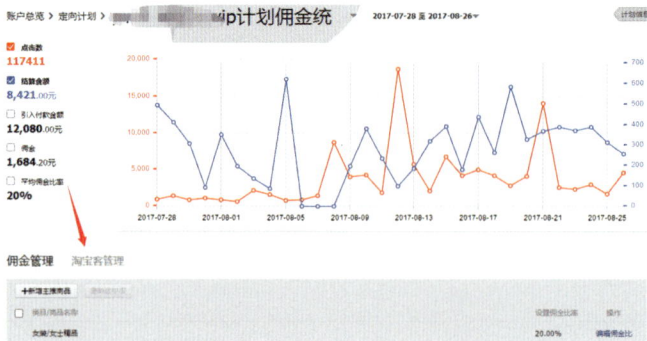

图2-29　定向计划中的淘宝客管理

佣金管理　**淘宝客管理**

图2-30　淘宝客管理

2.2.3　淘宝客的维护管理建议

淘宝客的维护可以说是一件很艰难的事情，也是一件很简单的事情，主要看商家是否了解合作规划和淘宝客需求，以及是否擅长沟通，不善交际的商家可能很难驾驭淘宝客。例如，某店铺每天从5万流量跌到1.5万流量，那么店铺的动态评分将低于行业，此时有好货、必买清单都不能提交审核。手机淘宝APP首页的很多入口审核必须符合相应的条件，例如，产品月销量低于2000件，产品有三条以下差评，店铺动态评分高于行业等，这些也是淘宝客的要求，否则很难达成合作。

做好淘宝客维护是一件很重要的事情。通过一个淘宝客可以拓展出来更多优质淘宝客。在淘宝客推广产品一段时间后，商家要对淘宝客做数据分析，维护有效果的淘宝客。

具体操作是：打开定向计划，进入淘宝客管理，可以看到每个淘宝客达人的成交情况和流量情况，如图2-31所示。

佣金管理　**淘宝客管理**

图2-31　淘宝客的引流情况

如何和这些淘宝客取得联系呢？有和他们联系的必要呢？首先要看清楚一个残酷的现实，即使有几千名淘宝客在你的定向计划中，实际最多有几个淘宝客在推广，所以能帮助店铺引入流量，有转化的淘宝客非常难得。一定要收集有效果的淘宝客，收集的方法有三个：

- 直接用旺旺联系淘宝客。
- 通过历史操作记录查看联系方式。
- 百度淘宝客昵称查找联系方式。

这里提供一个技巧供大家参考。在联系到相应淘宝客时如何快速拉近关系呢？有效的方式就是发红包！每个淘宝客喜欢的聊天工具不同，有的是旺旺，有的是钉钉，有的是QQ等，因此商家应该用多渠道方式来维护。获取联系方式之后拿出一部分时间来做情感维护，偶尔发点红包，发一些节日祝福，聊聊天，这样可以更好地增加淘宝客的黏性。当然这不是最重要的，最重要的是通过维护了解淘宝客的需求，除了给予高佣金以外，让其知道店铺的其他优势。例如提供素材、产品说明书、产品特色描述。可以帮助达人尽快组织产品推介书，设置好方便达人推广的宝贝主图等。

2.2.4　小结

淘宝客的推广有多种形式，并非所有推广都会计入搜索人气，很多商家都希望通过淘宝客推广短期内获得更多成交，从而带动自然流量。第三方网站返利形式的淘宝客销量是不会提升自然流量的。

店铺的淘宝客流量成倍提升，源于方法得当的同时也必须提供优质的产品。淘宝客的推广对于产品的要求是很高的，优质产品不需要太高佣金也可以有比较大的淘宝客流量。如果产品没有好的基础数据，则只是超低价才会有好的销量，所以通过超低价的方式打起来的产品虽然销量高，但是并不能代表一定是热销款产品。商家应对每一个推广引流工具有清晰的认识，淘宝客归根结底是一个锦上添花的工具，并不是雪中送炭的工具。做好店铺基础和产品质量把控，合理运用推广引流工具才能达到好的效果。

第3章

数据助力流量提升及店铺优化

数据化运营一直是热门话题，也是商家关注的焦点。目前很多商家的状况是订购了各种数据产品，也会经常去看一下，但却只是大致看一下每天的营业额、访客、转化等基础数据。至于如何用好数据、怎么用数据发现自身店铺问题、洞见行业未来趋势、进行品类和产品规划，以及如何提升优化却不是很精细。

　　本章不仅解读数据反馈的问题，而且阐述如何针对问题提升和优化店铺各方面和标题。在帮助大家了解一些具体问题的解决方法之外，更希望帮商家建立数据分析—调整问题—数据反馈—方案调整—数据反馈如此循环的数据化运营意识。

3.1 数据反馈分析及店铺全方位优化[①]

3.1.1 案例背景

某天猫女装店铺，日销售额2万元左右，访客1万人次左右，正处于不知道如何突破提升的阶段。如图3-1所示，从过去30天的数据来看，各项数据比较平稳，没有大起大落，这是中小型店铺或是新开店铺比较常见的状况。

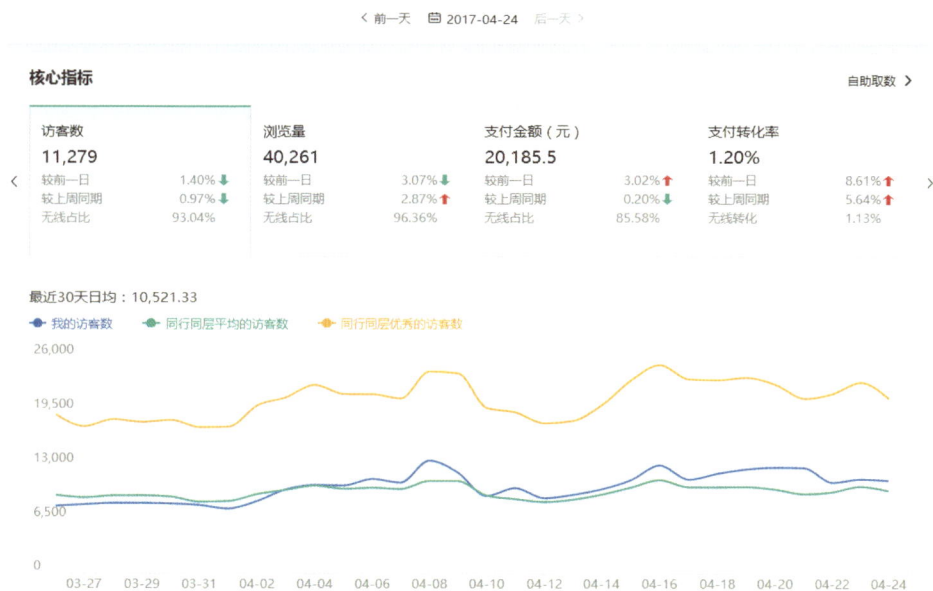

图3-1　案例店铺相关数据

任何商家都希望自身店铺能找到突破口，快速拉升销售额。可以通过生意参谋帮助找出店铺和产品需要提升的方向以及市场机会点。

该案例店铺商品以连衣裙为主，从材质上来说大多数是棉麻。这是一个比较典型的1个主推款+2~3个连带款带动全店动销的店铺。主推款的7天销量为428件，以此预估30天月销可以达到1700~2000件。

① 内容提供：董泉（淘米）

根据目前情况，案例商铺要想进一步提升，可以做如下数据分析工作：首先利用收藏加购数据、点击率、转化率、主要关键词曝光量、热销商品访客特征来分析产品机会与未来趋势；其次用主要引流关键词去分析品类及市场机会；然后参照往年情况对2017年启动、爆发、下降时间节点进行预估；最后利用数据对直通车进行调整。

通过上述一系列调整，商家明确自身需要努力的方向，对现有产品调整优化以及需要增添品类有了清晰规划。

3.1.2 优化方法及步骤

1. 产品以及店铺自身数据分析

（1）用收藏加购数据判断商品未来趋势

首先查看产品收藏和加购的数据情况。

收藏人数是加购人数的一半，符合女装总体数据特征。女性购物心切，看中就想马上买回来穿上。如果加购数据高于收藏数据，最近5～10天下单数据就会提升；如果收藏数据高于加购数据，一般会在14天左右产生购买动作。

女装是服饰领域最大的类目，购物需求受节气、气温、节日等影响严重，当7天连续升温、降温都会影响这两个数据指标。通常来说，女装单品生命周期一般在6个月左右，节奏比较快。所以在分析商品数据时不能单看成交，可以以当日加购+7天成交的方式去分析未来趋势，如图3-2所示。

（2）以点击率判断产品市场机会

如图3-3所示，主推款连衣裙的点击率最好的数据是3.37%。产品点击率数据不错，说明产品比较受消费者的关注和喜欢。一般来说，针对偏向连衣裙类目的店铺，做直通车推广时容易获得点击率，这是因为展现量有优势，只要关键词出价比较合适，展现量马上就会上升。因此，未来60天内主推产品可以顺势再多推出2个连衣裙。

（3）店铺主要数据指标达标情况判断

如图3-4所示，在流量入口方面，手机淘宝APP搜索流量占比最高，但是入口的转化率不理想。一般来说，女装类目转化低于1%都属于表现不是很好，低于1%就需要提供更多流量来维持销售额。店铺低转化，也就是流量利用率低，不利于获取免费流量。高转化店铺能够获得淘宝更多免费的展现机会。于是，未来该店铺一定要解决两件事情：一是，商品主图点击率提升，店铺转化率提升，流量才能持续稳定；二是，当点击率、转化率都不好时，需要做的事情是优化、完善，而不是获取更多流量。

商品效果

商品效果明细

全部　　PC　　无线

指标：☑商品访客数　☐商品浏览量　☑下单件数　☐支付金额　☑加购件数　☑收藏人数　☑平均停留时长
☐详情页跳出率　☐下单转化率　☐下单支付转化率　☐支付转化率　☐下单金额　☐下单买家数　☐支付件数
☐支付买家数　☐访客平均价值　☐客单价　☐曝光量　☐点击次数　☐点击率　☐搜索引导访客数
☐搜索支付转化率　☐搜索引导支付买家数　☐售中售后成功退款金额　　☐售中售后成功退款笔数

曝光量、点击次数、点击率智只提供PC端数据！

商品名称	当前状态	所有终端的商品访客数	所有终端的下单件数	所有终端的加购件数	所有终端的收藏人数	所有终端的平均停留时长
有连衣裙女夏季 款水墨画显瘦 时间：2017-03-23	当前在线	35,286	428	2,657	1,138	25.23
女装套装裙宽松 民族风中长款文艺范 发布时间：2017-03-19	当前在线	17,272	231	1,554	618	22.06
有两件套连衣 分袖民族风显瘦 发布时间：2017-03-25	当前在线	8,048	132	802	265	26.17
装时尚马甲女 无袖马夹休闲显 发布时间：2016-10-18	当前在线	5,760	50	260	185	15.61
中长款民族风 裙子文艺宽松 发布时间：2016-10-10	当前在线	3,363	13	160	78	19.54
裙女中长款 宽松两件套 发布时间：2017-03-21	当前在线	2,382	43	205	81	21.54

图3-2　商品效果明细

图3-3　通过点击率来判断市场行情

103

图3-4　流量来源排行

（4）从主要关键词曝光量判断产品与顾客需求匹配度

从图3-5所示的PC端自然搜索曝光来看，棉麻连衣裙是展现量最高的词，一天有1281次曝光展现，但是点击率只有0.62%。如果这个词点击率能维持在2%~3%，店铺访客将远远超过目前1万人次的量级。深入分析发现，"棉麻连衣裙"这个关键词和主推款不是100%匹配，有偏差。也就是搜"棉麻连衣裙"的访客并不喜欢店铺的这个款。很多商家开春以后，流量、销量在几个星期内迅速飙升，几乎不到1个月就能从第二层级拉到第六层级，分析下来主要有以下两个原因：

* 抓住顾客核心需求点的一个关键词（一般是个大词）。
* 关键词匹配宝贝接近100%（搜出来的就是顾客想要的东西）。

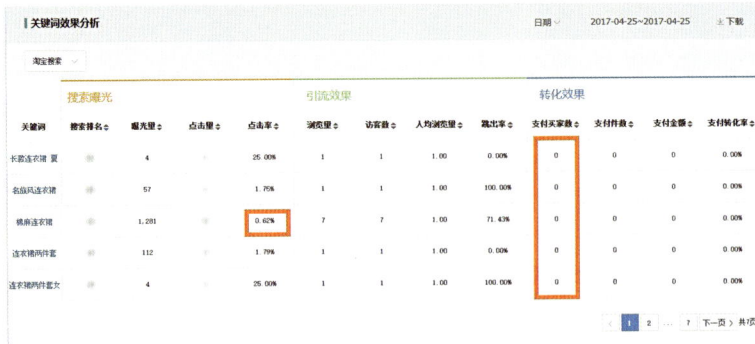

图3-5　关键词效果分析

通常这类商品点击率高于同行3倍以上，转化率高于同行2倍以上。一般来说，这类店铺在一到两个7天周期内迅速获得大量流量。这种情况非常容易理解，从平台角度来说，谁的产品好流量就给谁。总结一下，从数据分析层面来看运营店铺的根本，其实就是做关键词和商品之间的匹配。只要是高点击、高转化，流量、成交唾手可得！

（5）从热销产品看访客情况

再来看店铺的热销商品中访客的数据，如图3-6所示。

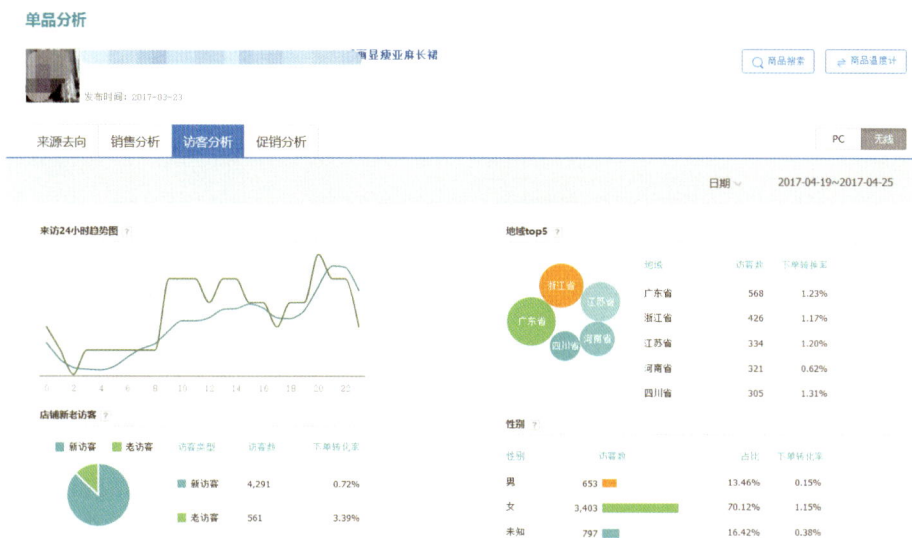

图3-6 访客分析

从访客分析来看，晚上会卖得好一些。新访客转化率为0.72%，老访客转化率为3.39%。老访客流量少，只有561个。这时可以考虑将直通车优质人群中"曾经购买过店铺商品"的老访客溢价设置高一些，以此提升该商品的转化率。

4月广东、浙江下单转化率都差不多且远高于其他地区，因此从推广地域选择来看，可以暂不考虑其他地区。只针对这两个地区进行投放，提高出价，获取流量成交概率远高于全国投放方式。

2. 分析行业和品类数据情况

（1）用主要引流关键词确定店铺优势

看完商品收藏和加购数据，再来看看全店关键词。每个店铺的流量情况有差异，就算卖同样的东西，关键词情况也有所不同。如图3-7所示，店铺外搜关键词中7天访客降序排列，"棉麻连衣裙"脱颖而出，可以确定这个关键词是该店铺的运营重点。

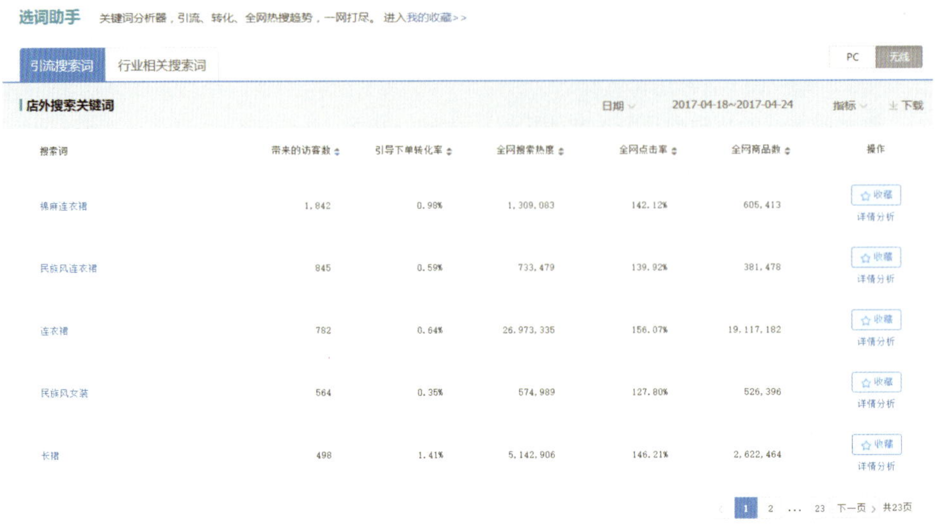

选词助手 关键词分析器，引流、转化、全网热搜趋势，一网打尽。进入我的收藏>>

引流搜索词 | 行业相关搜索词 | PC | 无线

店外搜索关键词 日期 2017-04-18~2017-04-24 指标 下载

搜索词	带来的访客数	引导下单转化率	全网搜索热度	全网点击率	全网商品数	操作
棉麻连衣裙	1,842	0.98%	1,309,083	142.12%	605,413	收藏 详情分析
民族风连衣裙	845	0.59%	733,479	139.92%	381,478	收藏 详情分析
连衣裙	782	0.64%	26,973,335	156.07%	19,117,182	收藏 详情分析
民族风女装	564	0.35%	574,989	127.80%	526,396	收藏 详情分析
长裙	498	1.41%	5,142,906	146.21%	2,622,464	收藏 详情分析

1 2 … 23 下一页 共23页

图3-7 引流搜索词

（2）从交易构成数据看品类布局

通过生意参谋"交易构成"可以看到店铺子类目构成。每个店铺产品成交偏向子类目，在展示机会、人群标签方面都会偏向该子类目。如图3-8所示，可以看出该店确实在"连衣裙"类目成交金额比例最大，也就是说这个品类的新品上架后获取的展现机会会更多。经营女装要学会根据自己的货源优势提前准备，应对一年四季热卖的二级类目变化，在二级类目启动之前抢跑。这也就是为什么经常见到8月就有商家投入直通车费用推广羽绒服，正月还没过元宵节已经有各种短袖T恤的促销活动。大家都希望在二级类目启动之前抢占优势。

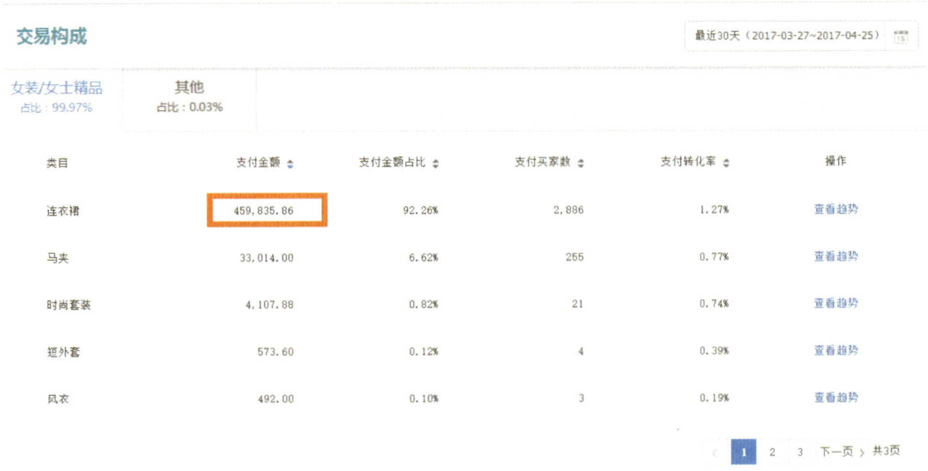

交易构成 最近30天（2017-03-27~2017-04-25）

女装/女士精品 占比：99.97% | 其他 占比：0.03%

类目	支付金额	支付金额占比	支付买家数	支付转化率	操作
连衣裙	459,835.86	92.26%	2,886	1.27%	查看趋势
马夹	33,014.00	6.62%	255	0.77%	查看趋势
时尚套装	4,107.88	0.82%	21	0.74%	查看趋势
短外套	573.60	0.12%	4	0.39%	查看趋势
风衣	492.00	0.10%	3	0.19%	查看趋势

1 2 3 下一页 共3页

图3-8 交易构成

（3）以主要引流关键词挖掘机会品类

如图3-9所示，从市场行情连衣裙类目搜索词可知，除了"棉麻连衣裙"关键词转化不错，还有很多高转化的关键词，这都是店铺的机会点。案例店铺商品都是市场档口货，品类单一，没有布局其他二级类目，因此错失商机。每个二级类目都是一个流量入口，顾客需求不仅仅局限在单一品类上，例如，雪纺连衣裙、吊带连衣裙、真丝连衣裙、大码连衣裙等都是不错的机会点。

搜索词详情	相关搜索词	关联品牌词	关联修饰词	关联热词	

相关搜索词

指标： ☑ 搜索人气　☑ 搜索人数占比　☐ 搜索热度　☑ 点击率　☐ 商城点击占比　☑ 在线商品数　☑ 直通车参考价
☐ 点击人气　☐ 点击热度　☐ 交易指数　☑ 支付转化率

Q 请输入关键词

关键词	搜索人气 ⇕	搜索人数占比 ⇕	点击率 ⇕	在线商品数 ⇕	直通车参考价 ⇕	支付转化率 ⇕
连衣裙	516,430	14.21%	158.52%	18,674,545		1.88%
连衣裙女夏	323,237	6.21%	151.45%	6,119,402		2.35%
雪纺连衣裙	247,290	3.88%	135.75%	2,151,196		2.05%
碎花连衣裙	216,613	3.08%	138.15%	1,174,837		2.01%
2017款连衣裙	201,253	2.71%	123.56%	8,129,543		1.37%
蕾丝连衣裙	197,757	2.63%	136.25%	2,344,631		1.57%
连衣裙女春秋2017新款 韩…	178,611	2.20%	125.25%	81,814		1.59%
真丝连衣裙	156,574	1.75%	137.55%	564,522		1.20%
吊带连衣裙	143,012	1.49%	155.62%	1,497,912		2.52%
夏季连衣裙	126,802	1.21%	135.99%	3,953,073		2.14%
连衣裙夏	119,172	1.09%	153.32%	9,279,652		2.24%
女童连衣裙	117,120	1.06%	151.00%	2,211,981		5.62%
裙子女夏 连衣裙	113,174	1.00%	121.86%	1,816,579		2.03%

图3-9　二级类目下关键词的支付转化率

（4）数据分析不同品类机会

如图3-10所示，通过对比棉麻连衣裙、雪纺连衣裙、真丝连衣裙可以发现，真丝7月以后有一小波拉升，棉麻2016年情况比2017年好一点，2017年市场没有太多增长，雪纺

2016年表现适中，2017年最受欢迎。连衣裙是女士标配，夏天不穿连衣裙不算过夏天，夏天的连衣裙和冬天的羽绒服是女装市场上的两个大类目，做好这两个品类的上新节奏，店铺就能经营得很好。

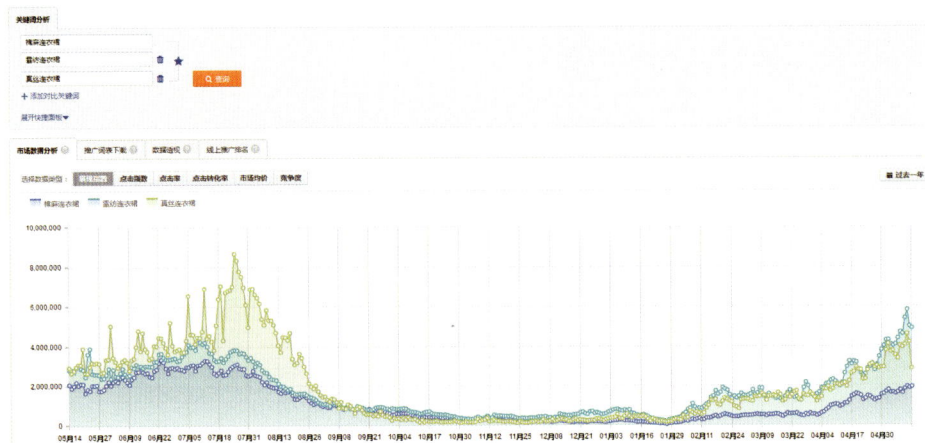

图3-10　市场数据分析

（5）从关键词数据看市场竞争情况

如图3-11所示，从关键词竞争度分析得知，2017年做连衣裙的店铺减少了，竞争没有2016年激烈。精良产品、精准人群是经营女装类目的核心策略。

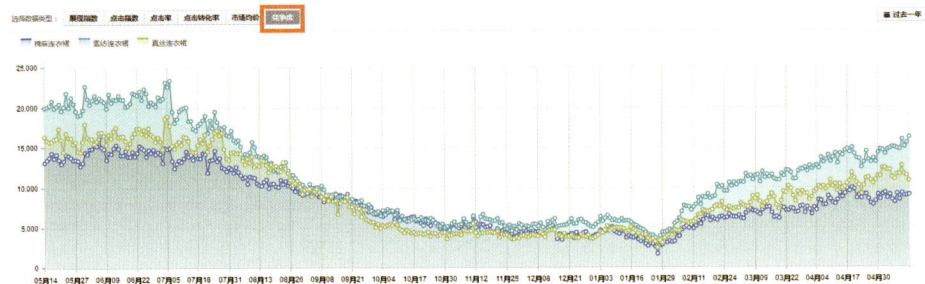

图3-11　市场竞争情况

（6）通过往年数据情况预估2017年产品节奏

如图3-12所示，通过"直通车后台-流量解析"分析全年数据可以看到，关键词"棉麻连衣裙"处于上涨趋势。按以往情况来看，在8月开始下滑。也就是说，目前店铺在不出现重大问题的情况下，流量和销量会逐渐上涨，初步估算，从日销2万元上升到日销6万元的机会还是比较大的。

进阶引流揭秘

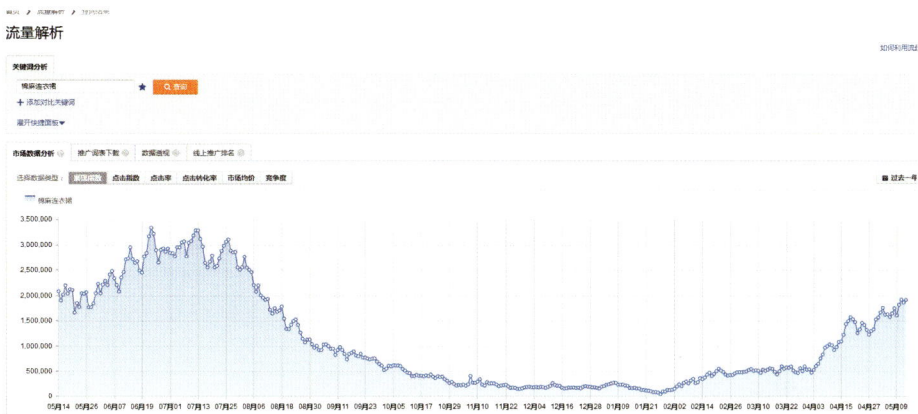

图3-12　直通车流量解析全年数据波动

3. 直通车推广数据分析提升推广效率

如图3-13所示，通过店铺直通车推广最近7天的数据情况可以看出，CTR为2.5%，PPC为1.02元，ROI为1.99。整体来看三个数据还算不错，在点击率不算高的时候，花费在1元以上，居高不下是正常情况。7天ROI接近2，证明直通车推广是良性的。从数据上看，提升数据的简单方法有：删除点击率低于2%且没有收藏加购的关键词，给点击率2.5%以上的词加价20%，收藏加购数据不错的词继续加价10%，可以把直通车推广数据提高一个档次。

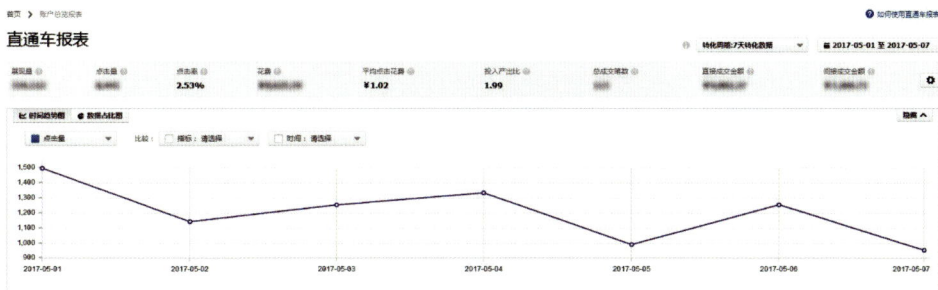

图3-13　店铺直通车推广最近7天的数据情况

如图3-14所示，"棉麻连衣裙"在账户里面的数据表现还算可以，有4%的点击率，如果商家货源有优势，可以尝试打造热商品。

步骤如下：

第一步：相同精准词错峰交替时段测款，找出高点击款式。

第二步：通过高点击款精准词测试不同的直通车推广图。

第三步：高点击率图+精准词+多计划广泛词。

第四步：给高点击精准词加价，后期通过观察收藏、加购、成交数据以删减关键词或微调出价。

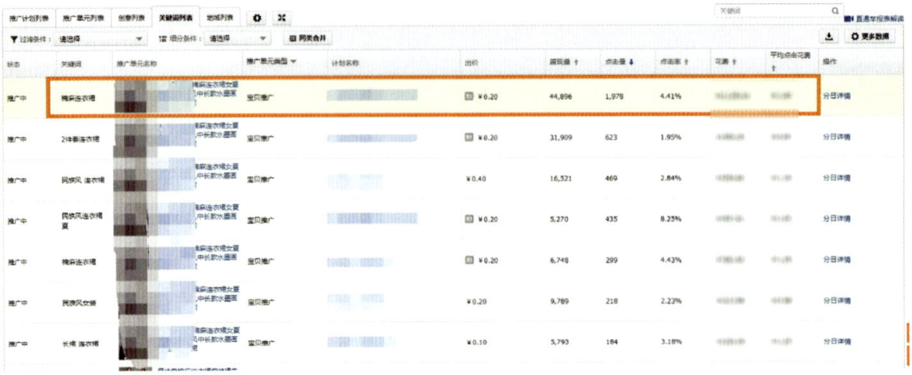

图3-14 直通车关键词推广数据

商家应该在精细化推广思路上有非常明确的规划，可以尝试从款式、主图点击、测款、直通车流量等方面入手去完善，通过这样一系列工作，店铺流量和销量可以快速提升。

3.2 数据优化商品标题，获取搜索流量[①]

大部分商家都有这种体验：产品销售一段时间之后，感觉流量还有上升空间，也知道标题中肯定有无效词，优化标题应该可以获得更多搜索流量。但是真正打算修改时，却不知道如何下手，没有明确的思路，担心优化之后流量下降，尤其是担心优化的时候删掉有引流能力的词。另外，即便去掉了一些无效词，也不知道应该补充什么词，担心新加进来的词不能带来引流效果。

那么如何才能在优化商品标题的时候尽量避免出现失误，让优化标题成功率更高，效果更好呢？本节就给商家一个使用数据优化现有标题的完整方法。

使用数据优化现有标题，一共三个步骤：①标题无效词查找；②标题遗漏词添加；③修改效果监控。其中涉及三个修改原则：修改时间、修改频率、修改幅度。其中需要用到的数据工具均是来自官方的生意参谋-流量纵横和市场行情（标准版或专业版均可）。

本节以一个天猫店铺的产品作为案例，分步骤来讲解如何使用数据优化现有商品标题。

3.3.1 商品标题无效词查找

案例来源：某男鞋天猫店铺的一个有一定引流能力的商品。

数据来源：生意参谋→流量纵横→商品来源，如图3-15所示。

图3-15 商品来源详情

---

① 内容提供：梁志发（老梁）

本节采用的分析方法为下载数据之后，用Excel进行分析。

具体操作步骤如下所示。

1. 下载商品关键词数据

打开"生意参谋→流量纵横→商品来源"，单击要优化的商品，进入图3-16所示的界面。

图3-16 选择要优化的商品

从图3-16中可以看到这个商品在某一段时间的引流词数据，其中包括某一个词所带来的访客数、浏览量、收藏人数、加购人数、支付件数等多个指标。

选择30天数据，单击"下载"按钮，即可下载这个商品最近30天内的引流词数据。下载的文件是一个Excel文件。

> **提示** 针对下载时间的选择，可以选择一周或一个月。如果引流词本身引流数据够多，可以选择一周；如果数据比较少，可以选择一个月。

下载的Excel表格如图3-17所示，其中展示的单个商品引流词的数据。

图3-17 单个商品引流词数据

2. 整理商品关键词数据

下载的Excel表格并不能直接使用，需要进行必要的整理。整理分为两步。

第一步：删除前5行无效的数据，如图3-18所示。

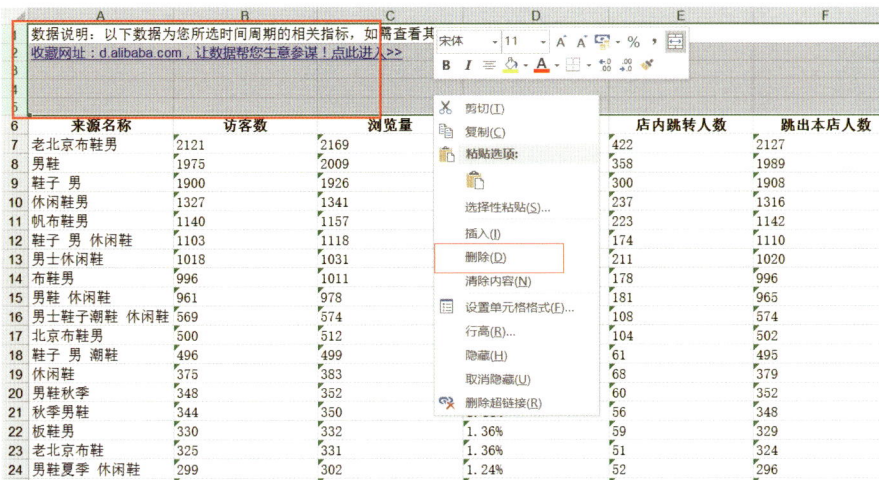

图3-18　删除前5行无效的数据

第二步：可以看到，下载的表格中，所有的数字所在单元格的左上角都有一个绿色的小三角。这种是用文本形式存储的数字，此时没办法直接分析，需要把所有用文本形式存储的数字都改成数字形式。

方法是：全选所有的数字，然后点击黄色叹号图标，选择"转化为数字"命令，如图3-19所示。

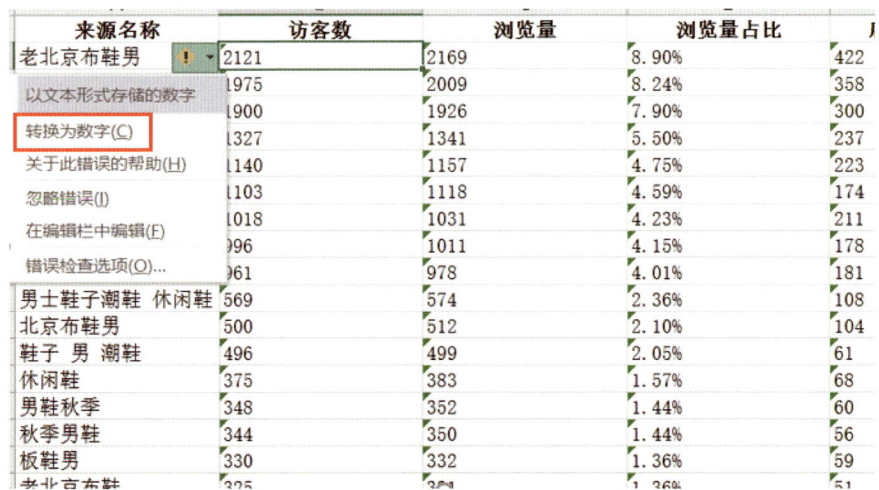

图3-19　将文本形式的数字转化为数字形式

修改之后单元格左上角就没有那个绿色的小三角了，此时这才是数字格式，方便后期做数据分析，如图3-20所示。

来源名称	访客数	浏览量	浏览量占比	店内跳转人数	跳出本店人数	收藏人数	加
老北京布鞋男	2121	2169	8.90%	422	2127	58	142
男鞋	1975	2009	8.24%	358	1989	68	109
鞋子 男	1900	1926	7.90%	300	1908	47	121
休闲鞋男	1327	1341	5.50%	237	1316	34	101
帆布鞋男	1140	1157	4.75%	223	1142	29	86
鞋子 男 休闲鞋	1103	1118	4.59%	174	1110	20	61
男士休闲鞋	1018	1031	4.23%	211	1020	30	96
布鞋男	996	1011	4.15%	178	996	29	70
男鞋 休闲鞋	961	978	4.01%	181	965	32	68
男士鞋子潮鞋 休闲鞋	569	574	2.36%	108	574	20	52
北京布鞋男	500	512	2.10%	104	502	16	41
鞋子 男 潮鞋	496	499	2.05%	61	495	11	30
休闲鞋	375	383	1.57%	68	379	11	18
男鞋秋季	348	352	1.44%	60	352	21	20
秋季男鞋	344	350	1.44%	56	348	21	23
板鞋男	330	332	1.36%	59	329	13	18
老北京布鞋	325	331	1.36%	51	324	6	9
男鞋夏季 休闲鞋	299	302	1.24%	52	296	7	19
布鞋	286	287	1.18%	34	282	4	5
鞋子	281	283	1.16%	32	279	4	10
布鞋男 老北京	269	275	1.13%	62	270	6	16

图3-20　转化为数字形式的数据

3. 拆分商品标题

接下来用Excel里面的数据对这个商品标题中每一个词的引流能力进行分析。分析之前，首先要对标题词进行拆分。为了方便操作，可以把标题复制到一个新的Excel文件中，进行词的拆分。拆分结果如图3-21所示。

老北京布鞋男夏季潮鞋透气鞋子青年休闲鞋秋季帆布鞋青春防臭男鞋						
词	访客	销量	收藏	加购		
老北京						
布鞋						
男						
夏						
潮鞋						
透气						
鞋子						
青年						
休闲						
秋季						
帆布鞋						
青春						
防臭						
男鞋						

图3-21　拆分商品标题

4. 标题关键词效率分析

拆分标题词后，要对每一个词的引流效率进行分析。分析每一个引流词在这30天的数据中带来了多少访客、销量、收藏、加购。或者说，如果删掉其中某一个词，会损失多少访客、销量、收藏、加购。

（1）分析标题关键词效率

看一下第一个词"老北京"，来分析一下这个词的引流能力。

在下载的流量纵横数据表中，查找所有包含"老北京"的词，查找方法和结果如图3-22~图3-24所示。

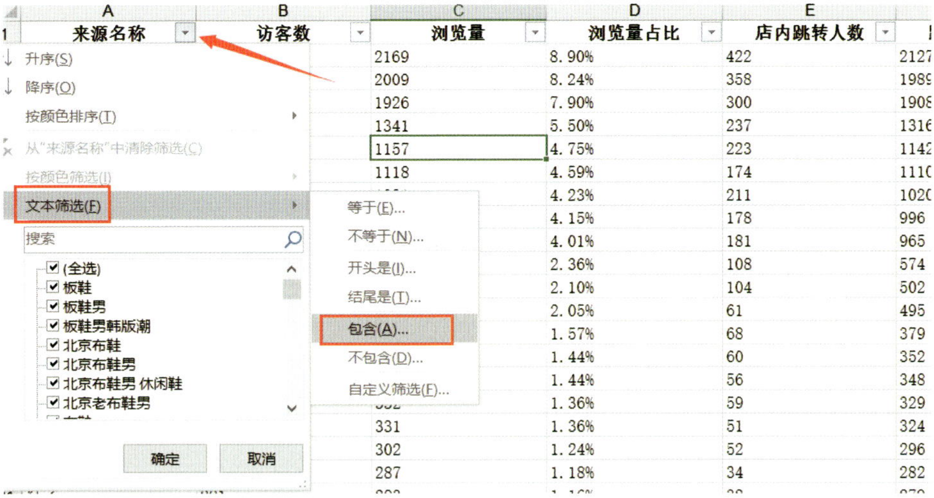

图3-22　文本筛选

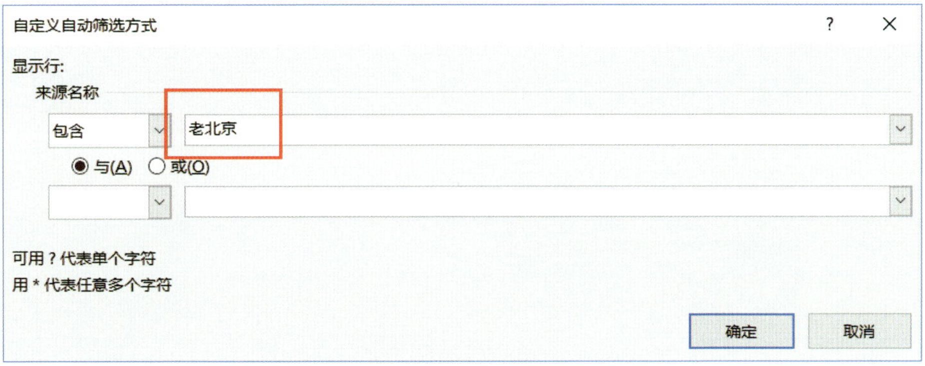

图3-23　筛选关键词

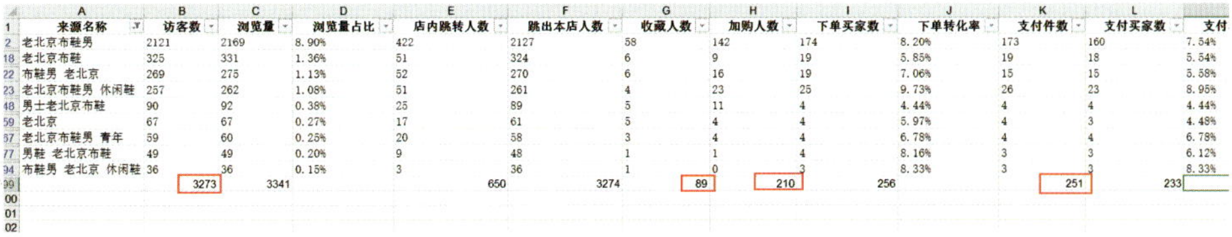

图3-24　文本筛选结果

然后对一些关键指标（访客、销量、收藏、加购）进行求和，可以看到，在30天之内，所有包含“老北京”的词，带来的访客人数是3273个，支付件数是251件，加购人数是210个，收藏人数是89个。如果这次优化标题删掉“老北京”关键词，那么接下来预计会损失3273个访客、251件销量。

把对“老北京”这个词的分析结果填到表格中，如图3-25所示。

词	访客	销量	收藏	加购
老北京	3273	251	89	210
布鞋				
男				
夏				
潮鞋				
透气				
鞋子				
青年				
休闲				
秋季				
帆布鞋				
青春				
防臭				
男鞋				

老北京布鞋男夏季潮鞋透气鞋子青年休闲鞋秋季帆布鞋青春防臭男鞋

图3-25　记录“老北京”词的引流效果数据

（2）找出无效词

使用同样的方法，把其他词的引流效果也全部分析出来，如图3-26所示。

词	访客	销量	收藏	加购
老北京	3273	251	89	210
布鞋	16334	1348	420	1082
男	43636	3104	1284	2994
夏	1550	126	42	106
潮鞋	1657	108	50	106
透气	100	8	6	13
鞋子	5815	441	142	362
青年	59	4	3	4
休闲	8025	571	213	558
秋季	1666	71	76	112
帆布鞋	1948	150	51	127
青春	0	0	0	0
防臭	0	0	0	0
男鞋	4917	303	184	306

图3-26　按同样的方法找出引流效果数据

可以看到，“青春”“防臭”两个词属于明显的无效词，而“透气”“青年”两个词属于低效词。在优化标题的时候可以考虑优先删除。这次优化删除了“青春”“防臭”“青年”这三个词。由于宝贝有一定的销量基础，所以修改过程相对保守，只删除了3个词。

3.2.2　商品标题遗漏词查找

在删掉3个词之后，这时候标题中就空出6个汉字的位置，需要添加新词，保证标题字数够30个汉字（极个别类目标题可以写60个汉字）。那么这些词去哪里找，添加那些词会有效果吗？接下来讲解如何为标题补充遗漏词。

1. 关键词词从哪里找？

首先，因为目前优化的是已经销售了一段时间，有一定的流量获取能力的商品，所以找词可以直接使用"生意参谋→市场行情→行业热词榜"中的词，如图3-27所示。

图3-27　生意参谋中的行业热词榜

在行业热词榜中，可以了解哪些词有一定的搜索热度，但是商品标题中却没有，这样的词可以作为补充。

2. 选什么样的词？

选择词的时候不能乱选，要注意以下几点：

- 选跟自己商品相关的词。不相关的词，热度再高也不能用，例如其他品牌词。
- 选跟自己商品当前引流能力匹配的词。例如案例中的这个商品，现在主要的引流词是"老北京布鞋男""男鞋""鞋子 男"这种类目里面顶级的流量词（见图3-28），那么在选择的时候，就可以选择流量大的遗漏词进行补充。如果商品当前引流词是流量稍小一些的词，那么就要选择流量级别相似的词进行补充，不能贸然使用顶级流量词。

图3-28　根据引流词情况来选择相应的遗漏词

尽量补充与现有商品引流词中的名词相关的形容词。不要贸然补充从未使用过的名词。这一点很重要！例如，商品引流词包含的核心名词有"布鞋""休闲鞋""帆布鞋"等，那么应该补充与这些名词相关的形容词，这样有利于流量的引入。例如，可以在词表中搜索"帆布鞋"，此时会显示与帆布鞋相关的词，可以看到，"低帮""潮流"这两个词并没有在商品的标题中，那么可以作为遗漏词补充进去，如图3-29所示。

图3-29　选择遗漏词

针对遗漏词的补充，切忌直接补充标题中之前从来没有引流数据的名词。直接加名词进去，很难拿到流量。例如"板鞋""懒人鞋"这样的词，即便补充到标题中，也很难获取到流量，如图3-30所示。

图3-30　选择遗漏词时应注意摒弃没有引流数据的词

修改前后的标题对比，如图3-31所示。

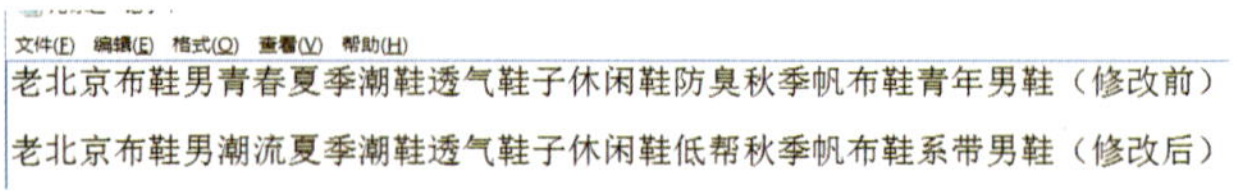

老北京布鞋男青春夏季潮鞋透气鞋子休闲鞋防臭秋季帆布鞋青年男鞋（修改前）
老北京布鞋男潮流夏季潮鞋透气鞋子休闲鞋低帮秋季帆布鞋系带男鞋（修改后）

图3-31　修改前后标题对比

天猫

进阶引流揭秘

3.2.3 标题修改后数据效果监控

商品标题修改完成后，并不能保证修改一定会产生想要的效果，应对新标题的流量引入情况进行实时监控。这里仍然需要用到生意参谋的流量纵横功能。

在流量纵横中，可以查看商品的实时引流数据，如图3-32和图3-33所示。

图3-32　单品实时流量来源

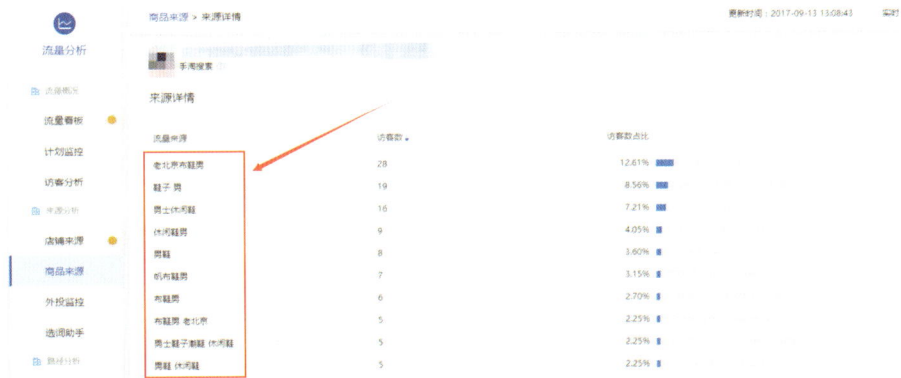

图3-33　单品实时搜索词引流

在这里可以看到单个商品实时的手机淘宝APP搜索引流词数据。修改标题之后，一定要观察这里，看一下新加进来的词是否可以拿到流量，同时看一下之前有引流能力的词是否会丢失流量。如果发现优化效果不理想，马上改回之前的标题。

3.2.4 标题修改需要注意的原则

关于修改商品标题，前面介绍了一个完整的方法。另外在修改商品标题的过程中，有三件事情需要注意。

1. 关于标题优化的频率

原则上来讲，标题一旦写好，能不修改尽量不要修改。每次修改都有一定的风险。所以，修改频率越低越好。但是如果发现之前的标题确实有问题，对于标题修改效果的预期比较高，这个时候也不用过于纠结，该修改还是要修改的。

总之一句话，该改则该，不该改别乱改。

不要相信一些谣传的方法，例如一周需要修改一次标题等，这种说法毫无根据。

2. 关于标题优化的幅度

经常有商家存在疑惑，修改标题一次可以修改几个字？修改不超过几个字才是安全的？

其实只有修改幅度过大时，才有可能会存在被系统认为在更换商品的风险。针对这个问题，对策也很简单：修改幅度越小越好。

3. 关于标题优化的时间

很多商家认为，半夜修改标题最好。理由是，半夜服务器在休息，检测不到标题修改的动作。其实这个说法并不是很准确，服务器不是人，没有固定休息的时候，任何时候修改标题，其实系统都是可以抓取到的。

修改标题的时间并没有什么要求，数据分析好了，直接修改就可以了。修改之后马上使用流量纵横来观察修改效果。

第4章

内容营销全渠道布局策划

随着近几年人们生活水平的提高，消费升级成为必然趋势。消费者从以往单一的消费满足物质需求开始转向满足精神需求。在这样的大背景下，需要敏锐地洞察危机及机遇。如果说围绕产品展开的营销是为了满足消费者的物质需求，那么面对消费者的精神需求，就需要寻找全新的营销载体，那就是内容。从消费者对产品直接感兴趣，引导他对内容感兴趣，然后嫁接到产品上。这种营销链路最大的好处就是用户的黏性更强，忠诚度更高，因为品牌与消费者联系的纽带不再是冰冷的商品，而是相同的价值观、相同的情怀和相同兴趣点。本章节将会重点阐述如何通过内容引入更多的消费者，同时建立长期的黏性。

本章通过对内容营销各渠道的分析及技巧阐述，让读者了解内容运营如何建设，以及通过多个案例的分析了解整体内容营销如何规划布局，以及节奏如何把握。

由于本书为流量进阶书籍，对于内容营销的基本操作步骤不做详细阐述，仅以技巧和案例讲解为主。对这些操作不了解的读者请参见"玩转天猫系列宝典"丛书中的《巧妙玩转精准引流》一书，其中使用的工具和使用操作请详见"玩转天猫系列宝典"丛书中的《天猫工具大全》一书。

4.1　内容营销概述[①]

4.1.1　内容营销的定义

　　内容营销指的是以图片、文字、动画等形式向客户传达有关企业的相关内容，以提升客户信心，促进销售。通过合理的内容创建、发布及传播，面向用户传递有价值的信息，从而实现网络营销的目的，它们所依附的载体可以是企业的Logo（VI）、画册、网站、广告，甚至是T恤、纸杯、手提袋等，载体不同传递的内容也各有不同，但是内容的核心必须是一致的。[②]

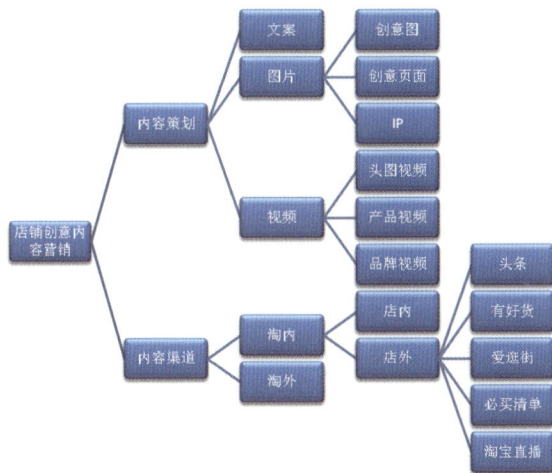

图4-1　店铺内容营销分解

　　在淘宝，内容营销是品牌通过创造吸引人的图文、直播、短视频等主要内容，从而获得目标受众关注的一种营销方式。传统的营销方式是硬性传递产品信息。而内容营销则是源自分享、协助、给予客户答案的角度向消费者传递信息。店铺内容营销的分解如图4-1所示。

---

①　案例及内容提供：广州大麦信息科技有限公司、筑潮机构、物生物旗舰店、极米传媒·刺猬自媒体
　　内容整理：唐凯勇（唐伯虎）、滕珍（滕滕来淘淘）
②　摘自百度百科"内容营销"词条。

4.1.2　内容营销的特征

内容营销是一种营销策略，目前业界尚无定论，综合各种关于"内容营销"的定义，它包含了以下要素：①

- 内容营销适用于所有的媒介渠道和平台。
- 内容营销要转化为向用户提供一种有价值的服务，能吸引用户、打动用户、影响用户和品牌/产品间的正面关系。
- 内容营销要有可衡量的成果，最终能产生盈利行为。

从营销的角度来看，它具有如下优势：②

- 投入少，口碑宣传。
- 网民、粉丝免费自动进入创意者设定的游戏规则并帮助宣传。
- 用创意带来吸引力，让客户了解公司，从而增加公司知名度，增加销售额。
- 内容营销与其他营销模式的最大不同在于，它将统一的创意理念贯穿于产品的研发、生产、推介和销售等各个环节，避免了传统模式中生产与营销脱节的弊病。

4.1.3　内容营销的重要性

在流量碎片化的时代，快速获取受众的注意力显得尤为重要。目前从整个商品导购布局来看，导购区域向个性化、场景化、内容化发展，消费者通过对内容引起关注，从而关注商品的导向越来越明确。因此，通过优质内容给店铺带来的流量比重越来越大。优质的内容成为引流的强大利器。

用户习惯已逐渐从消费商品演变成消费内容。商家由单纯的货架卖货转变为各种有趣、有料的优质内容，有情怀地卖货。

这一切都印证了消费人群的购物习惯已改变，从而带来的是消费者进店渠道趋于碎片化，站内外比价渠道随之递增，再加上消费者对品质要求不断提升，商家对产品和服务必须不断升级。这也要求商家必须开展以用户运营为核心的内容营销，靠优质内容建设与淘系庞大用户的品牌全域营销来连接品牌与用户。

4.1.4　阿里系平台内容营销的渠道及类型

从形式上，阿里系平台上的内容营销载体主要分为图文、直播、短视频三大类。

1. 图文型内容

图文型内容，是最基本的内容形式，旨在通过图片和文字的组合去营销产品。图文

① 摘自梅花网，网址：http://www.meihua.info/a/65729。

② 摘自网韵网络，网址：http://www.72en.net/news/767.html。

进阶引流揭秘

型内容的流量渠道入口主要包括淘宝头条、必买清单、有好货、爱逛街、微淘等。

（1）淘宝头条

淘宝头条是一个热门、新鲜、有消费引导性的生活资讯和权威可信的经验分享平台，它的展现位置在手机淘宝APP首页导航栏的下方，如图4-2所示。

图4-2　淘宝头条展示位置

淘宝头条目前只接受达人投稿的内容，达人可在渠道审核通过后，通过阿里创作平台（we.taobao.com）进行投稿。

淘宝头条对内容的基本要求如表4-1所示。

表4-1　淘宝头条对内容的基本要求

要求分项	要求详情
内容类型	帖子
图片要求	帖子封面需要主体突出，像素清晰，不可以多图拼接
	不能出现：外站网址的水印；x信、x博等标识；商品品Logo；没有版权的人物肖像（包括没有版权的国内明星）
内容基本要求	标题22个字以内，文案有看点
	内容必须原创
	主题、文案、推荐商品三者之间有强关联
	求关注内容只能放在帖子底部，如果是文字，不得超过三行，如果是图片，高度不得超过200px，不能有任何二维码、外站链接、外站标识
商品基本要求	商品至少4个，且至少来自3个不同的店铺
	店铺动态评分至少2项飘红

淘宝头条的内容更加偏向于生活化和新闻资讯的分享，时尚资讯、商品盘点和生活技巧是最常见的几种内容类型，如图4-3所示。

a）生活技巧类内容

b）商品盘点类内容

c）时尚资讯类内容

图4-3　淘宝头条常见内容类型

商家可以通过淘宝客达人发布新品、发布会、行业新闻等内容（适合数码、汽车类目），也可以发布基于消费者需求的商品盘点（适合服饰、家电等类目），更可以是通过生活技巧的分享而推荐产品（适合食品、美妆、家居等类目），所有的内容概括起来就是"资讯"和"生活"四个字。

（2）有好货

有好货是一个面向高消费力用户、宣扬品质生活的精品导购平台，它的展现位置是在淘宝首页的"淘宝头条"栏目右下方，如图4-4所示。

图4-4　有好货展示位置

1）申请有好货渠道的具体要求

有好货对达人和内容的要求非常高，申请有好货渠道的具体要求如下：

- 必须有创作达人及以上身份。
- 对高端购买力用户的需求有较深的理解和研究。
- 有擅长或专攻的选品方向，能挖掘出该品类下知名度较低，但品质好的品牌和商品。
- 有较高的专业知识基础，能对品牌价值、商品价值做出有深度和专业度的描述和评价。
- 所有内容必须是原创，有较高的审美基础，对图片和文案制作有较高的要求和鲜明的风格。

2）有好货单品投稿格式

有好货单品投稿格式如图4-5所示。

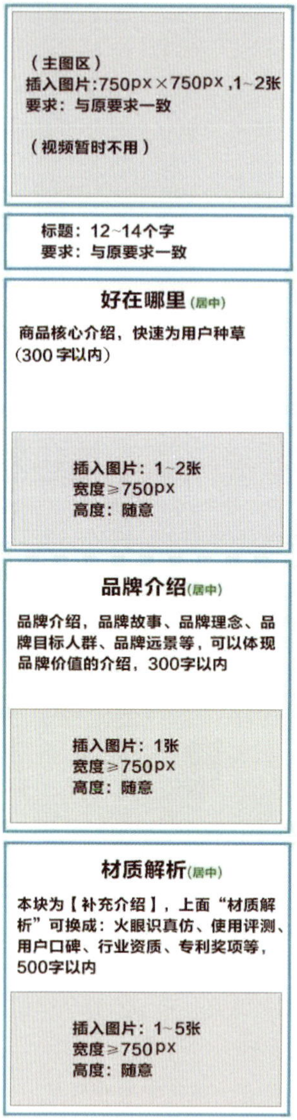

（主图区）
插入图片：750px×750px，1~2张
要求：与原要求一致

（视频暂时不用）

标题：12~14个字
要求：与原要求一致

好在哪里（居中）
商品核心介绍，快速为用户种草
（300字以内）

插入图片：1~2张
宽度≥750px
高度：随意

品牌介绍（居中）
品牌介绍、品牌故事、品牌理念、品牌目标人群、品牌远景等，可以体现品牌价值的介绍，300字以内

插入图片：1张
宽度≥750px
高度：随意

材质解析（居中）
本块为【补充介绍】，上面"材质解析"可换成：火眼识真仿、使用评测、用户口碑、行业资质、专利奖项等，500字以内

插入图片：1~5张
宽度≥750px
高度：随意

图4-5　有好货单品投稿样式

3）有好货白底图规范

商家想要获得有好货达人的推广，首先要做的就是把主图中的第5张图片调整为白底图。

手机淘宝APP首页白底图规范如下：

- 图片尺寸：正方形，图片大小必须为800px×800px。
- 图片格式及大小：JPG格式，300KB以内，且大于38KB。
- 背景必须是纯白色，最好将素材抠图、边缘处理干净，无阴影，不能有多余的背景、线条等元素。
- 无Logo、无水印、无文字、无拼接、无牛皮癣。
- 不可模特拍摄，不能出现人体任何部位：如手、脚、腿、头等。
- 必须是平铺或者挂拍，不可出现衣架（衣架的挂钩也不可以）、假模、商品吊牌等。
- 商品需要正面展现，不要侧面或背面展现，主体不要左右倾斜。
- 图片美观度高，品质感强，商品展现尽量平整，不要褶皱。
- 构图明快简洁，商品主体清晰、明确、突出，要居中放置。
- 每张图片中只能出现一个主体，不可出现多个相同主体。

提供能体现调性、格格的产品主图，去掉宝贝主图上的牛皮癣、Logo等，保持清爽、干净，价格在中高端，就会有很多达人主动推广您的产品。

（3）必买清单

1）必买清单的展示位置

必买清单是一个为用户提供新鲜的、高品质商品的场景化导购平台，它的展现位置是在手机淘宝APP首页"有好货"栏目的下方，如图4-6所示。

图4-6　必买清单展示位置

必买清单目前也只接受达人的投稿，它的内容定位是为消费者提供基于场景的一站式解决方案。例如装修时想把家装成美式风格的，那么必买清单就可以为你提供一整套美式风格的装修解决方案，其中包含每个空间该怎么搭配，该注意哪些事情等。

2）必买清单栏目形式及要求

必买清单根据不同的场景，划分成"爱吃""潮玩""运动""旅行""海淘""送礼""穿搭""置家""化妆""育儿""耍帅"等11个栏目，这些栏目的内容形式及要求如图4-7所示。

场景	相关行业	内容方向及问题
爱吃	食品	1.热门美食商品盘点 2.实用美食DIY教程介绍（**内容量少；没有实用性**）
潮玩	数码、家电、汽车、玩乐	1.新奇、有创意、科技感的品牌及商品盘点（**内容量少；不够潮**） 2.手办、周边、模型等品牌及商品盘点（**内容量少；不够潮**） 3.数码、电器、汽车等商品的横向评测（**内容量少；没有专业度**）
运动	运动户外、男女装	1.流行、热门运动装备品牌及商品盘点 2.专业运动教程介绍（**内容量少；没有实用性**） 3.实用运动装备的横向评测（**内容量少；没有专业度**）
旅行	航旅、百货、数码	1.热门、实用线路盘点（**内容量少；没有实用性**） 2.旅途用品品牌及商品盘点（**内容量少；没有旅行场景心智**）
海淘	国际、西选	海外热门、实用品牌及商品盘点（具体类目可参考相应场景内容方向） （**内容量少；海淘场景心智不强**）
送礼	美妆、百货、数码、食品、母婴、珠宝配饰	针对送礼需求的品牌及商品盘点（具体类目可参考相应场景内容方向） （**内容量少；送礼场景心智不强**）
穿搭	女装、鞋包、内衣、珠宝配饰	1.热门穿搭趋势介绍（**标题党、内容与主题不符、商品与主题不符**） 2.实用穿法介绍（**内容量少；没有实用性**） 3.热门或实用的女装、鞋包、配饰品牌及商品盘点
置家	家居、家电、百货、玩乐	1.热门家居趋势介绍 2.实用家居方法介绍（**内容量少；没有实用性**） 3.热门或实用的家居、家电、百货品牌及商品盘点
化妆	美妆	1.热门美妆趋势介绍 2.实用妆容教程介绍（**内容量少；没有实用性**） 3.热门或实用的美妆品牌及商品盘点
育儿	母婴、百货	1.实用育儿教程介绍（**内容量少；没有实用性**） 2.热门或实用的母婴、百货品牌及商品盘点 3.母婴穿搭趋势及实用穿法介绍
耍帅	男装、鞋包、内衣、洗护、配饰	1.热门男性穿搭趋势介绍（**标题党、内容与主题不符、商品与主题不符**） 2.男性实用穿法介绍（**内容量少；没有实用性**） 3.热门或实用的男性服饰、鞋包、内衣、洗护、配饰品牌及商品盘点

图4-7　必买清单场景类型

必买清单对于店铺和产品的要求也比较高，具体的要求如图4-8所示。

进阶引流揭秘

必买清单内容规范	商品、店铺基本要求
商品	
调性	1. **商品要非常契合主题**，突出精选感，让用户感知到商品是用心整理出来的，不能只是商品堆砌 2. **每篇内容的商品调性和目标人群需一致**，内容是面向中端人群还是高端人群需要明确 3. **必买清单面向中高端用户，低端商品限制发布**
数量	**≥6个，建议在6～10个**
店铺	
后台过滤门槛	1.商品所在店铺DSR评分不低于4.6分 2.淘宝店铺须符合《淘宝网营销活动规则》，天猫店铺符合《天猫营销活动基准规则》
数量	一个清单必须包含3个店铺以上，每个店铺最多3个商品

图4-8　必买清单对商品、店铺的基本要求

3）投放必买清单的注意事项

商家在投放必买清单时需要注意以下三点：

- 必买清单要求产品图片是白底图，所以宝贝5张主图需要有一张是白底图。
- 如果想保证内容及时上线，建议提前1个月联系达人。
- 必买清单是基于场景的解决方案，可联合其他类目商家一起做内容，例如沙发品牌商家可联合客厅其他类目品牌，窗帘、地毯等，这样能节省内容投放费用。

（4）爱逛街

1）爱逛街展示位置

爱逛街是针对女性的内容导购平台，主要内容有穿搭、美妆、生活家居三大领域。它的展现位置是在手机淘宝APP首页"必买清单"栏目的左侧，如图4-9所示。

2）爱逛街栏目类型

爱逛街栏目类型包括如下几种。

美妆领域内容类型：

- 种草单品：海外（欧、美、日、韩）知名博主或国内百万名粉丝博主近半年内推荐过的美妆单品。
- 使用攻略：真人出镜的海外、小众优质单品的使用示范。

穿搭领域内容类型：

- 种草单品：主题/风格/颜色/元素搭配图集。
- 整身搭配/时尚流行解读：颜值高有气质的模特、时尚博主出镜的整身搭配，时下流行的趋势解读，如明星热门搭配方法等。

图4-9 爱逛街展示位置

　　时尚搭配类视频：定位知识型的消费类视频。真人出镜的海外、小众、风格单品的上新lookbook、穿搭法则、大牌介绍等。

　　生活家居类内容类型：

- 生活产品种草：有颜值、实用的生活类产品推荐。如社交网站的高赞款、家居红人推荐款、业内最新潮流设计推荐款，偏北欧、日式、清新、文艺的年轻化、潮流产品。

- 生活方式推荐：在生活方式引导下更专业化地构建场景化的购物方式，如家庭装修案例分享、家装风格、生活攻略、生活方式推荐、深度盘点生活类品牌、具有详细步骤的美食攻略等，内容可以明显体现一类用户偏好，例如文艺青年、辣妈、新手主妇等。

（5）图文型内容各渠道一览

　　阿里系平台上的内容营销渠道特点如表4-2所示。

表4-2　内容营销渠道类型、作用及适合产品

渠道	类型	作用	适合产品
淘宝头条	品宣型渠道	资讯型内容	—
有好货	品宣型渠道	面向高消费人群的精品导购平台	高端消费人群，小而美、有调性，具备差异性的产品

渠道	类型	作用	适合产品
必买清单	导购型渠道	场景化导购	价格在同类产品中属于中高端，宝贝图片有调性
爱逛街	导购型渠道	单品导购	有颜值、实用的生活类产品
什么牌子好	品宣型渠道	以品牌形式推广	非知名国际品牌或小众品牌
微淘	导购型渠道	店铺和粉丝互动的主阵地	—
淘宝直播	导购型渠道	通过网红带来人气，进而卖货	美妆、服装、鞋帽、快消品、食品等

2. 直播型内容

直播是时下非常火热的一个词，截至2016年6月，网络直播用户规模达到3.25亿人次，占网民总体的45.8%。大大小小的直播平台共有200多家。

不同于其他直播平台，淘宝直播依托于阿里巴巴零售生态，能够实现直播流量转化为购买的闭环，为品牌吸引新用户，沉淀粉丝，如图4-10所示。

图4-10　天猫直播

（1）直播的展示位置

淘宝和天猫首页改版后，直播的展现位置和之前有所变化，淘宝直播成为手机淘宝APP首页一个专门的板块，为用户推荐个性化的直播内容，如图4-11所示。

（2）直播的形式

想把直播玩出新意，下面5种经过测试有效的形式可参考借鉴，都有非常不错的反馈效果。

1）产品驱动型直播

没有明星红人为你的产品代言？那就让你的产品成为大明星。例如，2016年7月底玛莎拉蒂在天猫直播进行的一场试驾活动，吸引了百万人关注。网友提出"让我听听发动机的声音"，使得互动瞬间达到峰值。直播引流有用户付定金环节，当天成交价值百万元的玛莎拉蒂GHIBLI两台，这是天猫直播迄今为止卖出的单价最高的商品。

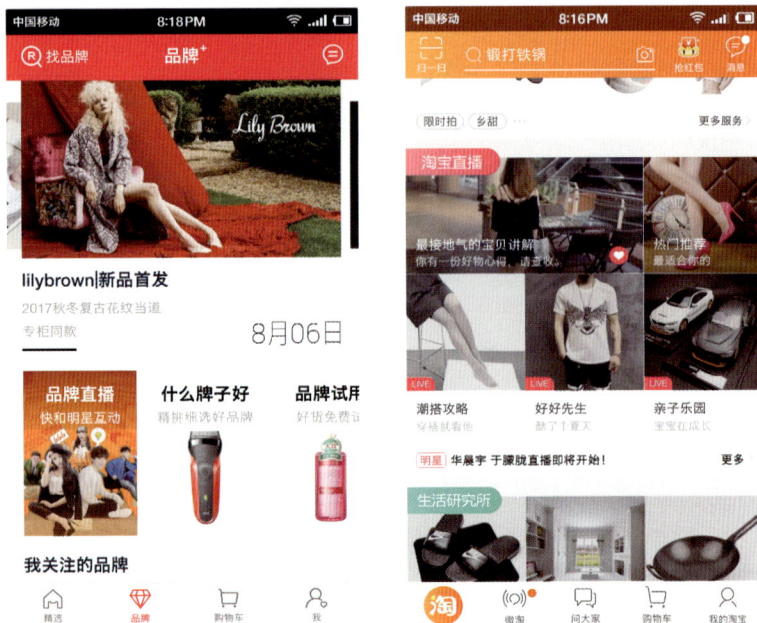

图4-11　淘宝直播和天猫直播展示位置

2）专家导向型直播

可以通过某一领域的专家，或者店铺自己建立一个专家形象，采用分析、教学等形式进行直播。例如，韩国时尚脱口秀节目《Get it beauty》和天猫直播合作，在天猫客户端上直播韩国彩妆老师郑宣茉化妆教程。在直播中，郑宣茉一边给模特卜妆，一边介绍每一款产品的质地、优点、用法以及适合的肤质。与此同时，观众对自己的肤质和产品有任何问题，都可以对老师进行提问。观众一旦产生了购买的欲望，可以点击链接直接下单。这种直播方式适合有专业门槛的标品，如美妆、母婴、数码等。

3）域外直播

这类型的直播适合于销售国外品牌或者产品的商家，例如代购直播、旅游直播、国外活动直播等。例如，天猫喵鲜生就做了一场澳洲海底捕龙虾的直播，展示了生鲜产品必经的采摘、捕捞等过程，这是消费者很少能见到的。异国的海滩和绚丽的海底风景也成为吸引消费者的亮点。有趣的是，在直播中捕捞团捞上来一只重达3千克的龙虾，喵鲜生直接玩起了一元拍卖最大龙虾的活动，最终这只龙虾以约2400元的价格被拍走。

4）事件型直播

针对社会热点、活动品牌主题事件进行直播。例如，高端化妆品品牌SKII为了继续打造"改变命运"的品牌心智，出人意料地在长城上，通过天猫直播平台进行了一场直播，并请到薛之谦出席，在长城之巅谈梦想。这种创意本身就足够吸引眼球，也是品牌

进阶引流揭秘

直播内容创作的经典案例。

5）明星直播

例如，通过品牌代言人明星的直播引发明星粉丝和其他消费者关注的直播。例如，将线下的品牌新品发布会搬上直播间也是一种有效促进转化的玩法。过去，品牌通常在线下发布一款新品，然后配合一些公关行为在互联网和电视屏幕上传播。由于地区的局限性，只能实现发布会现场的一部分转化。例如，美宝莲品牌举行的好气色唇露新品发布会，通过直播在两个小时内卖爆了新品，好气色唇露的销量轻松过万。

（3）商家如何做直播

如果是商家主播且是个人主播，则要求微淘粉丝数1万名以上，但因为各个行业不同，对主播的要求也各不相同，以每个行业的要求为准，需要商家明确自己所属的行业。

如果以商家个人身份直播，可以访问如下入口进行申请（建议从电脑端访问）：

https://yingxiao.taobao.com/content/n_content_detail.htm?contentId=307000017763

商家直播需要经历三个阶段，包括直播前的准备工作、直播中的互动工作以及直播后的沉淀工作，下面分别介绍。

直播前准备工作如下：

- 方案、脚本准备：大型活动必须结合全链路进行策划。
- 人员确认并分工：包括主播、互动小编、直播全程跟进人员等。
- 根据方案制定本场直播KPI(互动、成交、流量、拉新)，并盘点资源(品牌渠道、站内渠道、新媒体配合)。
- 直播间装修、互动配置、素材准备。

资源及物料准备工作如下：

- 直播前物料准备：麦标、KV等线下物料制作。
- 直播前对接测试，确保直播无问题。

直播前预热：大型活动起码提前1周开始在内容渠道进行预热(前期准备至少提前一周全部准备就绪)，可以播放花絮(需要确认站外资源已配合发布)，图文直播需要提前至少3个小时发布图文信息，透出直播利益点，例如现场照片、明星照片等，引导粉丝互动。

直播中的互动工作包括：

- 互动引导：以提问互动、密令互动、评论或点赞量达到多少发放权益跟消费者不断互动。
- 直播中口播密令、现场字幕曝光密令等方式引导互动。
- 主播与小编相互配合互动。

直播结束后的沉淀工作：

- 马上切到回放。
- 二次营销。

继续二次营销，做二次沉淀。

直播结束后，直播话题在其他渠道进行二次营销，如微淘、买家群等，将视频内容沉淀。同时可以组织公关发声，新媒体沉淀发声，持续事件发酵。

总结反馈：活动结束后对直播进行全面的复盘，总结亮点和后期改进点。

（4）达人做直播

达人申请开通淘宝直播的条件：

- 必须有一个绑定支付宝实名认证的淘宝账号，且注册成为淘宝达人。
- 微博粉丝数要大于5万名（含5万名），最近7天内至少有一条微博的点赞数和评论数过百（明显僵尸粉或转发、评论水军等情况将取消申请资格），或者其他社交平台的粉丝数大于5万名(含5万名)，粉丝互动率高。
- 淘宝达人（不含有商家身份）粉丝数大于1万名（含1万名），最近7天内至少发布过一篇图文帖子。
- 需要上传一条全面展现个人直播能力的视频，时间在1分钟以内。

（5）商家直播案例详解

1）案例背景

案例店铺主营真丝中老年女装，没有很强的品牌知名度，各方面实力有限。

2017年母亲节前几天，大麦为店铺全程策划了一次直播营销，取得了不错的效果。

直播成效：用较低成本尝试新的内容营销渠道。

2）直播案例详解

策划思路：借势母亲节。

时间确认：分析了母亲节、"520"、店铺上新日等多个节日，最终选择母亲节前几天作为首次直播时间。选择这个时间的原因是母亲节契合度最高，提前几天直播是基于儿女为母亲选择礼物的最佳时机考量。

主播选择：由于妈妈装很难找到合适的主播，因此优先考虑了店铺的模特，用户有记忆度；采用店铺的模特，对产品有认同感，更善于产品介绍；模特本身有70多万名粉丝，对于直播也有经验，更容易有成交量，如图4-12所示。

图4-12　主播选择

进阶引流揭秘

产品选择：一共选择了4个款式的产品参与直播：

- 非热卖款，但是有基础销量，避免影响主打款价格。
- 价格有阶梯，而且有常规款，尽可能满足更多消费人群。
- 日常几乎不做促销的款，对于老客户有吸引力。
- 直播折扣力度可以大于日常情况。

3）直播实时数据

21点开始直播，流量、订单数同步上升。

因为本次直播是该店铺首次尝试，基于成本预算考虑，不属于专场直播，直播本店产品的时长为10分钟左右。

直播带来的流量占全店流量的37%，直接引入的成交金额约5万元左右。

本次直播一共支付的成本是5000元，投产比高达1:10。

（6）直播营销建议

直播是基于内容营销的一部分，主要核心在于粉丝群体的抓取、直播内容的互动，以及主播粉丝与品牌和产品定位的匹配度。直播只是一种营销方式，如果没有优质的内容吸引消费者，是没有人愿意买单的。虽然直播对消费者冲动性消费的刺激作用明显，但是消费者不会因为你做了直播就随意购物。拥有优质的内容，才可以吸引新顾客，维护住老客户。

淘宝直播作为站内粉丝较为活跃的窗口，大部分品类都可以作为常态化运营，关键在于内容的多样化，才能持续创造粉丝黏性。直播也可以配合品牌活动和日常营销活动（聚划算、品牌团、淘抢购），以及年度重大活动进行引流。配合活动的直播效果最为显著。

3. 短视频型内容

2016年可以被称为"直播元年"，而2017年则可以说是"短视频元年"。打开手机淘宝APP可以发现，短视频已出现在每日好店、有好货、必买清单等诸多公域渠道。在未来，短视频必将成为淘宝内容化趋势中的重要布局，也是卖家获取流量和转化的一个重要手段。

（1）短视频的展现位置

短视频现已覆盖了手机淘宝APP首页大概60%的渠道，像有好货、每日好店、必买清单、爱逛街、生活研究所等。

相对于每日好店、有好货这些公域流量的短视频而言，卖家更容易操作的其实是基于店铺的私域短视频内容。店铺的私域短视频包含宝贝主图、详情页头图、微淘、店铺首页等，宝贝主图和详情页头图的短视频，能够在短短几秒内讲清楚宝贝的特色，解决消费者内心的疑惑，从而达到提高宝贝转化率，降低客服咨询率的目的。

淘宝短视频的分发矩阵如图4-13所示。

图4-13　淘宝短视频分发矩阵

与详情页单个宝贝呈现的短视频不同，在店铺首页，卖家也可以结合商品上新、店铺大促等营销活动，设置更偏品牌传播的短视频。

店铺微淘发布的短视频作为卖家和消费者之间沟通互动的手段，可以提升用户黏性，增加消费者的复购率。

（2）短视频和直播的区别

虽然直播能够带动提升店铺的人气，但是并不是说所有直播都可以成功，很多时候也会面临转化情况并不如想象得那么好。因此商家需要同步策划更多形式的内容与直播相互配合。

短视频与直播之间的主要区别有三个。第一，短视频时长较短，适用于任何碎片化时间，观看成本低，用户点击率天然偏高。第二，由于短视频属于录播类视频，可以有更多的时间进行后期制作和效果打磨，在视频质量上带有天然优势。第三，短视频不需要太在意实时性，推广周期和曝光周期可以更长，在同一时间段内可以带来更多的点击和转化的空间。

以淘宝二楼的"夜操场"为例（见图4-14），短视频前三天的播放量达到330万次，3月15日一晚上，一个店铺的销量相当于其过去四年半的。

图4-14　淘宝二楼夜操场海报

进阶引流揭秘

（3）短视频的类型

短视频主要分为下面三种类型：

- 商品型短视频：70%以上的短视频属于这个类型，它用9~30秒的时间告诉用户商品的卖点、功能。商品型短视频以单品展示为主，放在头图位置。现在发布单品短视频可能会根据算法推荐到猜你喜欢、有好货等手机淘宝APP首页展示位置，获得免费流量。

- 教程型短视频：是指为用户展现商品的安装、使用、保养过程的短视频，时长在3分钟以内。此类视频比较适合展示数码、美食、化妆等类型的内容，例如无人机的操作流程、酸菜鱼的做法等。

- 故事型短视频：是指有情节、有故事的视频，时长3分钟以内，标清以上，横竖版都可以。故事型视频可以展现产品，也可以从头到尾不出现产品，只展现品牌理念。这类视频比较适合店铺首页、微淘、每日好店等渠道。

（4）发布短视频

1）商品头图短视频的商家要求

商品头图短视频的商家要求如下：

- 淘宝四钻以上卖家（含四钻）。

- 天猫卖家。

- 店铺里的商品头图设置了短视频（不包含只在宝贝详情页中上传了视频的商品）。

2）头图短视频操作方法

头图短视频操作方法如下。

第一步：购买无线视频，如图4-15所示。

图4-15　购买无线视频

第二步：访问duomeiti.taobao.com，单击左侧"上传新视频"，如图4-16所示。

图4-16　上传新视频

第三步：选择需要上传的视频，单击"确认"，如图4-17所示。

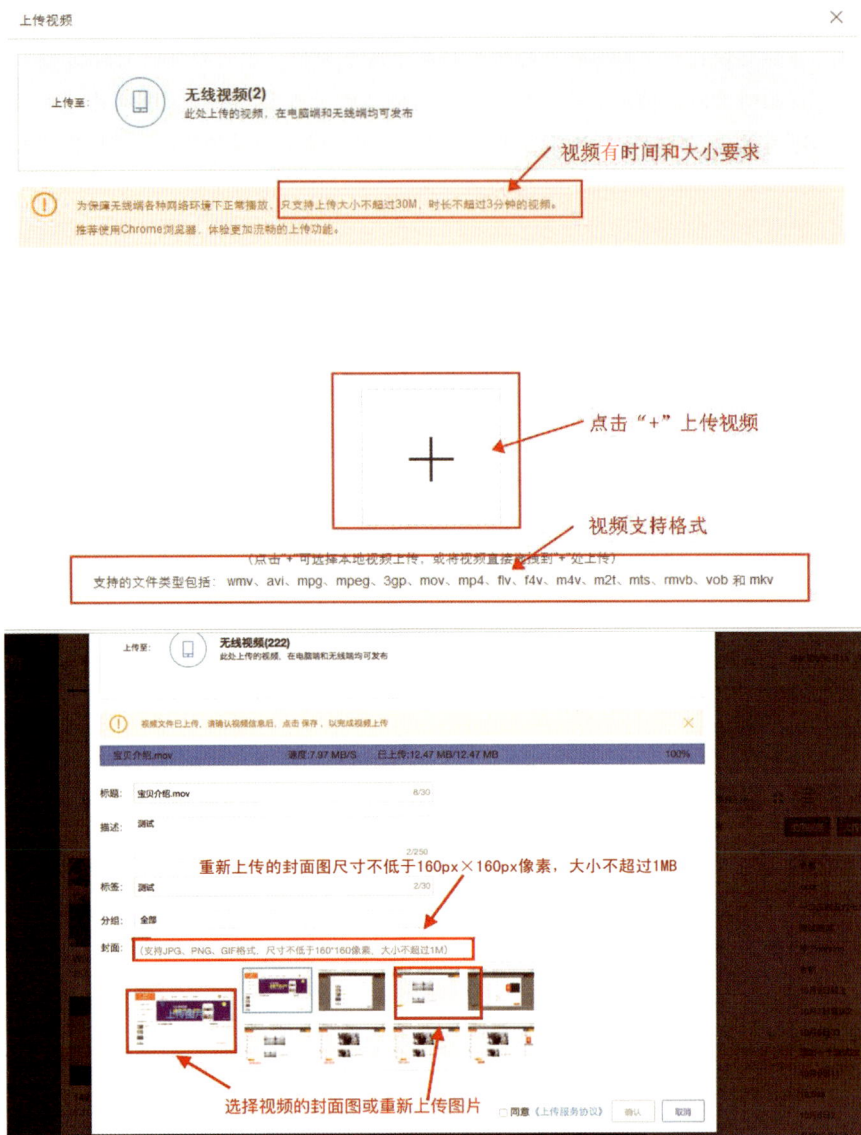

图4-17　上传视频的操作方法

第四步：可在素材管理里查看视频，如图4-18所示。

图4-18　查看视频

第五步：访问xiangqing.taobao.com，单击"动态头图管理"，如图4-19所示。

图4-19　动态头图管理

第六步：选择需要加头图视频的宝贝，单击"关联动态头图"，如图4-20所示。

图4-20　关联动态头图

第七步：在弹出的视频选择框中选择关联的头图视频，如图4-21所示。

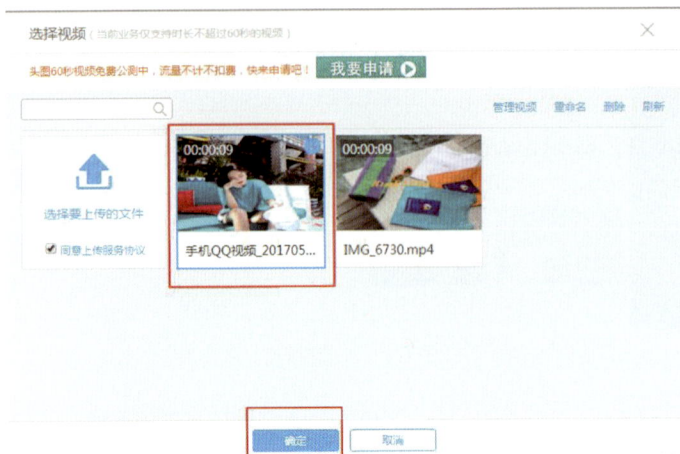

图4-21　选择视频

第八步：视频上传、转码、审核通过后，选择头图视频的封面，可以直接1:1裁剪，也可以重新上传图片，如图4-22所示。

（5）被抓取的头图短视频要求

被抓取的头图短视频要求如下：

- 时长：1分钟以内（最好是9~30秒）。
- 画质要求：高清，超清，720p以上。
- 视频格式要求：MP4、MOV、FLV、F4V。
- 尺寸：16:9或1:1。
- 短视频内容要求是单品展示，以介绍一件商品的功能、特点展示为主。

图4-22　选择视频的封面

按照上面描述的要求创作短视频，并按照前面的方法发布，就可以在头图位置展示

进阶引流揭秘

短视频。

（6）短视频的特征

短视频一般包含几个特征。第一个是IP化。如果视频本身是一个IP，那么肯定可以获得不错的曝光量，如果视频没有IP，可以找一些IP合作。第二个是场景化，这个很好理解，在拍摄商品的时候就要还原它的场景，短视频的核心就是用视频解决图文不能解决的事情。第三个是片段化，不要想着把产品所有的功能点全部体现出来，要在有效的时间内给消费者最有价值的信息。第四个是年轻化，淘系的消费群体以年轻用户为主。

注意 谈到短视频的时候，需要关注的不仅仅是播放量，更应该关注短视频的完成度，与观众的互动，以及在二次回放、引导进店这些环节上有没有做好。

（7）短视频营销案例

本案例店铺是一家天猫真皮文艺女包店，2016年开店，到2017年8月日销五万元左右，是典型的中小卖家店铺。

2017年2月店铺开始策划视频拍摄。

1）短视频策划

短视频的策划安排如图4-23所示。

场次	镜号	景别	场景	时长（秒）	机位运动（轮椅）	画面内容（品牌方重点看这一列）	气氛	音乐	道具（品牌方配合）	服装（品牌方调配合）	拍摄角度	画外音/画面文案（需要品牌方提供资料）	备注
1	1—1	中景	厢厅	16	推（由右到左缓慢切入）	推移展示工作室墙上放着的法提斯的推荐款包包（中景）画面切换到工作台上的工具、皮料（特写）	轻松扫视	钢琴曲（特定）	包包（店铺在售卖的包包，或者计划置上新的包包）制作包包的相关道具（裁皮刀、斩叉、锤子、缝、尺子、铆刀、皮革用胶水、椎子等）	/	水平正起	皮料上的舞者法提斯（手工匠）对工具的标注	镜头大幅缓缓个环境，特写增加的丰富画面内容，专业性体现，同时这里增加带一下我们产品的丰富性
	1—2	特写	工作台										

图4-23 短视频策划

2）短视频拍摄安排

这里以"匠心工艺 遇见不一样的你"短视频的拍摄为例进行介绍，具体安排如下：

- 与品牌方沟通需求：匠心、工艺工序、原创、手工。
- 脚本策划：画面内容的逻辑顺序、重点、拍摄角度、色调等。
- 场景道具准备：模特选择、场景布置、道具准备。
- 拍摄：多机位、多角度拍摄。
- 文案撰写：配合画面内容，结合店铺文案感觉撰写。
- 后期：剪辑、配乐、配字幕、背景音乐、b-box（节奏口技）。
- 出片：3分钟、2分钟、1分钟。

最终打造出成品短视频"匠心工艺 遇见不一样的你"，如图4-24所示。

图4-24　短视频效果展示

3）效果数据

过了"三八节"后店铺总体的转化有所下降，但是在3月9日视频上架当天，视频里出现的同款新品就破零，卖出了近50件，单品成交金额超过2万元。视频呈现出来的"匠心"主题也令店铺的调性有了很大的提升，如图4-25所示。

	统计日期	PC端访客数	PC端下单转化率	PC端人均停留时长(秒)	PC端视频播放人数	PC端视频播放人数占比	PC端视频平均播放时长	无线端访客数	无线端下单转化率	无线端人均停留时长(秒)	无线端视频播放人数	无线端视频播放人数占比	无线端视频平均播放时长
做视频之前数据	2017/2/27	994		112				16,600		14			
	2017/2/28	1,004		115				17,822		14			
	2017/3/1	968		112				17,470		15			
	2017/3/2	1,071		109				17,725		14			
	2017/3/3	1,180		118				18,795		15			
	2017/3/4	917		110				19,046		17			
	2017/3/5	871		93				19,028		16			
	2017/3/6	1,313		108				17,555		16			
	2017/3/7	1,553		101				16,998		16			
	2017/3/8	1,293		117				19,406		17			
	转化率平均值	1,116.40		109.54				18,044.50		15.49			
做视频之后数据	2017/3/9	956		121	6	0.63%	102	19,852		15	2,814	14.17%	124
	2017/3/10	921		131	613	66.56%	73	19,432		16	1,592	8.19%	123
	2017/3/11	662		101	609	91.99%	119	20,298		16	3,885	19.14%	542
	2017/3/12	654		104	210	32.11%	115	19,844		16	3,662	18.45%	122
	2017/3/13	938		112	93	9.91%	112	17,750		16	2,911	16.40%	121
	2017/3/14	923		111	48	5.20%	109	17,947		15	2,909	16.21%	117
	2017/3/15	1,001		107	17	1.70%	92	18,917		15	3,184	16.83%	119
	2017/3/16	961		113	4	0.42%	71	17,430		16	2,785	15.98%	114
	2017/3/17	870		115	7	0.80%	36	17,327		15	3,159	18.23%	101
	2017/3/18	553		107	2	2.17%	112	17,278		15	3,138	18.16%	99
	转化率平均值	843.90		112.30	161.90	21%	94.10	18,607.50		15.29	3,003.90	16%	158.20

图4-25　短视频发布前后效果数据

4）短视频营销建议

短视频营销可以是品牌形象、产品体验演示、创意活动传播，以及粉丝互动等内容。短视频适用于新品上市预热、活动促销创意造势等节点，通过微博、微信、视频媒体（腾讯视频、爱奇艺、今日头条）等渠道进行种草，然后通过活动来转化。做短视频营销的时候，需要关注的不仅仅是播放量，更应该关注短片的完成度、与观众的互动，以及在二次回放、传播、引导进店这些环节上的效果。

进阶引流揭秘

4.2 商家如何做内容营销规划

越来越多的商家已开始重视内容营销，如果你不做内容营销，而其他商家都在做，日积月累下，彼此之间的差距会越来越大。

建议商家设立专员来负责内容运营。内容运营的主要工作内容包括：制定店铺的年度、月、周内容运营计划，店铺私域（详情页、首页、微淘、粉丝趴、店铺二楼）的内容运营，筛选、联系适合的达人投放内容，内容运营的数据效果统计及复盘。下面根据这四大块分别来讲解。

4.2.1 如何制定店铺的内容运营计划?

首先，商家要转变思路，不要期望通过一篇内容就能引爆产品。很多商家都有这样的心理，先花几百元找达人写几篇内容，看看效果。这样的心态无异于赌博，是为了做内容而做内容。做任何事都有目的性，做内容同样也要有明确的目的。

1. 店铺年度内容运营投放计划

首先商家要制定出一个年度内容运营计划，在这份计划中有商家要投放的渠道、渠道的占比情况以及每月的投放拆分，甚至包括店铺想要合作的达人（见表4-3）。

表4-3 年度内容运营投放计划模板

渠道	合计	渠道占比	1月	2月	3月	4月	5月	6月	7月	8月	9月	10月	11月	12月
淘宝头条														
必买清单														
有好货														
爱逛街														
ifashion														
生活研究所														
什么牌子好														
其他（机动）														
合计														
月占比														

商家开始做内容运营遇到的第一个问题是全年在内容制作上要投入多少钱？内容方面的预算需要结合年度规划，从全年销售额目标角度拆分，以确定需要多少流量支持，然后在流量上继续拆分，拆分到不同渠道，最后结合历史内容渠道的流量引入效率及转化算出投入预算。

明确了内容投放费用后，再来看渠道。投放渠道肯定不是平均的，如果是初次做内容的商家，建议每月重点投放一个渠道，然后测试几个月后挑选出效果比较好的渠道，加大投放；如果商家以前做过，就参考以前投放的效果为各渠道分配合适的比例，另外建议商家留出10%~20%的费用作为机动投放。

在月度的拆分上，"双十一"活动和"618"年中大促是商家全年销售的顶峰，而内容需要提前半个月种草，所以5月、6月、10月、11月这四个月要投放的内容多一些。一般来说春节期间在1月或2月，这两个月是销售淡季，所以投放的内容要少一些。针对其余月份商家可以根据自己的销售旺季来分配内容投放的数量和费用。这样就清晰把控全年的投放费用以及每个月的占比。

2. 店铺内容运营周计划

有了整体的年度内容运营计划之后再细化到每周。计划中不仅要包含渠道、数量和费用，还要有运营的主题方向、负责人和完成时间（见表4-4）。

表4-4　周内容运营计划模板

类型	渠道	运营方向	数量	完成时间	负责人	备注
公域	淘宝头条	新品通过达人提前种草、测评	8		xx达人	
		"新派厨房的省心秘密"专题				
	必买清单	"懒人省心家电"主题清单	4		xx达人	
	有好货	新品上线立即在有好货铺开	2		xx达人	
	我淘我家		6		xx达人	
	什么牌子好	主打"懒人省心家电"心智	5			
	生活研究所		5		xx达人	
私域	微淘		7			
	粉丝趴	从上周的微淘、达人内容中精选优质文章导入	4			
	订阅号	新品发布会新闻稿	1			

例如，推广一个新品。商家要思考怎样才能把新品推出去，而不是说找几个达人，让他们告诉大家商家出新品了，大家快来买啊。要有一套内容运营的节奏，逐步吸引消费者来购买。

推广新品，首先要圈出这个产品所对应的人群，然后这个产品肯定满足了他们的某种需求，这样他们才会产生购买的兴趣，即切中需求。在切中需求后推出新品，然后和竞品做比较，突出商家产品的优势。最后通过限时的优惠活动，刺激消费者立刻下单购买。

3. 大促活动时的内容运营计划

在电商无线化、个性化的趋势下，内容流量的占比越来越大，因此在策划"双十一""618"等大促活动的时候，涉及内容运营的部分需要一个详细的内容计划来支持，这就涉及内容的投放节奏问题。首先，商家要明白做内容的目的是提前种草，提前引发兴趣，所以内容的上线时间要比正式活动时间早10~15天。而有些渠道因为审核周期长，至少需要两周内容才能上线，再加上给达人留出一周的时间写内容。所以，商家要在正式活动开始前的一个半月确定合作达人，然后在活动开始前一个月让达人完成内容的投放，如图4-26所示。

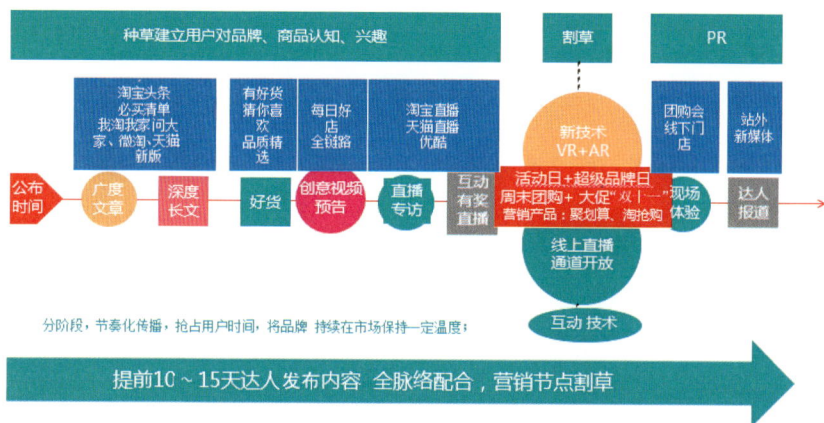

图4-26　基于大促、超品期间的内容运营节奏

表4-5展示的是某店铺"双十一"活动大促时的内容投放计划，可以作为参考。

表4-5　某店铺"双十一"活动大促内容运营计划

渠道	内容形式	合作达人	9月第一周	第二周	第三周	第四周	10月第一周	第二周	第三周	第四周	11月第一周
我淘我家	帖子		1	1		1		1		1	
淘宝头条	帖子		2	2	2	3	3	4	5	6	12
必买清单	帖子		3	2	3	2	3	3	4	2	
什么牌子好	帖子		2	1	2	1	2	1	3	2	
天猫/淘宝直播	直播		1	2	2	2	1	1	1	1	1
测评	帖子					1					
有好货-新单品	帖子					1			1		
品质好物-单品	帖子		1	1	1	1	1	1	1	1	

4.2.2　店铺私域的内容运营及规划

也许有的商家可能会困惑，自己可以生产优质的内容但缺少内容运营渠道，无法有效触达消费者。实际上，商家自己就有多个渠道运营自己的内容。例如在店铺首页、店招、详情页、邮件、买家群、旺旺、微淘等位置，都可以置入优质内容，增加消费者的停留时间，从而提升转化率。尤其是微淘，其被称为私域内容运营的核心阵地。通过对微淘的长远规划，也可以给店铺带来巨大的流量和转化。

例如，一家日销量仅300单的店铺通过长期的微淘运营，现如今微淘每日曝光量近2万次(见图4-27)，通过微淘带来的PV日均5000个，遇上店铺参加官方活动，流量来得还会更猛烈一些。

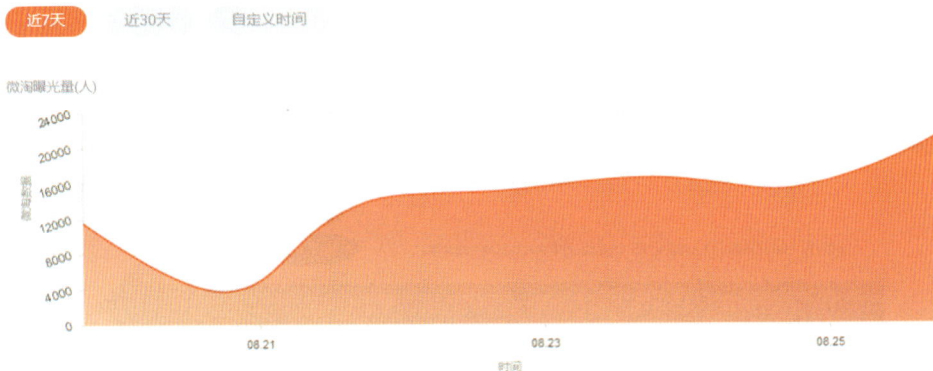

图4-27　微淘日曝光量近2万次

例如，店铺通过两个月的内容营销沉淀，使店铺的用户浏览量提升了7倍，整体转化率提升3倍以上。

店铺首页和详情页包含大量的视频内容，涉及精心拍摄的品牌故事和单品介绍，这些内容无疑对宝贝转化率的提升起到重要作用，如图4-28所示。店铺每周固定做一期美食直播，并且把直播获得的粉丝盘活，建立美食交流群，通过UGC与PGC结合的内容营销方式，使这部分人成为品牌的忠实粉丝。

商家私域内容的运营重点是微淘的运营，接下来介绍微淘的运营思路。

1．明确店铺微淘形象和定位

微淘运营不以短期成交为目的，它更加注重品牌宣传和粉丝运营，并以此为通道，重在挖掘用户价值——黏性、回访！所以微淘的形象和定位和店铺本身的定位是密切相关的。微淘日常经营维护的人群也是店铺产品对应的客户群体。

例如一个卖农产品的店铺，它的微淘大都和美食相关，如去食材生产地拍摄相关视频（见图4-29），或者是店铺相关的产品推荐，但是因为销售的是原材料，为了更吸引人，则会一同发布做熟之后的图片，增加美食的诱惑力（见图4-30）。

图4-28　店铺首页

图4-29　食材原产地拍摄视频

图4-30　产品烹饪前后图片

经过客户群体和店铺产品分析，明确店铺微淘的定位之后，需要确定微淘每天发布的内容。

2. 明确微淘要发布什么内容

在微淘上可以发布的内容有以下几类。

第一类：商品类内容，如新品预告、上新。如果店铺微淘等级为W2以上，可以发送不止一条微淘信息，一天保持一条以上的商品类信息还是非常适合的。其中可以是新品发布，也可以是买家秀的信息。这里提到的商品类内容还是以商品信息为主。

第二类：资讯类内容，如一些可读性强的文章、图片，包括与情感、明星、养生相关的知识等。如果微淘的粉丝主要是年轻女性，由于这个群体面临婚嫁，微淘偶尔可以发布一篇情感和产品相关的文章，如《S小姐相亲不曾被拒的5大心法》，文章中可以加入一些服装的穿搭技巧、穿鞋技巧、言谈举止技巧等，可以结合自身产品进行撰写。也可以抓住一些时间节点，例如七夕之前，结合自身产品发布一些相应的文章，像美妆店铺就可以发布《七夕如何化妆才能显得小众脱俗？》，类似文章就能抓住一波想要赴约的女粉丝的心理需求，提升点击和产品转化（见图4-31）。

七夕如何化妆才显得小众脱俗？

马上就七夕了，在期待男朋友送礼物之前记得把自己打扮的美美的哦~这些小资又小众的化妆品知道的人不多，但你值得...

图4-31　抓住时间节点，发布相关文章

第三类：互动类内容，包括话题互动、盖楼抽奖等。互动类内容是可以定期去做的，例如一个月一次的话题互动或者盖楼抽奖（见图4-32）。这类活动可以非常有效地提升粉丝的活跃度。对于复购率比较高的产品尤其适合，如美妆、母婴用品等。

【抢楼有礼】这条微淘下评论，每500楼送28元香包一盒，四个（两千楼）封顶；3000楼送48元爽肤水一瓶，4000楼送78元美女粉一盒，5000楼，送198元国妆粉一盒，如被吞楼可联系客服提供截图，7.12开奖，公布名单后七天内领取有效，重复中奖者，小奖的楼层后置到不同参与者

图4-32　店铺微淘盖楼抽奖活动

第四类：导购类内容，包括某类产品相关的推荐、教程或者产品评测内容。这一类内容能够提升店铺在粉丝心目中的专业形象，需要商家多花时间重点打造。从买家的角度告诉粉丝如何购买产品，以及如何判断产品的优劣，例如，做服装的店铺可以教粉丝如何做各种不同场合、不同效果的服装搭配（见图4-33）；卖特色农产品的店铺教粉丝如何利用店铺的食材做出美味佳肴；卖烘焙工具的店铺教粉丝如何做蛋糕等。这些都是提升客户黏性非常不错的素材内容。

结合以上信息内容和粉丝群体，可以初步确定每天可以发布的内容。需要注意的是，要确保以上内容是可以持久发布的，毕竟微淘是一个可以持续发展的长久运营阵地，而不是一个速战速决的短期见效手段。

进阶引流揭秘

小个子想要显腿长，就让短裙来帮忙

短裙是是百搭实穿的造型利器，什么都不用做就能加倍显腿
长，与秋天的衬衫卫衣都是默契搭档，天凉些的适合，搭配...

图4-33　从买家角度撰写内容

3. 互动是微淘运营的重点

想要把店铺的粉丝盘活，让更多粉丝关注店铺的消息，就要和粉丝互动，提升他们的黏性。那么该如何和粉丝互动呢？

首先，最简单的方式是可以通过提问题或盖楼的方式和粉丝互动。粉丝互动的前提是一定要设置能够吸引他的奖品。

获奖规则的设置可以参考两种方式，一种是按集赞的数量，目的是让老粉丝拉来更多新粉，另一种是按总楼层的百分比。

更进阶一点的玩法就是让粉丝参与到产品的升级或命名，例如让粉丝回复"关于青团，你还想吃什么馅的"，或者是让粉丝给新品起名，最终名字被选用的人将各获赠新品一套。

4. 如何增加微淘粉丝

很多商家苦恼于自己店铺的粉丝数量太少，影响微淘升级以及规划，那么如何提升自己店铺的粉丝数呢？除了尽可能地做好店铺本身，提升店铺自身销量，还可以从三个方向提升店铺粉丝。

（1）店铺内的关注引导

利用软件等工具引导买家关注店铺领取红包或者通过装修文字提醒买家关注（见图4-34），以及在快递箱中通过卡片引导成交客户关注等，可以进一步提升关注率。

图4-34　提醒客户关注微淘送淘金币

（2）发布优质内容增加微淘公域曝光

点击率高、停留时间长、互动率高的优质内容会有更多被推荐到微淘公域的机会，对于提升店铺粉丝帮助较大，能够在最大范围内吸引到优质的粉丝。图4-35展示了微淘系统是如何扶持优质内容的。

图4-35　微淘平台对优质内容的扶持

（3）参加类似免费试用的活动，以增加粉丝数

买家申请免费试用的时候都需要手机端关注店铺，所以参加一次试用活动，粉丝数都能增加几千名到几万名，这是非常不错的吸粉利器。当然参加其他小型活动的时候也可以利用第一点尽可能地提升关注率，从而增加粉丝数。

5. 微淘运营规划

商家需要对自己店铺的微淘进行定位，明确哪些人是自己的粉丝，他们喜欢看什么样的内容，用什么样的语气和他们对话等。确定好之后还需要制定店铺微淘的长远规划，要想把微淘真正运营好，绝对不能三天打鱼两天晒网。图4-36展示了一家旗舰店针对内容规划的一周计划中前三天的安排。这家店铺的微淘已经是W4级别，一天发布4条信息，会根据时间节点等信息提早规划好下一周的内容。当然其中买家秀的内容也可以根据一些即时的突发情况或者热点信息来做出相应的调整。

		星期一8月28日			星期二8月29日			星期三8月30日	
	发布时间	发布内容	发布形式	发布时间	发布内容	发布形式	发布时间	发布内容	发布形式
第1条	10:00	《七夕约会让男神欲罢不能的桃花妆》	短视频	10:00	买家秀	短视频	10:00	聚划算活动预告粉丝送定制好礼	
第2条	12:30	上新		12:30	上新		12:30	买家秀	
第3条	18:00	买家秀		18:00	聚划算活动预告粉丝送定制好礼		18:00	买家秀	
第4条	21:00	买家秀		21:00	《买错口红颜色？你不知道的口红混搭技巧美翻天》		21:00	《小美自述：第一次相亲男神心动原因竟是……》	长文章

XXX旗舰店微淘运营周计划

图4-36　某旗舰店微淘运营周计划前三天的安排

最好有一个固定的发送时间，例如每天中午12点发布买家秀内容，这样能慢慢让粉丝养成固定时间看微淘的习惯。

6.微淘规划调整案例

例如，一家内衣店铺的主营产品是内衣裤，年销售额达到四五千万元的级别，在淘宝内衣类目排名靠前。

该店铺已经是成熟型店铺，但是团队擅长的是货品供应链和常规精细化运营，对品牌打造和新营销没有什么概念，因此在2017年4月下旬开始进行品牌整合营销，进行全方位的品牌梳理与打造，包含但不限于内容营销、粉丝营销、品牌塑造等。而其中微淘粉丝营销就是其重点优先诊断梳理的板块。

（1）微淘诊断，人群兴趣点分析，对症下药

微淘活动分析如图4-37所示。

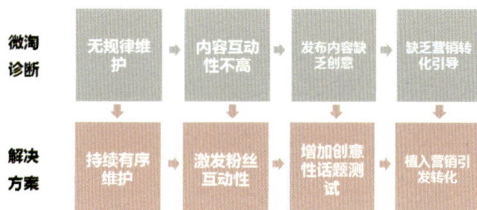

图4-37　微淘活动分析

（2）制定微淘发布计划（仅列举一周）

持续性、有计划性地维护粉丝话题互动。图4-38展示了微淘发布计划。

图4-38　微淘发布计划

微淘的运营也是需要规划的，从规划上去引导客户在固定的时间观看。

微淘也要做定位，思考微淘在店铺中的定位，这样有助于明确每天要制作什么样的内容，例如，促销信息区、话题专区、宠物专区、笑话专区、游戏专区、军事专区、二次元专区、买家秀观赏区等。

而这家店铺的微淘定位就是二次元动漫专区，以系列漫画的方式吸引大家长期关注微淘，同时洞察到消费者属于22~25岁的90后，他们对动漫非常热爱。

（3）增加创意性话题测试

针对店铺微淘定位和粉丝分析，确立以下话题：

话题一：话题互动+促销信息，前十分钟进店第二件半价。

话题二：有奖互动，免费送内衣。

话题三：趣味性内容透出。

话题四：趣味性内容+话题互动。

话题五：趣味性内容透出。

创意话题如图4-39所示，微淘活动安排如图4-40所示。

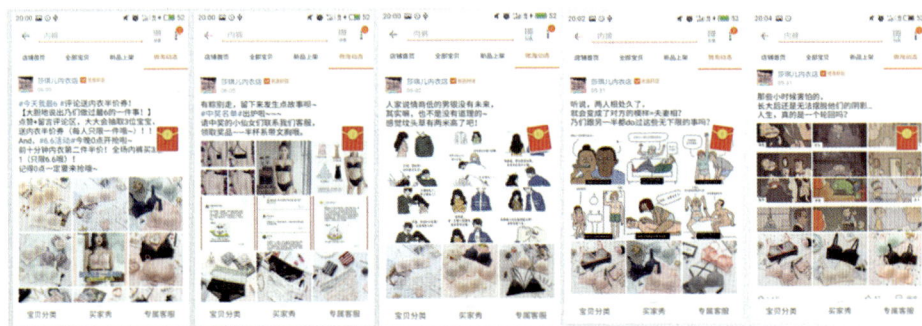

图4-39　创意话题

图4-40　微淘活动

（4）调整后的数据结果

调整后的数据结果如图4-41所示。

| 3月1日发布的常规内容
阅读量：0.29万次
点赞：20个
评论：0条 | 5月25日发布的创意竞猜互动
阅读量：2.5万次
点赞：343个
评论：220条 | 6月4日发布的创意竞猜互动
阅读量：1.3万次
点赞：98个
评论：594条 |

图4-41　微淘活动数据

增加创意互动性微淘内容后，粉丝的阅读量、点赞数、评论数都呈倍数增长。具体效果如图4-42所示。

时间	来源	来源明细	访客数	下单买家数	下单金额	下单转化率	支付买家数	支付金额	支付转化率
2017.3	淘内免费	手淘微淘	53216	1675	107529.16	3.15%	1568	95208.94	2.95%
2017.4	淘内免费	手淘微淘	70741	2801	187808.28	3.96%	2631	162996.78	3.72%
2017.5	淘内免费	手淘微淘	68141	3069	211086.39	4.50%	2873	176711.52	4.22%

图4-42　微淘活动效果展示

4.3.1 内容营销之IP营销技巧

例如一家不知名的新品牌专卖帽子的店铺，受初创公司现状和供应链体系不成熟等影响，在营销投入上捉襟见肘，没有模特，利润一般，没有成熟的团队，这样的品牌该如何去打造内容呢？如何通过品牌视觉和其他同行产生差异化？经过对产品和消费人群的深入综合分析，可以从打造IP形象入手，塑造出一个有品牌记忆的店铺。

1. 产品和人群分析总结

IP营销分析包括对产品、人群、特点及IP形象进行分析，如图4-43所示。

图4-43　IP营销分析

就本案例中的店铺来说，店铺的规划是：帽子款式多样，涉及多种风格的人群，突出"带上帽子，我就是不一样"，整体表现出炫酷个性感。

消费者人群画像：女学生，二次元，叛逆，个性，时尚。

（1）目标

由TOP100的店铺往品牌塑造方向升级，从产品被认出到输出的品牌理念被推崇。

满足受众追求时尚需求的同时说明产品的颜色、大小、质量。

（2）洞察分析

这群女孩的心底都住着一只小恶魔，她们渴望能在平淡的生活中释放"这只小恶魔"，追求个性与时尚，叛逆，有二次元情节。为了让这个用户群体好好地任性、反叛、释放一下，缺少的就是一个契机、一个引领她们的"TA"。

以上是通过历史数据人群的调查判断出的人群画像和隐形需求洞察。

2. 确认IP形象

最终出来的IP形象如图4-44所示。

图4-44　IP形象展示

IP形象的详细信息如下：

星座：巨蟹座

年龄：大叔

小恶魔（粉丝）

星座：双子座

年龄：女学生

性格：二次元，叛逆，个性，时尚

3. IP的应用

应用方法一，卡通形象多表情、多姿态延展，如图4-45所示。

图4-45　卡通形象展示

表情用于客服的应用，便于在日常和客户沟通中加深客户对品牌的记忆和认知。

应用方法二，可用于如下宣传活动：

- 产品外包装、售后卡等。
- 海报图。
- 漫画传播。

实物展示如图4-46所示。

图4-46　实物展示

4. IP运营效果

该IP形象推出之后，深受买家的欢迎，同时附带传播属性，直接促动买家在朋友圈晒图分享，在带来大量好评的同时直接提升了停留时间和转化率。

图4-47展示了优化前后的效果图。

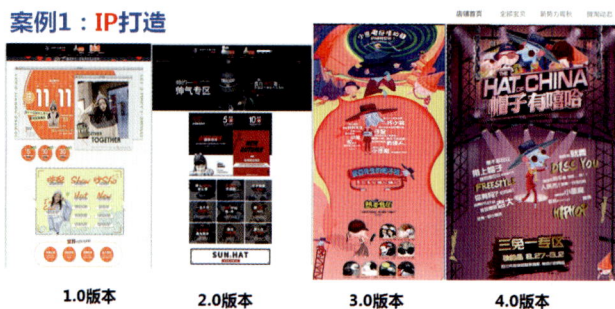

图4-47　优化后效果

店铺3月上旬上线IP。上线之后店铺各方面数据表现良好，店铺销售额增长较快，全店转化率从2.24%上升到2.73%，如表4-6所示。

表4-6　效果数据

月份	2017年转化率
1月	2.24%
2月	2.32%
3月	2.71%
4月	2.73%

5. IP营销总结建议

IP营销一般比较适用于新品、短期内行业热点或者影视热度高的衍生品，以及特定用户群体的喜好。例如动画片《大鱼海棠》《超能陆战队》《大圣归来》等特别有感染力的IP。策划好IP衍生品之后，最好的种草时间是在IP形成热度之后的1~2周，快速进行预热曝光，借助IP本身的热度吸引转化收割。大部分商家都能够实现IP设计，关键在于能否对人群画像进行科学合理分析，并为他们量身定制适合他们的内容，将IP的喜好用户巧妙地转嫁成自己的粉丝，以及在视觉的延伸与应用上与本品牌和产品匹配。

4.3.2　内容营销之热点营销

热点营销其实是一种"借势营销"，也叫蹭热点，是指企业及时抓住广受关注的社会新闻、事件以及名人等，结合企业及产品在传播渠道上达到一定高度而展开的一系列相关活动。

1. 如何打造热点

本案例店铺也是一个不知名的品牌，主营女装内裤，利润低，PPC高，基本上属于参与了推广就没钱赚的那种。

要改变这种情况，推广的重点就放在"热点内容策划"上，目的是：低投入，高产出。

2017年端午节网络上曾经有一个关于粽子的热点，结合时间热点，可以打造与热点结合的营销活动，效果如图4-48所示。

图4-48　热点创意

目的：借助节日热度，进行品牌传播。

灵感来源：端午节、粽子，外国人吃粽子把粽叶也吃了，粽子需要粽叶包，人需要穿内裤。

亮点：

- 节日与产品结合巧妙，而且生动有趣，利于自发传播。
- 制作成本低，传播途径也是零成本的微淘、朋友圈。
- 植入品牌二维码和品牌词"猫耳朵"，为营销埋下伏笔。

营销传播：在节日前一周，利用微淘、微博和朋友圈传播海报，集中对老客户进行CRM激活，引导新老客户参与活动，只要在下单并社交媒体中分享海报，就可获得精美礼品。

2. 案例数据结果

案例店铺的数据结果如下：

- 当天微淘新增粉丝1144名，对比平时上升了127.44%。
- 当天品牌词搜索量从日均300个左右上升到1500个，增加了1200多个。

具体数据如图4-49~图4-51所示。

引流搜索词　行业相关搜索词　　PC　无线

店外搜索关键词　　日期　2017-05-26~2017-05-26　　指标　下载

搜索词	带来的访客数	引导下单转化率	全网搜索热度	全网点击率	全网商品数	操作
猫耳朵喵喵	659	1.97%	1,950	293.18%	43	收藏 详情分析
猫耳朵	479	2.30%	4,993	177.07%	121,982	收藏 详情分析
猫耳朵 喵喵	377	1.06%	1,092	346.61%	43	收藏 详情分析
内裤女	226	3.98%	495,877	104.54%	1,720,297	收藏 详情分析
内裤	99	4.04%	150,202	96.33%	2,791,236	收藏 详情分析

图4-49　2017年5月26日无线端店外搜索关键词

引流搜索词　行业相关搜索词　　PC　无线

店外搜索关键词　　日期　2017-05-25~2017-05-25　　指标　下载

搜索词	带来的访客数	引导下单转化率	全网搜索热度	全网点击率	全网商品数	操作
内裤女	243	2.88%	531,619	104.31%	1,726,689	收藏 详情分析
猫耳朵喵喵	142	3.52%	463	343.20%	43	收藏 详情分析
猫耳朵	132	4.55%	4,696	133.73%	122,794	收藏 详情分析
内裤	111	3.60%	165,063	97.67%	2,799,749	收藏 详情分析
猫耳朵 喵喵	87	3.45%	258	343.80%	43	收藏 详情分析

图4-50　2017年5月25日无线端店外搜索关键词

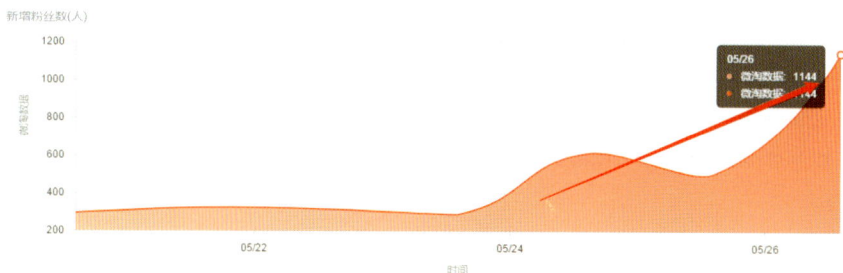

图4-51　创意新增粉丝数

3. 热点营销总结

蹭热点核心在于动态把握实时热点、节日热点等，快速做出反应，善于挖掘出热点中包含的各个点，并与自身品牌特性相结合。抓取热点的途径有节日热点、微博话题热点、事件热点、政治热点、社会热点等。主要通过图文创意、视频直播等方式传播内容，再利用微博、微信、KOL、平台内的内容板块（淘宝头条、淘宝直播、今日好货等）等渠道进行传播，并在店铺策划活动利益点，将流量进行收割转化。

进行热点营销需要注意以下几点：

- 考虑热点本身性质是否与自身品牌形象、品牌理念相匹配。
- 能否将热点事件结合导入并影响精准用户，能否对品牌带来实质价值以及投入产出比是否能够被接受。
- 按照品牌运营节奏进行，频繁地追热点不但无必要，反而会扰乱自身推广思路。

4.3.3　内容营销之与达人的合作建议

商家自身的内容营销非常重要，但由于许多内容流量入口只开放给达人，因此有更多的达人内容在前台展现，也就意味着能够获得更多的流量。那么，商家该如何与达人合作？怎样才能找到合适的达人呢？

1. 商家与达人的内容合作方式

商家与达人的内容合作方式如下：

- 行业发起招商：品牌针对官方小二发起主题招商报名，通过众媒平台与阿里V任务（官方招商3月底）完成内容制作交易。
- 品牌发起招商：品牌基于全年内容营销计划，定向针对优质达人发起招商，达人接受任务完成内容制作。
- 媒体机构KOL发起招商：KOL基于全年淘系内容规划，定向为商家提供内容解决方案，商家接受方案，KOL通过内容驿站完成内容制作。

2. 商家与达人的内容交易方式

商家与达人的内容交易方式如下：
- 纯任务费：品牌可与KOL采用纯任务费以单条内容或包月、包年合作机制。
- 任务费＋定向佣金：例如包年，任务费（每月N篇清单、N篇帖子、N场直播、N个视频+N个话题）＋定向佣金。
- 纯佣金：针对全店设置定向佣金，通过自由制作KOL进行内容制作。

3. 商家如何找到适合自己的达人

最常见的方式就是通过阿里V任务（网址：https://v.taobao.com）平台。

商家开通阿里V任务，绑定运营账号后，就可以发布任务，等待达人接单了。商家也可以根据需求寻找合适的达人，向他下达任务。如图4-52所示，商家可以通过身份、想要投放的内容渠道以及擅长领域标签来选取达人。

图4-52　通过阿里V任务寻找创作者

选择完标签后，可以看到达人列表，其中显示达人拥有的渠道、粉丝数、完成任务数和完成率。可以通过几项指标来筛选符合自己需求的创作者，如图4-53所示。

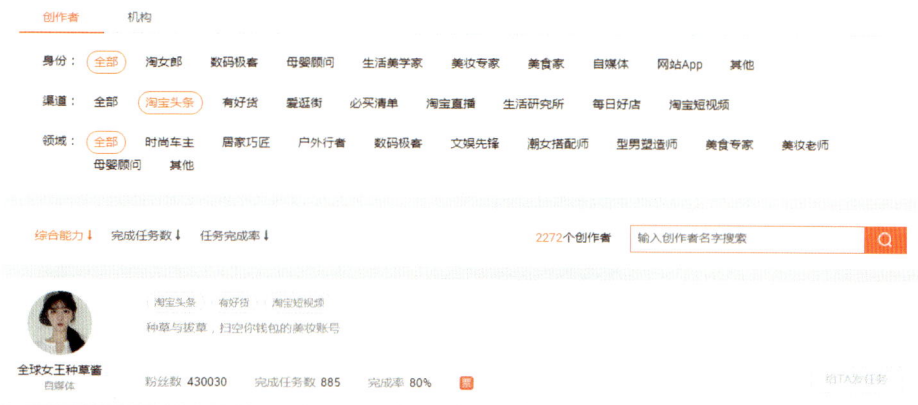

图4-53 创作者标签筛选

这里重点看三个指标，第一个是达人拥有的渠道是否有你想要推广的。第二个是完成任务数，完成的任务越多，说明和这个达人合作的商家越多，从侧面说明达人的推广效果可能比较好。第三个就是完成率，要选择完成率高于70%的达人合作，否则很可能被达人拒单。

然后单击达人的头像，进入他的主页，进一步考察，如图4-54所示。

图4-54 达人主页

在左侧基本数据一栏，重点看两个指标：历史任务均价和评价。通过历史任务均价，可以估算出和这个达人合作一次的大致费用，而评价则是之前与达人合作过的商家给予的评价，评分越高，说明达人的内容效果和服务态度越好。

右侧展示了达人简介、优质作品、累计评价和数据表现。这里重点关注数据表现一栏，可以看到达人近7天的阅读总数，以及达人的粉丝特征，达人的粉丝和店铺目标人群越接近，推广的效果越好，如图4-55所示。

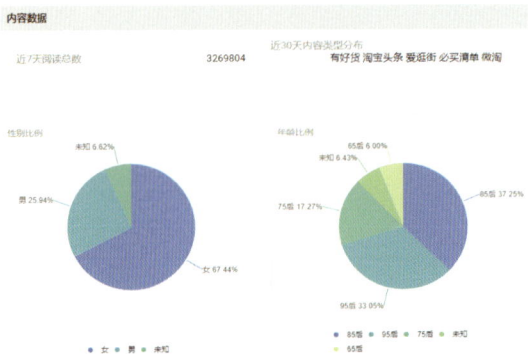

图4-55　达人内容数据

那么，筛选出想要合作的达人以后，该如何与达人联系呢？

很简单，在达人主页达人名字的右侧有一个旺旺标志，单击这个标志，就可以找到达人。

当然，和达人做介绍时也是有技巧的，不要说"亲，在吗？"或是"你好"，这样的信息容易被达人忽略。正确的方式是先做自我介绍，附上店铺链接和介绍，最好还有专门给达人的定向佣金链接。

商家与达人联系的话术示例如下：

您好！我是××旗舰店的运营，在××看到您的文章，想和您谈下内容推广的合作。这是我们店铺的链接，我们的产品非常有特色，您可以去店铺看一看。这是我们为您准备的定向高佣计划，请您申请下。希望我们能谈下具体的合作方式，期盼您的回复！

商家再和达人确定合作后，为了方便达人更好地熟悉店铺和产品，可以为达人提供一份详细的资料。资料中具体包含的内容如表4-7所示。

表4-7　商家给达人提供的产品资料模板

店铺名称	店铺链接	产品链接	白底图链接	产品卖点	联系方式	达人需要注意的事项

4. 商家与达人的深度合作方式

全年内容套餐解决方案：

- 通过天猫众媒平台或阿里V任务找专业MCN：由该媒体机构基于大促、活动、主题输出淘系、站外解决方案。
- 推荐专业MCN入淘：行业小二背书，成为内容渠道白名单。

4.3.4　内容营销之内容数据与复盘

生意参谋是一个非常强大的工具，可以看到店铺的各项内容数据。登录店铺的生意参谋，在首页找到内容分析，然后单击"进入专区"（见图4-56）就可以查看详细的内容数据。

图4-56　店铺生意参谋首页

1. 内容数据整体分析

在数据概况一栏能看到近30天的内容阅读情况和引导进店情况（见图4-57）。可以先找出一个月中内容阅读次数比较高的几天，然后逐步分析达人、投放渠道、带来阅读量的文章等信息。

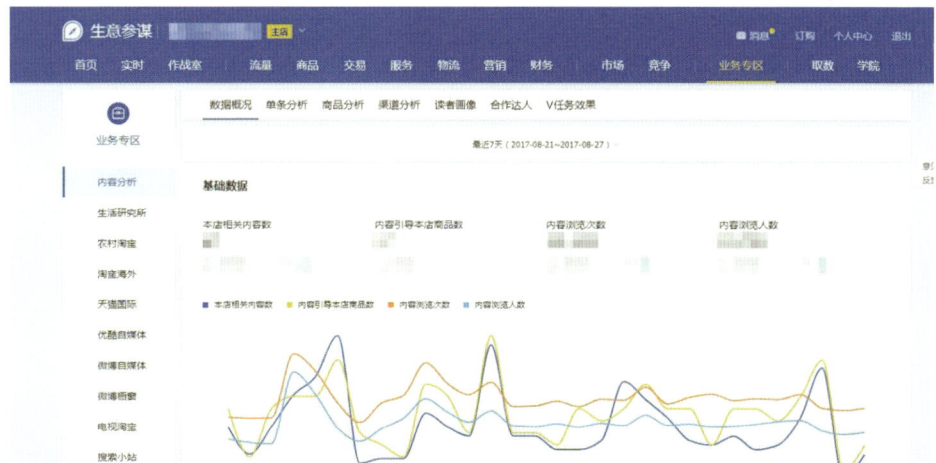

图4-57　店铺生意参谋内容分析

图4-57 （续）

2. 单条内容数据分析

在单条分析一栏，可以看到每篇文章的详细数据，包括阅读次数、互动次数、引导进店和加购、收藏次数等（见图4-58）。可以看到有的文章虽然阅读很高，但是引导进店人数却不高。这种情况说明达人的内容质量比较好，但可能投放的渠道不适合或文章中包含了多个宝贝，导致进店流量太分散。

图4-58 单条内容分析

3. 商品数据分析

在商品分析一栏可以看到每个宝贝的内容浏览人数，以及引导进店、加购和收藏人数，如图4-59所示。

图4-59　商品分析

单击一款宝贝的"查看详情"，然后可以看到宝贝一个月内每天的阅读和引导进店情况的变化（见图4-60）。可以看到该宝贝的阅读人数和次数虽然挺高，但是引导进店的情况却一直不太理想，说明该宝贝的投放渠道存在一些问题。

图4-60　单一商品内容分析

4. 内容渠道分析

从渠道分析一栏可以看到店铺在每个渠道的内容数量、阅读人数、互动次数以及引导进店情况（见图4-61）。可以看出目前店铺的内容主要分布在微淘，也就是店铺自己推送的内容，由于微淘的粉丝大多是已经购买过产品的客户，短时间内很难再次购买，所以引导进店情况不理想。而必买清单、爱逛街、淘宝头条等渠道的内容数量非常少，因此下一步要重点加大对这几个渠道的投放，每个月找几个达人发布几篇内容，积累上三个月后，自然会有成效。

图4-61 渠道分析

5. 读者画像分析

读者画像（见图4-62）一栏的数据可以为钻展、直通车圈定人群，具体的操作方法在第1章中有详细讲解，在下一小节介绍与推广相结合时也会提到，这里不作详细阐述。

图4-62 读者画像

6. 合作达人分析

合作达人一栏可以看到每个达人的内容阅读次数和达人指数、健康分、质量分等

（见图4-63），优先选择阅读浏览人数高，指数分高的达人进行合作。

图4-63 合作达人信息

4.3.5 内容营销之与推广相结合

达人的内容上线后，达人后台中可以看到内容阅读者的画像，包括地域分布、读者类目偏好、品牌偏好、性别比例、年龄分布等。

将该画像用于钻展、直通车等推广系统中，可以帮助店铺提高推广的准确率和ROI。

节奏建议：活动上线前15天找达人产出内容，活动前5~7天内容上线，活动前3~5天开始将内容的读者画像应用于推广系统中。

4.3.6 内容营销整体策划及案例剖析

前面内容都是单一的内容营销渠道及方法的技巧，但是在实际内容运营的过程中，肯定不止采用单一的手段，整体的策划和全部渠道的配合至关重要，接下来通过两个综合案例的解读，详细介绍内容营整体策划的技巧及要点。

1. 原创内衣品牌的内容营销玩法案例

本案例店铺主营类目是时尚文胸套装，属于原创品牌，运营几年之后积累了店铺老客户，但是在内容营销上尚未有整体策划。通过一系列的实践内容营销和品牌打造，取得了不错的成效。

（1）网红打造

网红打造的效果如图4-64所示。

图4-64　通过网红进行内容营销

1）策划初衷

网红打造的策划初衷如下：

- 亚洲内衣模特很难寻找，同质化严重，影响转化率。
- 出名的亚洲模特拍摄成本过高，拉低利润。
- 长期使用一个模特，一旦模特因为某种原因无法继续拍摄，对店铺会造成致命的影响。
- 提升店铺品牌实力形象。

2）网红打造方法

长期征集网红，并安排专业培训，给予模特拍摄和在店铺曝光的机会，逐步培养出多个属于自己的签约模特。

通过网红征集与孵化打造，展现品牌的年轻化、时尚感，同时激发粉丝与品牌之间的深度互动，共收到153份报名信息，共16 698人参与投票，共2454条互动评论，最终4名成为签署模特。

具体过程如下：

- 号召热爱内衣、乐于展示自己的粉丝或不出名的模特参与，不设硬性门槛。
- 获胜者奖励店铺购物券，并邀请成为内衣体验师，提供产品的使用体验，用户与产品进一步捆绑。
- 有潜质的获胜者更提供培训机会、店铺流量曝光、拍摄合作等孵化资源。

报名材料要求：生活照+个人信息。

3）小结

网红打造是一个长期的过程，依靠本身的品牌个性和优势，移植到个人号召力上。比较成功的案例有Papi酱、张大奕，主要拥有"独特的个性"和"优良的内容"这两个特点。

打造网红三部曲：

第一步，标签定位。仔细充分分析与挖掘TA的特点，可以从性格、经历、愿景、外貌等各种角度着手，为其制定一个容易让受众记住的标签。

第二步，变现途径设定。网红目前主要的变现模式有三种，包括广告(含品牌内容植入、广告软文代发、代言、出场等)、直播打赏、电商等。所以电商是最有变现能力的渠道。

第三步，内容和粉丝运营。内容上需要注意质量、节奏和持续性，内容发布的节奏和持续性需要保证，以确保粉丝的留存和活跃度，这需要商家拥有足够的耐心和坚持。

（2）公众号创意图传播吸粉

通过公众号设置创意海报供粉丝自主转发，推荐好友扫码关注可获取积分，集积分可兑换内衣。图4-65展示了具体的效果。

图4-65　微信创意效果

（3）创意互动#一起趣拍罩#

这是一个为五一劳动节准备的深度互动创意活动，用内衣形状的卡片吸引客户在假期中拍下自己经历的风景或身边好玩的趣景（见图4-66）。

图4-66　创意互动海报

具体过程如下：

- 将收集的作品进行公开投票，TOP5奖励内衣1套。
- 以趣味性、创意性激发客户参与以及自主分享转发。

活动效果：整个活动微信、微淘合计超过2万人阅读，共168人提交合计279张作品，获得304条互动评论。互动数据排名公众号所有历史图文TOP2，超越大部分以福利信息引导的活动。

精选的创意作品墙如图4-67所示。

图4-67　创意作品墙

（4）借势热点创意图

借势热点时事、节日营销，输出融合产品/品牌信息的创意海报，多渠道分发，传播品牌形象，提升品牌影响力，如图4-68所示。

图4-68　热点创意

（5）案例数据结果

按照惯例，文胸、文胸套装行业的3月—6月是旺季，7月—12月是淡季，虽然11月和12月有"双十一""双十二"活动，但是全网销售的高峰期仍在3月—6月。

该店铺2016年上半年延用2015年的方式运营店铺，发现在旺季营业额不升反降，若再不创新和改变运营打法，将无法适应市场的快速变化。故在年中及时做了调整优化，从8月开始，销售额逐渐稳步上升，实现了在下半年的淡季成功逆袭，如图4-69所示。

日期	品牌推广内容	花费
8月	马来西亚联合营销拍摄	30000
9月	省广（微信品牌推广）	30000
10月	网红直播（线上品牌）	4000
11月	泡芙ip合作（线上线下）	20000
12月	网线下比赛	20000
1月	泰国网红拍摄	50000
2月	线上品牌投放	42000

图4-69　活动效果

（6）小结

内容营销以及内容创意机制会成为未来品牌之间竞争的重要阵地。内容创意机制保障的是品牌能否持续地和用户沟通，持续地影响用户。在此为广大商家提几个内容营销的建议：

- 循序渐进，打造清晰创意内容：品牌定位梳理（人群定位、货品定位、视觉定位）、品牌包装（视频、IP、主打产品详情页包装、首页包装、创意活动主题策划）、粉丝营销、内容渠道尝试。
- 合理规避试错风险，从已有推广费用里抽出一小部分尝试内容制作和内容渠道。
- 关键是执行，敢于借他人之力，整合资源，相信符合用户诉求和平台游戏规则的东西一定是有用的。

2. 小类目店铺的内容营销规划及布局案例

本案例店铺为厨房/餐饮用具类目下的一家天猫旗舰店，该店铺通过内容营销的布局及实施，吸引了"特定受众的主动关注"，让消费者主动来店铺，在这个总体来说竞争较为激烈的类目下走出了一条属于自己的营销之路。

该店铺目前拥有微淘粉丝近83万名，月引入店铺销售总金额在20~30万元，6月18日当天，微淘曝光量近4万次，引导成交笔数1200笔左右；"99"大促期间，整个内容渠道浏览量近16万次，浏览人数近6万人，引导加购超千次。

（1）店铺内容营销布局矩阵及核心

基于对现阶段淘宝平台的观察和研究，理想状态是做好内容营销，调整好整体布局，有节奏、有计划地进行。

店铺内容营销布局矩阵如图4-70所示。

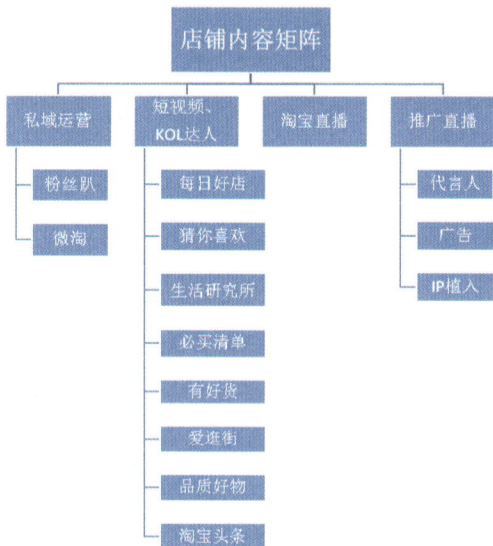

图4-70　店铺内容营销布局矩阵

在店铺内容营销矩阵中，需要抓住的核心点包括：KOL运营、私域流量运营、淘宝直播以及借助IP的力量。

（2）玩转KOL

关键意见领袖（Key Opinion Leader，KOL），包括常说的淘宝达人，他们经验丰富，在某个领域内具有一定话语权，受到数万粉丝的追捧，并且对粉丝的购买行为有较大的影响力。

目前，该店铺合作的淘宝达人维持在100人以上，他们在手机淘宝APP首页的有好货、爱逛街、必买清单、生活研究所、每日好店等频道投放优质内容；站外KOL资源丰富，其中不乏百万粉丝的大V账号，主要在各新媒体平台推广传播。

在KOL的运营管理中，总结了以下几点经验。

首先，选择KOL时，光考虑粉丝数量是不够的，应当优先挑选与品牌契合度高，受众圈相匹配的KOL进行合作，并且发掘优质KOL重点运营，长期合作。

其次，作为商家，要协助KOL加深对品牌、产品的理解，文案推陈出新，产出真正优质的内容，并且突破自有的粉丝圈层，在社交网络里广泛传播。

最后，要保证长期、稳定的曝光，才能达到良好的效果。另外，在大促期间须提前整合资源，集中爆发。

1）如何挑选适合自己的KOL？

以案例店铺为例，作为家居及餐饮用具品牌，首先需要寻找此类目下活跃的KOL

达人，综合考量粉丝数、内容质量、阅读量及转化率等各项数据表现，从而确定是否合作。另外，还可以联系一些成熟运作的KOL机构，为大促的流量爆发提前做准备。

> **注意** 应当注意维护与KOL的关系，保持他们的活跃度与忠诚度，增强沟通交流的同时还能收集到第一手信息，形成长期、稳定、良好的合作关系。

图4-71所示KOL为爱逛街大咖红人，粉丝数15万名左右，活跃于餐饮用具类目。2017年8月2日为案例店铺发布的单条内容（见图4-72），阅读量达6万次，引导进店559次，加购86次，是案例店铺长期合作的优质KOL之一。

图4-71 KOL发布单条内容

序号	文章名	文章发布时间	二维码	阅读次数	互动次数	全引导进店次数	全引导收藏次数	全引导加购次数	查看详情	意向/反馈
1	保温杯怎样挑，选出高性价比	2017-01-10		109,569	1,210	1,604	229	288		不
2	带着保温杯，上学随时喝热水	2016-09-20		106,775	667	455	14	38		
3	水随身杯，收纳神器帮你扩充空间	2016-09-21		86,417	637	1,483	96	145		
4	便携保温盒，随时吃上新鲜饭	2016-09-28		73,554	633	715	40	47		
5	开学季，一款时尚保温杯伴你度军训	2016-08-15		71,035	272	1,529	121	88		
6	玻璃密封罐，软住营养不流失	2016-09-26		69,896	652	2,120	84	157		
7	精选随身杯，清新玻璃有颜有范	2017-08-02		60,279	695	559	45	86		
8	焖烧随手杯，好心情毫不开糖果色	2016-09-29		58,111	258	992	48	93		
9	杯之源，器为先	2016-11-26		54,515	566	564	31	71		
10	纯净玻璃瓶，瓶中世界的呼唤	2016-09-07		50,060	430	630	73	45		

图4-72 KOL数据反馈

2）如何做好KOL营销？

做好KOL营销，需要注意如下几条：

- 策划主题。根据店铺产品，结合时下流行话题，利用情景营销思维，找到用户可能感兴趣的角度，生产内容。内容可以通过文案、图片、视频等多种表现形式展现。

- 整合资源。合理布局KOL资源，根据各流量入口的人群画像优化内容，确保输出内容与目标流量匹配。

- 节奏把控。商家要合理掌控KOL的推广节奏，区分日常、活动与大促之间的不同方式，确保既不与平台脱节，也能配合店铺的销售节奏，满足商家的流量需求。

- 效果分析。每天跟进并且记录后台数据，表现突出的板块可进一步强化，表现平平的板块及时优化与调整，尤其在活动后，应结合数据做整体复盘，找出亮点和问题，吸取经验。

3）案例具体渠道分享

案例店铺在有好货、爱逛街、必买清单、淘宝头条等渠道发布内容。

有好货：该店铺一般选择小而美，调性强，而且具备差异化的产品，主要目标是中高端消费群体。

如何让内容更容易被选中？首先选择评分高、客单价较高的产品，注意图片的美观和调性，内容从消费者关心的角度出发，抓住产品卖点和特性，言简意赅，如图4-73所示。

爱逛街：店铺将目标明确为女性群体，因此选择相应类型的产品，为她们提供有价值的信息。

如何让内容更容易被选中？应当抓住女性消费心理，选择足够时髦的产品，以摆拍图为主，用第一人称介绍，用导购的形式，促成消费者进店购买，如图4-74所示。

进阶引流揭秘

图4-73　在有好货上发布内容　　图4-74　在爱逛街上发布内容

必买清单：主要发布一些场景化的购物指南，例如攻略、搭配等，一般具有比较强的主题性。

如何让内容更容易被选中？注意，不能在清单内简单地罗列产品，而是要尽量营造一个和主题契合的购物场景，让消费者自然融入其中，引导进店消费，如图4-75所示。

图4-75　在必买清单上发布内容

淘宝头条：在这个频道里，主要分享有消费引导性的生活资讯。它的特点在于流量大，爆发性强。

如何让内容更容易被选中？首先抓住资讯类频道的特点，标题必须够吸引人，让消费者有点击欲望，内容新颖有趣，言之有物，不要仅仅罗列或介绍产品，如图4-76所示。

图4-76　在淘宝头条上发布内容

（3）微淘新玩法

微淘作为商家私域流量的重要阵地，拥有庞大的粉丝群。运营好微淘，可以强化粉丝黏性，实现店铺的销售变现。

目前，案例店铺微淘粉丝数82万名，日均曝光量4万次，单日曝光量最高可达19万次，同时粉丝月增长也达到6万名，态势良好。另外在"618"大促期间，微淘端口的表现也十分优异，直接引导成交笔数达到1000笔以上，如图4-77所示。

图4-77　微淘数据

1）目标：把微淘打造成品牌的电子杂志

- 信息碎片化。在快节奏的时代环境下，人们接收信息的时间可谓争分夺秒，谁的内容够吸引人，谁就能拥有用户。因此发布微淘时，建议多以图片九宫格、清单、买家秀、短视频这类简短或有趣、实用的形式为主。

- 产品内容化。准确找到消费者痛点，挖掘产品亮点，给消费者提供有效的信息，避免长篇大论或吆喝式营销。另外，可以根据粉丝画像，结合社会、娱乐热点，找出他们可能感兴趣的内容，提高粉丝活跃度。

- 内容场景化。场景化内容，就是不再简单罗列或展示产品，而是提炼出产品卖点，并切进适当的场景，用图片、文案或视频营造氛围，让用户觉得身临其境，达到情感上的共鸣，激发他们的购买欲，并且自主转发和分享。

2）微淘小技巧

案例店铺的微淘大多采用视频、九宫格美图、买家秀的形式发布，如图4-78和图4-79所示，相比图文混排、纯文字的模式，更能第一眼吸引消费者，从后台数据反馈来看，各方面表现也确实比较出色。

进阶引流揭秘

图4-78　微淘九宫格

图4-79　微淘短视频

3）案例微淘内容分享

互动游戏。在需要流量爆发的大促前期，可以在微淘上策划一些互动游戏，为活动提前预热。例如盖楼有礼，可以先选择一个话题，说明活动时间和规则玩法，设置有吸引力的奖品，整个游戏期间与粉丝实时互动，维持活跃度，如图4-80所示。

案例分析：使用微淘后台的盖楼工具，发布盖楼有礼活动，调动粉丝的积极性，集中流量配合店铺活动，并且从长远角度来看，也增强了粉丝的黏性。

产品发布。无论是新品预告，还是热卖产品介绍，都可以通过九宫格图片或者视频的形式发布。另外也可以和前面所说的方式结合，与粉丝进行互动游戏，设置一些小福利，例如评论抽×人免费送等，如图4-81所示。

图4-80　微淘互动游戏

图4-81　微淘产品发布

案例分析：结合七夕节特点，将产品通过九宫格形式发布，并策划了评论点赞送杯子的活动，大大调动了粉丝的积极性，点赞评论数明显增长。

热门话题。发布内容时记得带上热门话题的标签，可以增加曝光量以及阅读量，如果内容质量足够好，还会吸引更多人关注，获得意外收获，如图4-82所示。

图4-82　微淘热门话题

案例分析：结合热门剧#深夜食堂#话题，发布九宫格美图，选择契合主题的店铺产品植入，吸引眼球，提高阅读量。

联合营销。找一些目标用户相近、不同类目的商家寻求合作，可使用跨店清单等方式，组织联合营销活动，互换流量，大家互利共赢，如图4-83所示。

图4-83　微淘联合营销

案例分析：结合时下流行话题，发布跨店清单，清单内包含多店产品，各店铺可以互换流量，实现互利共赢。

（4）直播新趋势

相对于其他直播平台唱歌、跳舞、聊天的泛娱乐化内容，淘宝直播有"直播+电商"的特点，因此可以将用户和商品直接联系起来，在直播中给予观众更加专业的消费指导，提供真正有价值的内容，从而达到理想的营销效果。

1）直播观点：无内容，不直播

- 直播内容要有趣。内容第一、卖货第二，将产品带入到真实生活中，自然融入场景，或者结合热点话题切入产品，引起观众的兴趣，让来观看直播的观众觉得"观有所值"。

- 深层次实时互动。除了直播间的常见互动形式（如发红包、评论抽奖等），还可以设计一些参与度更高的游戏环节来调动观众的积极性，拉近品牌与粉丝之间的距离。

- 提高粉丝的黏性。想要与粉丝建立长期的关系，利益引导、社群价值观塑造、社交参与感这三点是必不可少的，主播应当专业化，通过定期曝光来提升人气，培养粉丝的收看习惯。

2）提升直播效果的方式

主题活动。结合时下的流行话题，根据产品和直播特性策划一个主题。在遇到大促需要更多流量时，还可以从不同角度切入主题，以策划多起直播活动，在预热期间，进行多次直播，这样既有整体活动的连贯性，也可以避免内容的重复让观众审美疲劳。

例如，针对炎炎夏日，可以策划一次直播活动，主题为"物生物夏日清凉大作战"，总共分为三期，每期主题细分为"制作冰饮""解暑凉茶""焖烧罐制作绿豆粥"，既与主题相关，内容又各不相同。

群体造势。物生物目前采用卖家自播与网红直播相结合的方式，若有需要即可调动全部资源，为流量爆发做准备。另外，每次直播前，也可以结合主题，在社交媒体上同步话题造势，实现最大化导流。

大咖助阵。想突破已有粉丝群，获得更大的流量，还可以寻找合适的大咖前来助阵。大咖可以是品牌代言人、明星、商界大佬、超级网红等，他们的共同点在于自带粉丝和话题度，有可能会为店铺带来流量的瞬间爆炸。

3）案例直播内容分享

7月19日商家直播——"入伏后的解暑神器"，预告、直播中以及产品宣传如图4-84~图4-86所示。

图4-84　淘宝直播活动预告

图4-85　淘宝直播进行中

图4-86　在直播中宣传商品

直播详情：根据炎热的天气这一时下流行话题，结合物生物旗舰店热卖单品榨汁杯，店铺策划了"教你做雪糕"直播方案，不仅趣味性、观赏性十足，同时很自然地植入产品，不管是店铺流量还是单品转化，都获得了较好的数据表现。

直播数据：观看次数为14 359次，获得202 372个点赞，粉丝增长率（较前日）达到94.17%，成交转化率达到14.38%。

（5）IP跨界合作

IP，是Intellectual Property的缩写，意为知识产权。随着互联网公司生态圈的建立，IP也逐步延伸至动漫、影视、文学艺术作品、音乐、游戏等多个领域。

1）IP合作模式

目前IP合作模式有以下几种：

内容植入，主要体现在影视IP中，在不影响观剧体验的前提下，将产品或品牌自然地融入剧情，深度植入。

在选择影视IP时，应该首先考虑的是受众群体是否匹配，继而研读剧情，寻找合适的切入点，切忌生硬的广告，引起观众反感。

衍生品开发，是指品牌产品与IP元素相结合，研发并制作定制产品，再通过各自的渠道销售。基于衍生品行业的热启动，围绕"时效性""场景"和"广泛性"这些要素，可选择的合作模式有：剧情定制（内容植入）、众筹预售、联合营销、新媒体互动、落地活动等。

营销授权。品牌拥有IP版权方指定的元素授权，且为同品类唯一授权，可用于制作宣传海报、产品页面，借助IP影响力来销售产品和宣传品牌。

2）案例IP跨界内容分享

由阿里鱼发起，本案例店铺与中国国家博物馆、中国美术学院进行了一次三方跨界合作，为店铺主推产品贝壳保温杯加入了新的设计元素。这一系列产品主题为"复兴中国风"，正好契合时下流行趋势，用匠心设计再现稀世国宝，大大提升了产品的价值。

2017年7月，该系列产品首次正式亮相淘宝众筹平台（见图4-87），48小时内，就已筹得目标金额的120%，截至8月，完成目标金额的354%，表现出色。后续还有其他资源位的支持，以及线上线下多种渠道的推广和销售。

图4-87　IP合作案例

（6）案例店铺内容运营计划

店铺内容运营的计划非常重要，店铺的内容运营计划如表4-8所示，供大家参考。

表4-8　店铺内容运营计划

渠道	月度计划	季度计划	年度计划	大促计划
微淘（私域）	保持一定量内容投放，获得流量曝光每月一次粉丝互动，提高黏性	淡季通过粉丝互动增加黏性，旺季引导到店，配合店铺活动引导成交	促进粉丝增长30%，引导成交金额占比5%，持续进行内容曝光和粉丝互动，把微淘打造成品牌的电子杂志	互动游戏引导成交，活动广播引爆流量
爱逛街有好货必买清单淘宝头条每日好店生活研究所品质好物（公域）	根据渠道特点，保持一定量的内容投放和合作KOL人数增长，做好内容和达人蓄水	根据季度选择主推产品，提高产品全网比重，强力推广品牌，淡季蓄水种草，旺季引导成交	持续内容曝光，丰富商品池，带来精准流量，增加访客权重，引导进店，增加日销，提升品牌在全网的影响力	大促前期进行内容蓄水、引导进店，后期通过内容模块持续发力
淘宝直播	每周3~5场红人直播，主推产品详细讲解，设置直播专享福利	根据季度选择主推产品，进行产品种草，提高日销	持续流量引导进店，增加日常购买量，直播流量占比内容的30%	期间每天5~10场红人直播，循环不间断引导种草、成交
短视频	持续联系KOL，投放数量不限，做好内容蓄水	持续进行内容蓄水，增加短视频权重	开发一些有创意的短视频合作，根据渠道要求投放	多渠道互动视频齐投放，引导边看边买，引爆流量
IP植入站外推广	影视剧、艺术类等IP植入，站外时尚博主、美食博主等进行推广	洽谈合作，日常维护，提高品牌关注度	提升品牌的知名度与关注度，不断向店铺引入站外流量	IP、广告、推广等多管齐发，促进流量集中爆发

3. 多品牌大促的场景化内容营销整合案例

本案例是联合多个美妆/个护品牌，打造"解忧三部曲"的场景式内容营销主题（见图4-88）。通过以下案例可以了解到开展一个大型促销活动时可以整合的内容渠道以及具体节奏。

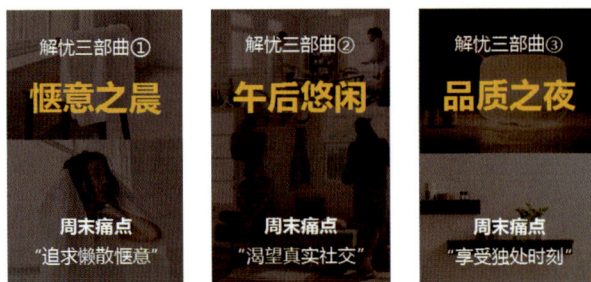

图4-88　天猫美妆洗护"618"活动内容

本案例通过对目标人群的分析，认为对白领来说，理想生活无非是有个清闲的"宅"周末，以都市白领的周末为核心场景，在看似庸常的居家场景中，讲述产品背后最有温度的生活态度。

（1）"618"活动场景内容营销策略

本次活动围绕内容营销，种草期的策略尤为重要，通过图文种草、互动种草、小视频、全景AR及主会场承接页的多内容渠道组合，建立全域内容营销闭环，如图4-89所示。

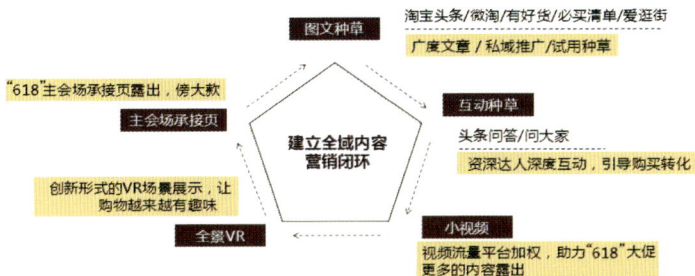

图4-89　集中种草策略

（2）活动推广节奏

围绕"场景式内容营销"——惬意之晨/午后悠闲/品质之夜，切入消费者"追求懒散惬意"的周末痛点，通过场景式的产品植入方式，体现相应的产品特性，为用户提供周末生活的解忧方案。

活动整体推广节奏如图4-90所示。

图4-90　整体推广节奏

（3）活动种草资源整合

种草的资源整合是非常重要的一个环节，根据品牌和产品特点，找到匹配的渠道，才能获得有效的粉丝和曝光度。主要分为淘内种草和淘外话题造势。

1）淘内种草

淘内渠道从内容种草、口碑种草、多样化呈现来实现内容的曝光度。淘宝站内种草具有千人千面、标签化、内容加权等特点，如图4-91所示。

图4-91　淘内种草渠道

2）淘外话题造势

站外渠道为与具有一定粉丝精准性的时尚公众号合作，通过软文植入商品的方式，对活动进行话题造势，从而获得超过10万次的总曝光量。

图4-92　站外微信KOL造势

进阶引流揭秘

（4）内容种草汇总

本次"618"场景营销活动通过淘宝头条、有好货、必买清单、微淘、爱逛街等内容种草的形式，为天猫洗护品牌在淘内形成重要的内容铺设，助力"618"活动内容渠道的展现级营销闭环，让销售与内容形成有效承接，达到效果的最大化。

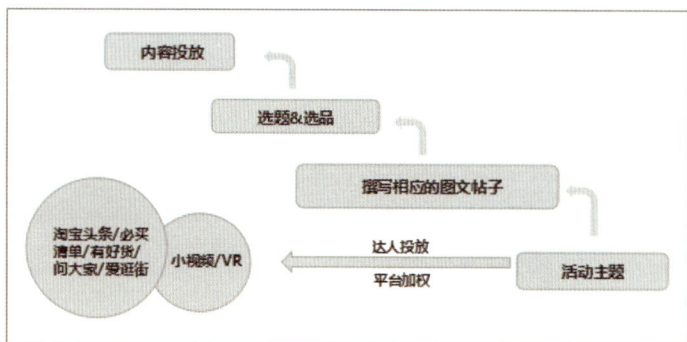

图4-93　内容种草

1）淘宝头条专题+头条内容

淘宝头条为消费者提供新型的消费主张，利用图文式的场景告诉消费者如何理智消费，及时快速地把消费背后的那些故事、技巧和经验传递给精准人群。

此次活动是囊括美妆、个护、家清等各类优质内容的综合展出，让头条流量集中种草，如图4-94所示。"618"活动期间共计推出7场头条专题，累积专题曝光量达到10万次，另外头条内容共计发文279篇，总曝光量达164万次。

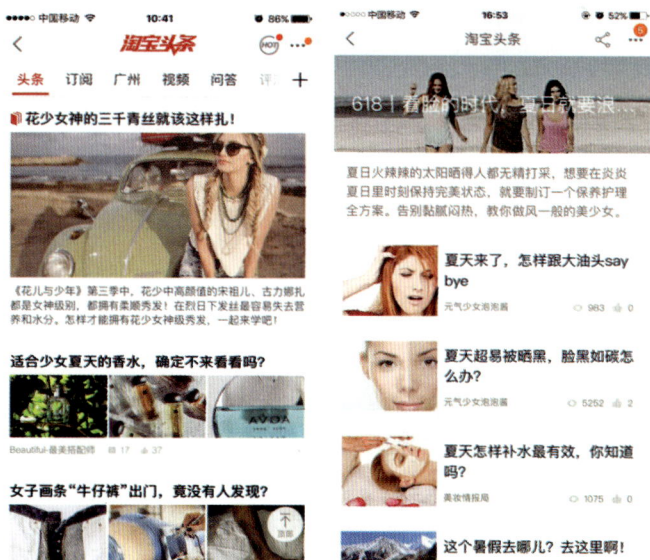

图4-94　头条专题内容部分

图4-94 （续）

2）头条评测

头条评测是达人通过亲身体验后，再推荐给粉丝的体验式内容营销，真实的试用报告能获得粉丝认可，进而真正认可品牌和产品，如图4-95所示。

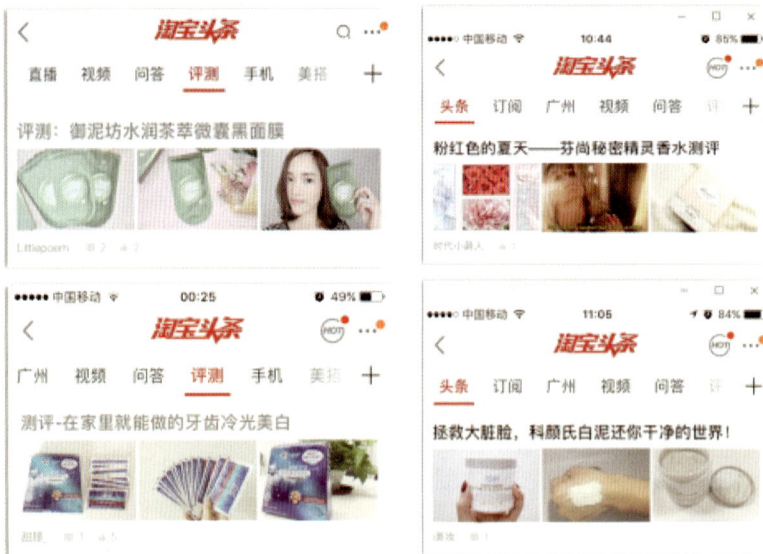

图4-95 淘宝头条评测内容

图4-95　（续）

3）有好货单品

有好货单品是淘内主流的单品推荐频道，主要定位是发现具有高品牌调性，个性小众品牌的产品。"618"活动发稿采用新有好货单品渠道，不仅仅局限在小段文字的描述上，而是增加了品牌及试用的体验，极大地丰富了产品推荐内容。

有好货攻略是以更丰富的场景化来集中展示商品，用用户感兴趣的话题，把相关联的产品推荐给用户，解决用户自行搜索的麻烦。

4）必买清单

必买清单从用户的购物需求出发，抓住流行趋势、潮流动态等用户兴趣点进行文案撰写，搭配精准产品的露出，更能迎合用户购买欲，达到产品精准曝光呈现，如图4-95所示。

图4-96　必买清单部分内容

图4-96 （续）

5）爱逛街

爱逛街根据用户的喜好，为用户提供了一个分享和交流的平台，用户可以为自己喜欢的宝贝打分，增加产品的用户喜爱度，从而增加流量曝光，如图4-97所示。

图4-97 爱逛街种草内容部分

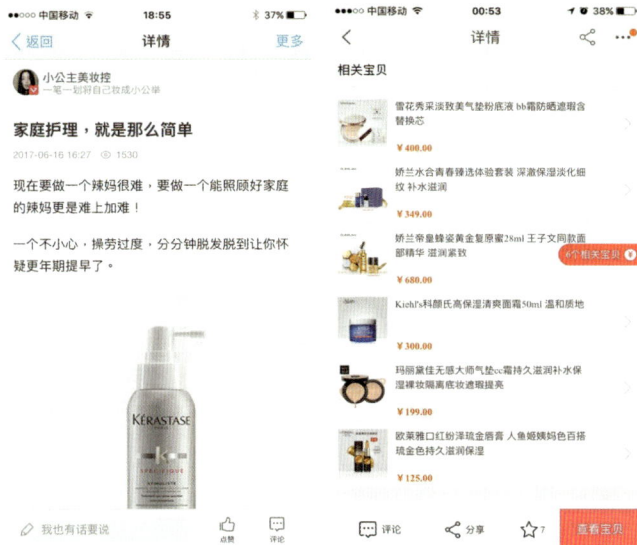

图4-97 （续）

（5）口碑种草汇总

口碑互动往往扮演着种草之后拔草的角色，通过内容渠道的引导，将产品进行大面积的科普及卖点阐述，促使消费者对品牌或产品形成初级印象，再通过直观的问大家互动渠道，直接进行售卖引导。

口碑内容主要分为头条问答（见图4-98~图4-101）和问大家（见图4-102）。

图4-98 头条问答一

图4-99 头条问答二

图4-100 头条问答三   图4-101 头条问答四

图4-102 问大家

问答的价值在于把达人在专业领域的话题影响力和号召力，通过和用户互动产生的问答内容，转化为头条的产品黏性和价值。对于用户，可获得一对一的信息反馈，对于达人，让碎片化内容也能产生聚集效应，提升自媒体价值。

（6）多样化呈现汇总

多样化内容呈现，主要抓住小视频、全景VR和店铺活动承接页面三个点来展开，围绕"618"活动主题"理想生活狂欢节"来生产可视化内容。

1）30秒产品小视频

店铺特意制作了30秒产品小视频，如图4-103所示。

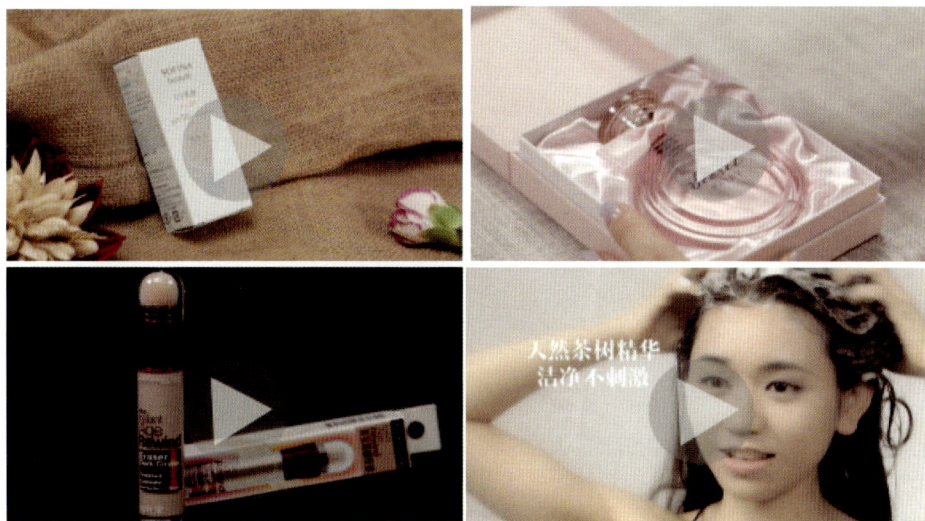

图4-103 产品小视频展示

2）店铺全景VR展示

店铺还开发了店铺全景VR展示，用于吸引消费者关注，如图4-104所示。消费者在实际消费过程中，可以实时体验，如图4-105所示。

图4-104 全景VR展示

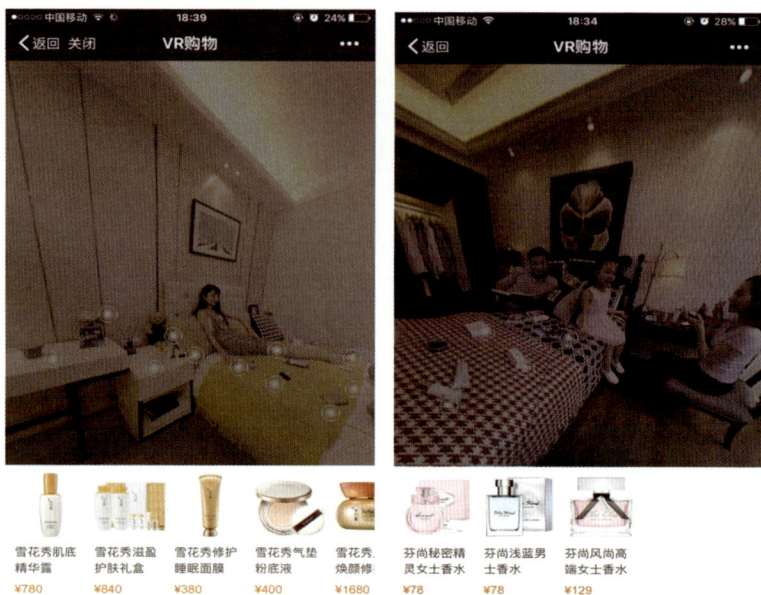

图4-105　全景VR购买展示

3）店铺活动承接页面

本次活动从美妆、个护、家清、尖货四大主题进行产品的集中展示，利用早、中、晚三个场景来归类盘点产品，给用户带来更有趣的产品选择场景呈现。

采用四大主题页面来呈现，如图4-106和图4-107所示。

图4-106　店铺主题承接页面一

图4-107　店铺主题承接页面二

（7）活动小结

1）活动数据

"解忧三部曲"活动淘内图文发稿共计667篇，问大家852条，覆盖淘宝头条、有好货、必买清单、微淘、爱逛街、头条问答、问大家等主流渠道，总曝光量达到286万次（有好货、必买清单数据持续尚未完全统计），如图4-108所示。

推广渠道	发稿量/篇	pv
淘宝头条（含评测）	279	164万
有好货	114	34万
必买清单	44	31万
爱逛街	44	5万
微淘	152	33万
问大家	852	1万
小视频	77	1万
承接页	4	1万
VR全景视频	3	9万
微信推广	1	10万
合计	1561	286万

图4-108　活动效果展示

其中单品牌平均曝光量达到30万次以上，并且覆盖此次发文及推广的淘内主流渠道，助力各品牌在淘内的内容营销铺垫。

淘内内容营销具有千人千面的精准推送，且内容长期有效，故而可针对需求用户持续不断地进行内容种草。

2）活动渠道

此次推广为多品牌联合推广活动，借助天猫美妆洗护"618"大促节点，搭载淘内"618"大流量，通过对女性消费群体影响较大的几个主力渠道和平台，进行多形式曝光，为本次活动进行全方位引流推广，让品牌种草形成营销闭环。

本次活动特点如下：

- 淘内渠道精准投放：淘内多渠道全方位曝光，让品牌种草形成营销闭环，依附淘宝千人千面的展示方式，覆盖超30万名以上精准女性用户，对目标潜在用户精准触达，促进目标消费者对产品种草、拔草。
- 淘内KOL背书影响力：筛选适合品牌及产品调性的优质KOL，以她们的影响力宣发品牌，从而获取精准用户。
- 内容的长期性：本次推广时间集中在"618"年中大促的热点期，但内容不单单局限在大促热卖，更多是从"女性"角度入手，保证品牌内容长期，从而触达更多的潜在用户。

内容营销作为2017年电商主流运营趋势，从各个维度考验卖家对店铺规划、资源整合、内容创新和粉丝管理的综合运营能力，也是品牌运营综合实力的表现。粉丝是第一生产力，只有跟得上平台的玩法和节奏，才能在不断发展的品牌进阶上走得更稳、更远。

各内容渠道类型及作用介绍如表4-9所示。

表4-9　各内容渠道类型及作用

渠道	类型	作用	审核周期	适合产品
淘宝头条	品宣型渠道	资讯型内容	一天	
有好货	品宣型渠道	面向高消费人群的精品导购平台	两周	对应高端人群，新品、原创设计、小众、新奇特
必买清单	导购型渠道	场景化导购	两周	价格在同类产品中属于中高端，宝贝图片有调性
爱逛街	导购型渠道	单品导购	一周	有颜值、实用的生活类产品
什么牌子好	品宣型渠道	以品牌形式推广	一周	非知名国际品牌或小众品牌
微淘	导购型渠道	店铺宣传和粉丝互动的主阵地		
淘宝直播	导购型渠道	通过网红带来人气卖货		美妆、服装、鞋帽、快消品、食品等

第5章

完善基础布局，提升店铺流量

第2～4章介绍的都是通过营销推广手段进行店铺的流量拓展，但是一切推广运营的手段都必须建立在店铺内部基础搭建完善之后，也是所谓的"内功先行"。商业的本质还是要先做好产品与服务，只有产品本身和服务受到市场欢迎与消费者认可，推广手段的实施才能事半功倍。

　　选择什么样的商品和类目在一定程度上决定了店铺的流量基数和前期准备工作。本章通过对商品结构优化技巧和细分市场挖掘两个方面的讲解，帮助大家构建商品品类布局，为店铺流量打下基础。

　　同时，店铺的老客户的基数也在一定程度上影响了店铺的流量基础。本章通过大促活动时的CRM策略和实施步骤，帮助大家了解店铺CRM布局和实施的技巧方法。

5.1 优化商品结构，为店铺流量布局①

众所周知，一个热卖单品就可以玩转店铺，但是热卖单品可遇不可求，也存在流量单一的风险。如果热卖款单一，店铺缺乏整体产品力，供应链薄弱，并不能良性持续运营。如今消费者的需求越来越个性化，店铺怎么样才能持续运营？除了打造品牌，还要做好数据化商品企划，优化店铺的商品结构，提升店铺商品动销率，从而突破店铺的流量。

品类拓展布局是店铺流量布局的基础，也是获取上新流量的核心。品类拓展布局可应用于主营类目占比销售额过于集中，其他品类销售额占比偏低或者缺失的店铺，通过分析店铺人群画像，基于店铺风格、年龄、客单价，进行品类拓展，布局和上新不同品类，丰富店铺类目结构，从而提升店铺流量基础和上新流量。

5.1.1 商品结构优化布局思路

商品结构优化布局思路的主要方法是：通过生意参谋工具分析品类行业，采集数据，进行品类规划以及上新规划。根据不同品类的数据，进行市场选货，满足店铺货品品类的布局和上新的需求，提升店铺品类和新品流量。

为店铺商品结构布局流量可以归纳为三点：分析数据、重点规划、执行把控。

5.1.2 品类结构优化布局步骤

1. 行业数据分析

（1）品类市场分析

1）市场空间分析

需要通过分析往年市场行情的类目占比情况，了解行业所有的类目分布、市场空间等，如图5-1所示。

---

① 内容提供：段洪斌（善言）、陈李英

行业供需分析 ❓

| 女装/女士精品 ▾ | | 应季类目 ▾ | | 搜索 |

热销度低 ▭▭▭ 热销度高　缺失度高 ▭▭▭ 缺失度低　饱和度低 ▭▭▭ 饱和度高

"机会品类提示"部分：蓝色区块品类为需要补充商品的品类。

| | 行业商品红蓝海 | | 商家商品结构 | | | 机会品类提示 | | 操作 |
类目	行业热销品类	所属商圈热销品类	行业在线商品缺失情况	近7天在线商品数占比	近7天成交商品数占比	近7天成交金额占比	热销机会品类	商品补充机会品类	
连衣裙	▬	▬		64.1%	80.7%	94.4%	▬	▬	查看趋势 查看属性详情

图5-1　行业供需分析

　　首先，需要了解市场子类目的销售占比情况，从这些数据中可以了解市场的类目情况以及竞争度。参考市场行情子类目的支付额占比，以及卖家数占比，可以得出自己的核心类目，以此作为在商品企划阶段的主要参考依据，如图5-2所示。

搜索词查询	**行业大盘** 累计榜		自定义（2016-09-01~2017-01-31）📅	童装/婴儿装/亲子装	所有终端	全网
人群画像						
买家人群	**子行业交易排行**					
卖家人群	行业名称	支付金额较父类目占比 ⇕	支付金额较上一周期 ⇕			卖家数占比 ⇕
搜索人群	裤子	14.89%	↑89.58%			40.62%
	外套/夹克/大衣	9.62%	↑271.83%			34.48%
	羽绒服饰/羽绒内胆	9.45%	↑3115.44%			14.11%
	套装	8.64%	↓16.28%			46.51%
	棉衣/棉服	8.17%	↑4734.56%			21.39%

1　2　…　7　下一页　共7页　页码　确定

图5-2　子行业交易排行

　　其次，分析往年市场行情的类目销售趋势。

　　根据这些数据可以了解店铺每个类目的导入期、成长期、爆发期、衰退期的时间节点。确认好每个类目的时间是每个季度主推类目衔接的核心关键点，也是把握运营节奏的重要核心。以服装行业为例，通常产品的生命周期为三个月，不同子类目各个时期的时间也有差异，一般来说，整个市场持续上升的时候就是这个类目的导入时期，如图5-3所示。

图5-3　单个子类目下的访客趋势、行业报表

　　然后，下载行业报表，对比每个类目的访客数、客单价、收藏人数，了解这个类目的市场容量和平均客单价范围，为接下来做商品企划的款数和价格的定位起到参考作用，如图5-4所示。

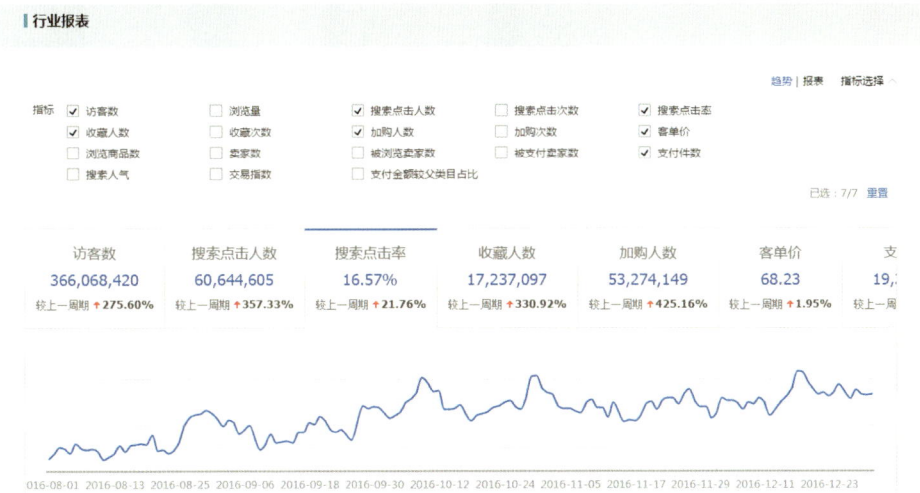

图5-4　单个子类目下的行业报表

　　最后，按月采集品类一年的关键词数据、价格区间分布数据，得出该品类一年的市场搜索容量。根据搜索人气和在线商品数量，确定品类和关键词竞争关系，进行品类上新和销售，如图5-5所示。

关键词	搜索人气	在线商品数	价格区间	收货量第一	收货量第一页	价格区间	收货量第一	收货量第一页	价格区间	收货量第一	收货量第一页
风衣女	28 662	857 913	65.01~205	10421	398	205~690	454	159	690~1610	370	27

图5-5　关键词数据分析

根据市场品类分布及市场红蓝海趋势分析，寻找整体品类市场机会，找到切入点，拓展店铺品类分布，提升店铺销售额。

（2）竞争对手分析

了解竞争对手的视觉拍摄方式、流量获取方式、价格区间分析，有效地获取市场整体的操作思路。根据竞争对手分析，确定自己的上新品类和上新节奏，拓展品类上新，提升店铺流量。根据行业对手的类目主营占比和类目玩法，根据自身供应链和货品情况，进行店铺品类分析和拓展。

1）分析竞争对手品类视觉拍摄方式

如图5-6所示，通过品类关键词对比对手店铺的视觉拍摄，如主图、详情、页面装修、关联搭配方式。

图5-6　通过品类关键词搜索竞争对手店铺

2）分析竞争对手品类流量获取方式

可以通过对比分析工具——竞争情报来了解，如图5-7所示。可以同时对比三款商品，查看不同时期商品的数据。同时对比6项核心指标，包括支付商品件数、流量指数、交易指数、搜索人气、收藏人气、加购人气。

图5-7　商品对比分析

3）分析竞争对手品类关键词价格区间

通过搜索可以分析竞争对手品类类目关键词价格区间，确定品类定价策略，如图5-8所示。

图5-8　品类关键词价格区间分析

2. 自身店铺数据分析

（1）分析店铺的商品结构数据

整理店铺的商品销售数据，分析以往店铺各个类目的销售占比、售罄率、毛利率、周转率、商品贡献度，得出店铺类目以往的销售情况，选择商品贡献度高的类目作为下个季度重点关注的类目，如图5-9所示。如果是当季的也是适用的，从商品贡献度最高的类目中选出商品贡献度最高的单品，挖掘核心卖点和人群标签，以此作为下季开发的元素。

二级类目	款数	销量	销额	额比	件单价	售罄率	周转率	交叉率	商品贡献度
呢外套	45	62760	8120164	24.31%	129	62.9%	15.83	5.96	1.45
套装	35	63204	6898517	20.65%	109	89.2%	43.26	20.55	4.24
普通外套	16	18274	1792762	5.37%	98	83.0%	36.11	13.26	0.71
连衣裙	33	38374	2905380	8.70%	76	80.7%	7.87	3.84	0.33
T恤	12	32866	1567427	4.69%	48	75.8%	13.87	7.08	0.33
卫衣/绒衫	15	17057	993710	2.98%	58	84.9%	32.37	16.80	0.50
裤子	20	11721	831968	2.49%	71	85.9%	5.70	3.19	0.08
毛衣/针织衫	14	6034	505089	1.51%	84	78.2%	9.46	4.28	0.06
棉袄/棉服	9	2799	326634	0.98%	117	73.7%	5.15	1.49	0.01

图5-9　店铺的商品结构数据分析

如图5-9所示，整理店铺商品销售数据，核算出类目的商品贡献度，主要参考每个类目的贡献度，找出核心主打的品类。

相关核算公式：售罄率=销量/订货量×100%。针对售罄率高和售罄率低的类目，综合往年的售罄率数据，根据公司对售罄率的目标值设定，售罄率低于平均值的类目代表无效库存，占用资金使用，售罄率太高也代表备货不足，损失销售机会。通过类目的款数的售罄率，以及该类目下大于等于总售罄率的款式数，可以得出下季的款量需要增加。

（2）分析店铺每个类目下的单款数据

同前面的类目数据一样，分析每个类目下单个款的数据，如售罄率、毛利率、周转率、商品贡献度，找出商品贡献率最高的款式，分析销售价格带，提炼款式的卖点，如图5-10所示。可以针对每个类目利用顾客做调查问卷或电话回访，主要目的是了解顾客的喜好以及对下季款式的需求点。基于市场行情的销售占比以及店铺的数据占比，得出每个类目的核心款量，根据二八法则，导入类目数目20%的款式。

图片	主类目	销额	销量	售罄率	周转率	交叉率	商品贡献率
	T恤	446711	10956	99%	14.2	8.8	125
	裙子	296357	8467	95%	25.9	15.9	412
	套装	104535	7627	90%	8.0	4.1	33

图5-10　商品类目对比

（3）分析店铺的人群特征

分析店铺的人群特征标签，需要核对店铺的人群与商品企划的风格方向是否匹配，以及价格、喜好程度。

（4）分析店铺品类产品能力

分析对应品类自身产品能力，包含产品返单周期、产品首单起定量、产品毛利、新品开发能力。产品能力是供应链核心部分，决定了品类市场运营的可行性。

（5）分析店铺品类品牌能力

包括店铺线下品牌门店覆盖商圈数、门店数量、品牌线下成交金额，店铺线上品牌关注数量、粉丝数量、每月搜索人气、年搜索人气、专卖店数量、分销数量等。

3．确定店铺品类规划

（1）确定季度商品结构

根据前面的数据分析得出综合市场的类目占比和店铺的商品数据，一般参考市场行情数据占比40%，自身店铺数据占比60%，店铺优化后的商品结构可以根据这个商品结构确定每个类目的备货金额，根据件单价、每个品类的类别确定需要的款式、备货量，如图5-11所示。

类目	春季	夏季	秋季	冬季
套装	24.7%	22.0%	18.3%	25.3%
连衣裙	12.8%	26.0%	18.7%	20.0%
T恤	17.0%	17.0%	11.3%	11.0%
裤子	6.6%	18.0%	14.0%	12.6%
普通外套	3.6%	9.0%	2.7%	1.5%
夹克/皮衣	2.6%	0.0%	0.6%	0.1%
棉袄/棉服	1.8%	0.0%	0.6%	10.0%
风衣	5.0%	0.0%	6.8%	3.0%
毛衣/针织衫	1.2%	0.0%	2.2%	0.9%
卫衣/绒衫	1.1%	0.0%	3.4%	0.9%
披风/斗篷	0.7%	0.0%	0.1%	0.2%

图5-11　店铺品类规划结构

（2）确定核心价格带和价格梯度

根据店铺数据中每个类目的均单价评估，参考竞争店铺的定价，再结合市场的价格定位，可以根据商品分类分出流量款、活动款、利润款，确定店铺的一个款数比例，最终确定不同定价区间。把每个类目定不同价格进行分布流量，在一个消费水平的范围内精准覆盖不同需求的人群，如图5-12所示。

季节	价格带命名	季节							
品类		连衣裙	外套	套装	T恤	衬衫	裤子	打底裤	短裙
平均价格		109	119	84	59	99	84	39	69
高于核心价格	VA（10%）	109-139	119-159	109-129	59-79	99-129	99-129	39-69	69-89
核心价格带	VE（60%）	89-109	99-119	79-109	39-59	79-99	69-99	29-39	49-69
低于核心价格带	SP（30%）	69-89	79-99	59-79	19-39	59-79	49-69	19	29-49

备注：核心价格带是指60%所处的价格区间，单位是元

图5-12　店铺核心架构规划

主要依据店铺定位、货品成本规划品类定价，根据货品的流量需求，确定核心价格梯度，规划不同价格段的货品占比，提升店铺货品品类价格结构。

（3）确定商品类别

从引流、利润、活动的维度确定不同款式，可以起到不同的功能作用，为店铺的流量布局起到关键作用。针对店铺的流量结构，除了在流量地图上表现出各个渠道的流量以外，还可以根据类目的主推款式来获取流量。

针对商品品类的全年销售任务规划，可以根据供应链和市场情况变化、店铺主营类目规划，重点优化重点类目的供应链，保证店铺销售任务的达成。

（4）考虑库存

在计划下一季的备货时需要考虑库存的情况，盘点库存款式，断色断码的款式作为无效款式，而有效库存（有重点销售的码段的款）可以作为下一季销售的库存补充。根据月度活动导入销售比例，有计划性地消耗库存。

（5）把控商品开发节奏

前期的数据收集完毕，接下来就是季度商品进度节点的把控。可以根据每个类目导入期的时间倒推到商品企划和产品开发阶段，当然也有很多品牌未雨绸缪，提前一年或半年做计划。大家可以根据自己公司的实际情况去规划。

如图5-13所示，列是时间维度，根据日期、季度、节气、平台活动进行划分，横坐标是每个环节涉及的部门或责任人。这个表主要用于把控每个环节的进度，同时也展示了每个部门的核心工作进度。

1月	2月	3月	4月	5月	6月	7月	8月	9月	10月	11月	12月
	春季（连衣裙、风衣、衬衫、小西装、皮衣、t恤、时尚套装、雪纺衫、蕾丝衫）										
	春装爆发	3.6-3.8女王节 3.21-3.23春夏新风尚 活动测款、销量提升	春装清仓								
		夏季（连衣裙、t恤、时尚套装、衬衫、空调衫、雪纺衫、蕾丝衫）									
		夏装上新	销量提升	夏装爆发	6.16-6.18年终大促 夏装爆发	夏装清仓					
						秋季（连衣裙、针织衫、开衫、风衣、小西装、皮衣）					
						秋装上新	8.26-8.28秋焕新 秋装销量提升	秋装爆发			
冬季								冬季（羽绒服、棉衣、毛呢外套、毛衣、连衣裙）			
1.6-1.8年货节 春装销量提升								冬装上新	销量提升	双11活动	双12活动 春装上新

图5-13　店铺的商品结构数据分析

品类货品节奏主要包含上新节奏、推广节奏、补货节奏、清仓节奏。货品节奏是日常上新的核心部分。

按年进行时间节点布局，可以有效把握产品的上新、推广、补货和清仓节奏，有效把握货品销售周期。

在执行整个计划的过程中，还需要优化和调整，在计划的目标与实际相差比较大的情况下，就是需要调整，并做好记录。

4. 确定店铺品类营销运营思路

（1）制定店铺品类全年营销节点

在货品开发节奏的基础上，制定店铺品类全年营销节点，主要是结合行业随季节性、节日、地域、气温、价格的变化情况，以及该行业类目下平台的整体营销规划，制定全年的品类营销节点销售规划及活动主题，根据营销节点安排上新，有效提升营销节点的新品销售和流量。如图5-14所示为某店铺女装全年活动安排。

女装全年活动表

活动名称	预热时间	开始时间	活动策划方案
三八妇女节	03-03 00:00:00 – 03-05 23:59:59	03-06 00:00:00 – 03-08 23:59:59	全场买三免一，第二件半价，满送，满减
"618"年中大促	06-13 00:00:00 – 06-17 23:59:59	06-18 00:00:00 – 06-20 23:59:59	全场买三免一，第二件半价，满送，满减

图5-14　女装类目活动安排

（2）计算品类盈亏平衡点

通过对下单数量和单件货品成本算出货值，根据前面制定的价格，按照毛利率计算盈亏平衡销售金额，从而对下单和库存可以进行预估和判断，有效控制库存，达到供应链柔性采购和下单，如图5-15所示。

品类单品盈亏平衡计算表

下单数量	货品成本	货值	销售倍率	销售额	毛利率	盈亏平衡额	盈亏平衡销售件数	库存件数	库存货值

图5-15　品类单品盈亏平衡计算表

5.1.3　商品运营思路

商品运营包括商品基础运营、商品管理、商品企划、商品推广优化等工作。

1. 商品基础运营

（1）货品类目选择

确定产品所属类目，针对每一款商品明确商品的定位，根据搜索流量分布情况选择合适的类目。

（2）优化商品标题

分析店铺主营类目下涉及的二级类目，根据二级类目确定店铺的关键词分布。

做好单品的关键词权重优化、核心优化方向、页面停留时间、加购率、好评率、复购率、点击率、收藏率、转化率、跳失率等。

（3）优化商品属性

完善后台商品属性（见图5-16），根据市场情况及时更新店铺后台属性，熟悉天猫规范，熟悉产品特性，保证正确填写属性。

产品参数：

廓形：A型	材质成分：聚酯纤维96% 其他4%	销售渠道类型：纯电商(只在线上销售)
货号：WQFSMLJL0610730	风格：通勤	通勤：淑女
组合形式：单件	裙长：中长裙	款式：其他/other
袖长：短袖	领型：V领	袖型：常规
腰型：中腰	衣门襟：拉链	裙型：A字裙
图案：花色	流行元素/工艺：褶皱 拼接 立体装饰 纽...	
面料：雪纺	适用年龄：40-49周岁	年份季节：2017年夏季
颜色分类：水蓝 黄色	尺码：M L XL 2XL	

图5-16　商品属性

（4）优化商品主图

熟悉天猫与主图相关的规则，优化主图，制定店铺5张主图的设计规范，根据直通车和日常数据适当更换商品主图。制作货品主图视频，第5张图使用平铺图获取内容流量。

（5）商品基础设置

根据店铺需求购买产品运费险，标签化产品，设置公益宝贝，增加货品的支付方式（如花呗、货到付款、信用卡），设置天猫APP价格。

2. 商品基础管理

品类商品管理包含学习天猫商品规则，对店铺商品详情页内极限词做自我检查；盘点库存，设置商品促销价；对商品日常数据做统计分析；监控商品差评及处理；刺激买家秀，回复评价。

3. 新品基础运营

新品基础运营包括上新节奏、拍摄节点安排。根据货品上新节奏，安排拍摄节点。

新品破零：根据新品上新策划新品活动，提升店铺上新的新品销量，提升店铺新品流量。

5.2 挖掘细分市场，成功突围[①]

市场的选择和品类确定有多种方法，有的通过热点商品和热点趋势分析及把握取得成功，有的通过挖掘细分子类目需求的方式，在竞争中走出一条自己的路。本节通过某主营智能按摩器细分品类的天猫店铺的详细案例来分析如何挖掘细分市场，成功突围。

5.2.1 行业市场现状及人群分析

1. 市场人群分析

（1）买家人群性别分析

通过分析数据可以发现，在按摩足疗机类目中，女性高于男性，如图5-17所示。

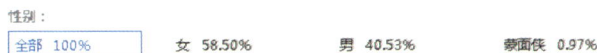

性别：
全部 100%　　女 58.50%　　男 40.53%　　薪面侯 0.97%

图5-17　人群性别分析

（2）人群年龄分析

各年龄段的占比中18~35岁占比高，其次是36~50岁。从整体来说，各年龄段的买家人群占比还是较均匀的，如图5-18所示。

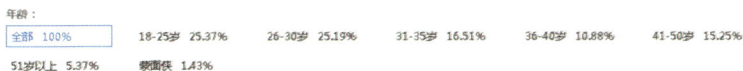

年龄：
全部 100%　　18-25岁 25.37%　　26-30岁 25.19%　　31-35岁 16.51%　　36-40岁 10.88%　　41-50岁 15.25%
51岁以上 5.37%　　薪面侯 1.43%

图5-18　人群年龄分析

（3）人群职业分析

买家人群的职业分布中，公司职员的占比最高，其次是个体经营服务人员、教职工、医务人员，如图5-19所示。这部分职业也是主要消费年龄段所对应的职业。这些职业人群会涉及一些职业病，普遍表现是肌肉酸痛，需要按摩缓解。

① 案例及内容提供：冀荣旗舰店，广州大麦信息科技有限公司

职业分布

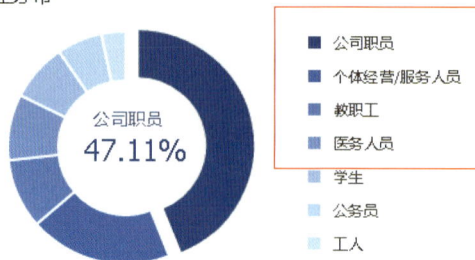

图5-19　人群职业分析

2. 市场价格分析

（1）价格区间分析

在按摩足疗机价格区间分布中，180~900元的区间价占了90%，如图5-20所示。

图5-20　价格区间分析

（2）支付金额数据分析

从近90天此类目的支付情况上看，105~270元的占比最高，约37%，如图5-21所示。

近90天支付金额

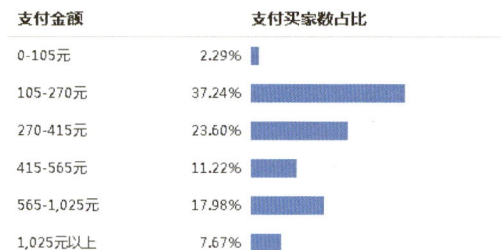

支付金额	支付买家数占比	
0-105元	2.29%	
105-270元	37.24%	
270-415元	23.60%	
415-565元	11.22%	
565-1,025元	17.98%	
1,025元以上	7.67%	

图5-21　支付金额数据分析

3. 产品款式分析

占市场37%的105~270元价位的产品主要是专注按摩足底，升级版产品可以按摩到小腿。按摩的原理是机器的滚轮按摩，如图5-22所示。

图5-22　市场上的按摩器

高价位的产品可以同时按摩到足部、腿部，但市场上按摩的原理大部分是机器的滚轮按摩。

4. 产品运输分析

市场上大部分店铺采用普通快递运输，时效慢。一般来说人群在出现酸痛迹象时才会购买按摩仪等产品。

5.2.2　案例店铺自身分析

1. 店铺背景

每一款智能按摩器的面世都能吸引人们的眼球，这个新型的医疗保健行业被BAT看好，有着潜在的市场需求。

该案例店铺是一个传统医疗保健品牌，为了实现线上电商试水，他们寻找了专业的运营团队，花费大量的时间，深入行业研究，进行人群画像，从而制定产品线上运营策略。运营团队利用大数据做精准的投放分析和定位策略（见图5-23）。通过一系列运营努力，在2016年12月，仅以单品举例，在细分产品排名和子类目排名都是名列前茅。

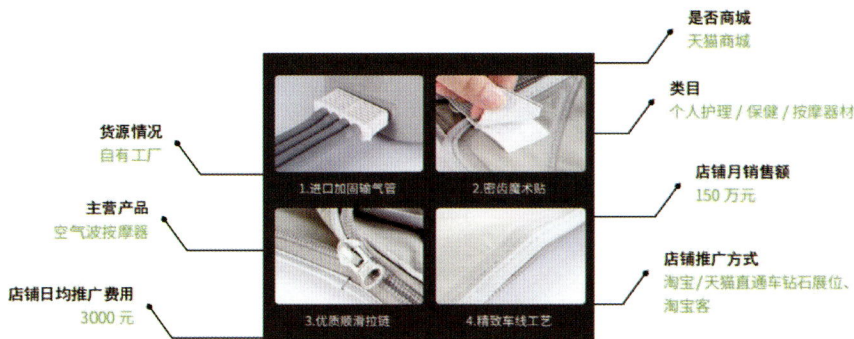

图5-23　店铺定位详解

2. 店铺优势分析

市面上的产品多是脚部的局部按摩，少有全包裹式的按摩。根据调研，市场对全包裹式的按摩需求量并不小。冀荣的产品刚好能够补上市场的这一缺口。产品的按摩原理是充气按摩，全包裹式，贴合性好，更有利于促进血液循环，达到消费者所预期的缓解肌肉酸痛的效果。产品的款式和医院的按摩医疗器械款式以及原理相近，也是能够解决一部分患者的按摩需求。

3. 生产成本优势

产品是由厂家自产直销，可以较好地把控成本。

4. 快递优势

由于把控了成本，可以选择具备更好物流服务的合作伙伴，例如顺丰快递，从而给消费者带来更好的体验，提升用户满意度和黏性。

5.2.3 细分市场策略

1. 细分市场定位

首先在行业定位上，原本店铺产品与其子类目主流产品的市场相差甚远，无论是功能、人群还是价格都存在很大的差异。针对冀荣品牌空气波的特性，数据分析专员反复对细分市场进行调研。依据生意参谋市场行情分析，"空气波"细分市场定价在490~1000元，26~30岁的白领是成交的主力军。针对全行业产品评价和"问大家"的分析，消费者购买按摩器的目的以"按摩保健"和"医疗保健"为主，年轻人买给家人使用的居多。

人群性别划分如图5-24所示。人群职业分布如图5-25所示。

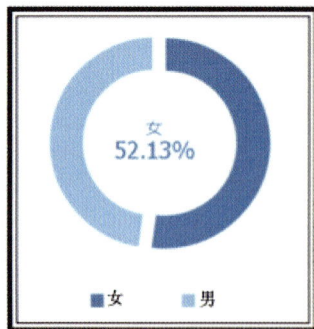

图5-24 性别分布

图5-25 职业分布

近90天支付金额范围分布如图5-26所示。

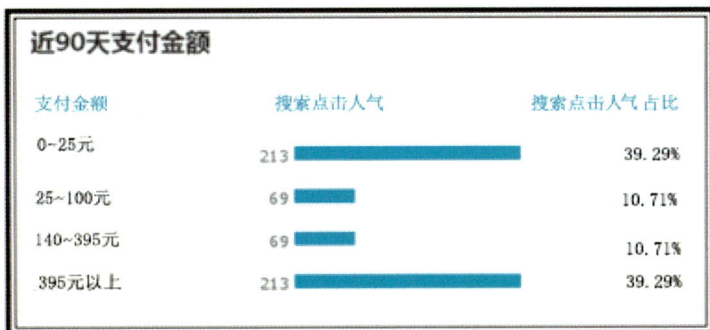

图5-26　近90天支付金额范围分布

人群地域分布如图5-27所示。

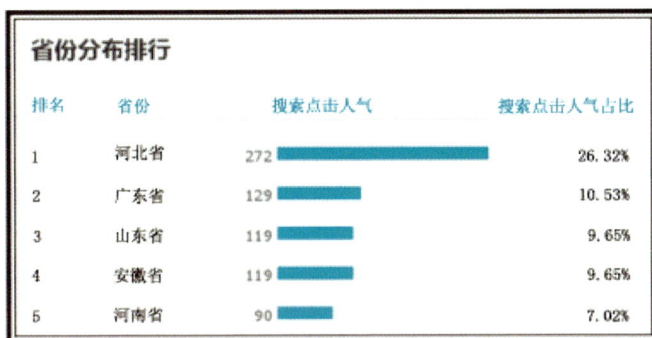

图5-27　省份分布排行

人群年龄分布如图5-28所示。

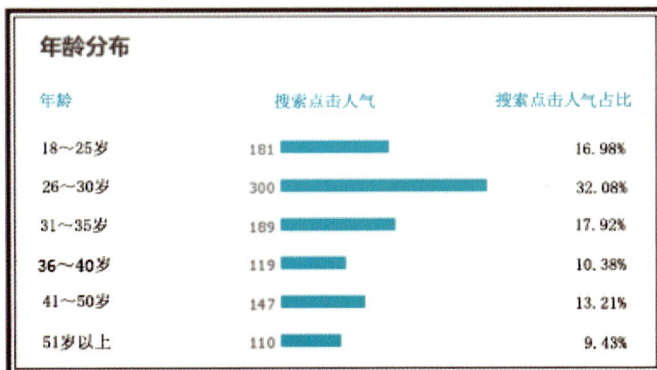

图5-28　年龄分布

所以，在明确市场以及消费人群之后，接下来对产品视觉、品牌塑造、推广投放方面进行调整。

2. 从健康出发营造视觉效果

采用外国模特诠释出空气波按摩器的高档和健康的感觉。围绕"比真人还舒服"文案直白体现按摩器的功效。

依据行业分析，在具体操作中，店铺运营团队对于此次视觉升级包装花费了不少精力，例如特别策划拍摄了60秒的产品宣传视频，以模特试用体验展示，拉近消费者的距离感。从文案、海报图到视频形成视觉上的统一感，品牌的协调性得以显现。

3. 品牌塑造

据前期调研发现一个惊人的结果，空气波这个细分市场几乎没有商家强调品牌和产品安全性。的确，对于大多数商家来说，做电商仍旧是卖货。这种行为十分不利于企业提升自身品牌的附加值。像冀荣这种传统企业，经沟通后达成共识，在营销时更注重品牌力的打造和渗透。因此，按摩器详情页加入了同行所没有的顺丰包邮服务、资质品牌背书优势等。不单单只是产品销售，更多的是植入情感关怀，更容易获得消费者的认同感。

5.2.4 运营及推广策略

1. 精准投放

在直通车投放上，找准精准词分地域和创意做投放测试，最终保留产出效果好的关键词，循环测试，不断完善。在钻石展位推广投放上，该产品的市场需求人群实际并不多，如果采用常规的投放策略则难以实现目标，可以运用钻石展位提供的非常丰富的消费者人群特征标签，包括店铺访问频率、成交次数、访客兴趣点、品类浏览偏好等。在拉新人群上，直接定向竞品店铺，圈回流失客户。

钻石展位推广图是大数据圈人的创意卖点，在拉新的创意上，使用温情文案直戳年轻人潜在的情感诉求（见图5-29）。在定向给老客户的创意上，把利益点写清楚——"今日拍下减100元"（见图5-30），让老客户形成"捡到宝"的心理（见图5-31）。

图5-29　使用温情文案直戳年轻人潜在的情感诉求

进阶引流揭秘

图5-30 拉新创意

图5-31 维护老客户创意

2. 定价策略

在细分市场上，针对相同产品，大多数同行的销售价格是450元，从宣传图片上看产品较为低廉。而该品牌经过视频打造与视觉包装后，以品牌感取得消费者信任。定价590元，但可领取拍下减100元的优惠券。此时给消费者的感觉：产品质量非常好，现在有活动才便宜的，不像市场上那些产品直接卖便宜货。

5.2.5 回顾总结

通过以上案例不难发现，在竞争较为激烈的情况下，更要重视分析该类目下人群的需求，找到细分子类目市场机会，通过差异化的产品特点也可以走出一条属于自己的路。

在本案例中，随着医疗保健安全问题引起大众的关注，案例店铺主打空气波特性的按摩器，顺应了消费者对于安全感的诉求，更容易得到市场认可。细分的子类目产品空气波按摩器是个不错的切入点，找对运营策略是制胜关键。

5.3 CRM布局提升店铺及活动流量[①]

CRM（客户关系管理）一直是商家颇为关注的运营利器，但是对于很多商家而言又举步维艰。常见的商家痛点包括：商家不知道客户的喜好，于是在做客户维护的时候无从下手；商家对于客户的管理不能标准化、流程化、数据化，导致投放大量短信后效果不佳，ROI不高；很多商家不知道应该如何去寻找属于自己产品的CRM的"破译密码"，而是一味模仿竞争对手却不见效果。

5.3.1 活动及大促前CRM的运营重点

在活动及大促中运用CRM，需要注意以下4个重点，下面分别介绍。

第一，不是只有做活动的时候做CRM才有意义。很多商家在做CRM的时候都是有误区的，在日常运营过程中，根本没有触达消费者。往往在活动开始前，例如聚划算或者"双十一"活动大促前疯狂给店铺的消费者投递短信，结果是商家砸出短信或其他推广费后发现ROI很低，甚至赔钱，此时容易对CRM产生误解，认为自己的店铺或者产品不适合做CRM。遇到这样的情况，只能说明自己的店铺或者产品没有打动消费者，或者说消费者已经遗忘了该店铺和产品，对于这样的短信产生迷茫或已经遗忘。

第二，不能通过短期的ROI来判定CRM的成败。店铺的粉丝是日积月累的，绝对不会通过一条短信或者一个电话就能提升多少，和客户交朋友是需要过程的。这是一个量变引发质变的过程，需要商家做好日常维护。

第三，筛选店铺粉丝，细化粉丝群体，发短信和发邮件是标准化的运营流程，但是不要急于模仿，一定要清晰采集与分析店铺的现有客户数据，也就是了解当前店铺存在的CRM基数，如表5-1所示。

表5-1 店铺CRM基础分析内容

店铺的会员总量	新老客户占比	新老客户UV及转化
店铺是否有休眠期会员	怎么划分客户周期	本行业的回购周期
看懂RFM模型	店铺的回购率	

将这些基础数据按照一定的客户分类进行统计，之后再制定相应的店铺运营方案，

① 案例及内容提供：西域美农旗舰店，张泽坤（卧龙小坤）

如表5-2所示，做好基础的数据统计才能清楚了解店铺的回购率和客户黏性。

表5-2　CRM基数分析

客户类型	客户总量	新客户	老客户	沉睡客户
总量				
占比				
UV				
转化				
客单价				

这个分类方式是按照客户生命周期来拆分的，在后面的分析中会提供多种分类模式，如客户生命周期的分类中包含潜在客户，潜在客户又分为浏览未下单、咨询未下单和下单未付款三类。因此，优化潜在客户的运营暂时不计入运营方案中，可以通过优化客服的询单转化率和催付率来改善与提升。

第四，做CRM之前不是盲目的，一定要经过精准策划分析，才能避免很多操作误区，不同的客户有不同的运营维护方案。接下来以食品类目的商家西域美农为案例，细致分析活动CRM该如何去做。

5.3.2　活动案例CRM实施步骤

1. 行业背景与产品分析

西域美农是2009年创办的品牌，自创办以来，受到很多客户的认可，市场销量逐渐攀升，老客户的认可度很高，本节就以西域美农的客户运营案例来说明他们的回购率是如何提升的。

（1）市场潜力分析

坚果零食是具有很大市场空间的行业，这个类目下有庞大的市场需求，竞争激烈程度不言而喻。要在这样的市场背景中找到属于自己的商业机会，就在于精细化的店铺与品牌定位。

（2）把控产品，精细化分析人群

在零食坚果特产这个大类目下，按照果实的不同可以再进行不同品类的细分，西域美农品牌在产品的选择上定位在西域的健康农特产范围。品牌的用户多为对西域特产有需求的人群，同时导入健康的理念，在精细化市场的前提下再提供精致产品，这是锁定客户的关键。健康是当前农特产购买人群最关注的利益点，如图5-32所示。

图5-32　产品核心是买家的关注点

产品是锁定客户的核心。如果产品的使用体验出了问题，后期用尽任何优惠方式或者客户关怀方式，都无法引发客户共鸣而引起再次回购。所以想提升店铺的回购率一定要先严格把控产品质量。

在西域特色农产品的选择上，西域美农针对客户等级进行划分，分为日常消费型产品和高端用户喜好产品，方便后期在客户维护时，针对不同的消费层级给出不同的维护方案。

2. 根据人群规划CRM运营思路

CRM按照体系可以拆分为运营体系和服务体系，而这两大体系往往是相辅相成的。就本案例而言，商家采用的渠道是短信、电话以及信件。商家可以根据自己的店铺实际情况进行选择。

（1）服务体系拆解

在服务体系中可以完成的工作包括生日收集、问卷售后、用户打标签、划分VIP、制定不同会员的专访话术、订单的实时关怀（催付、发货提醒、达到签收提醒，中差评及异常订单的跟踪）、包裹的保障（内外包装审核、小礼品）、节假日关怀和服务、划分会员生命周期（制定会员的纪念日）、粉丝专属权益（等级优惠、生日专享）。

（2）营销体系拆解

在营销体系中可以完成的工作包括规划营销渠道（短信、邮件、社群）、品牌营销、活动营销（针对老客户）、情感营销、生命周期营销、联合营销等。

3. 选择合适的CRM营销渠道

（1）信件回访——情感营销起步

短信作为目前客户运营最主流的运营工具，一般是商家的首选。在这个过程中，会搭配其他的渠道进行客户维护，短信的好处就是投放精准，并且目前已进入大屏智能手机时代，可以配合链接直接以短信形式推送给用户，方便用户浏览点击。客户关怀不要总是以营销为目的，在这个过程中，多注意对用户的关怀，才能在大促期间引爆。

这里有三个注意点,下面分别介绍。

第一,短信不是唯一的投放渠道,可以搭配其他渠道来做。例如西域美农主要以短信和邮件作为客户关怀的对象。同时要注意图片中插入店铺链接,如图5-33所示。

图5-33　通过多种方式关怀客户

第二,做好日常关怀,例如用户生日的短信问候、节庆关怀等,如图5-34所示。

图5-34　做好日常及节庆关怀

第三,注意信息的有效投放。

用户的短信和邮件的投放效果是不一样的,一个是免费投放,一个是付费投放,但是要关注投放的数据,如投放的成功率等,如图5-35所示。

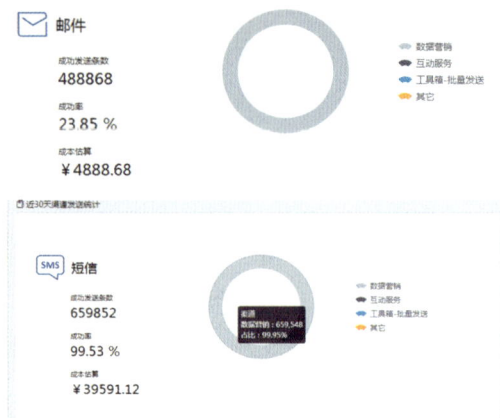

图5-35　关注信息投放数据

（2）电话回访——增加用户体验度

大促期间，为了增加回购率，通常会采用电话回访的方式。试想如果把纯文字的内容通过富有感情化的声音传递给消费者，在电话沟通中，凸显顾客的会员特权以及"双十一"活动电商人的情怀。一通电话，不是告知客户店铺的活动，而是所有电商人对"双十一"活动的情感投入，感恩顾客历年来对店铺一路的支持。

有了日常与店铺客户的积淀才能在活动中进行流量和转化的爆发。

表5-3列举了不同回访渠道的优劣。

表5-3　不同回访渠道的优劣对比

回访渠道	效果
短信	通过第三方软件实现发短信功能 回访频率：不能太高 字数优化：最好一条，一般不超过2条短信 内容中最好包含手机店铺地址，可以直接点击打开 发送时间段：最好在上下班时间，避免休息时间发送 短信不单单是用来打广告的（例如问候、发货提醒、到达提醒、催付、关怀等方式都可以）
邮件	成本较低，因为可以直接点击页面活动，所以转化率比较高，但是顾客查看的概率不高，而且需要提前准备网页设计
电话	顾客感受度最好的营销方式之一，准确率和转化率也非常高，平均成本也是最高的一种方式 一定要注意回访时间和回访频率
自媒体与社交	将老客户圈到自己的互动范围，通过多次互动和参与来增加活跃度 一定要持续并找到合适的方法，只有坚持才会有效果

配合渠道维护老客户，最常用的营销工具有限时打折、满就送、搭配套餐、卡券、购物车、淘金币、会员专享。可以根据营销活动类型来选择营销工具，如表5-4所示。

天猫

进阶引流揭秘

表5-4　老客户营销类型

活动类型	适合会员
新品上架	活跃会员
国庆促销	全部会员
5折专享	VIP会员

接下来对“双十一”活动的维护计划做一下解读。同时这个计划也可以作为聚划算、淘抢购等活动的参照，其他大促也可以参考。

4. 具体实施步骤

（1）根据人群画像制定用户标签

在所有店铺活动进行之前，必须锁定老客户，圈定受众群体。但是要特别注意的是：用户画像要建立在真实的数据之上；当有多个用户画像的时候，需要考虑用户画像的优先级；用户画像是处在不断修正中的。

为什么要根据画像制定用户标签？这里举个案例试说明。

面膜中包括有多种不同的种类，如补水面膜、美白面膜、祛痘面膜、祛斑面膜等。根据产品的不同，可以知道消费者的肤质是有区别的，又可以划分出干性皮肤、油性皮肤、敏感皮肤、痘肌等。如果祛痘面膜参加聚划算活动，针对店铺所有的会员投放短信和只针对痘肌会员投放短信，ROI是不同的，并且投放效果也是天壤之别。

如果产品的受众人群单一，那么根据会员所产生的信息划分人群会更精准。对于同一产品的需求，不同的老客户关注的产品点也不同。例如，家庭主妇会关注性价比，而金融行业可能会更关注包装，方便送礼。

人群划分方案非常多。例如，可以按照消费者的消费能力进行划分，分为普通消费型和高端消费型；也可以根据客户的购买喜好划分，例如红枣的喜好者、葡萄干的喜好者等，最终会产生多个划分人群。针对不同的人群制定相应的短信投放方案，如图5-36所示。

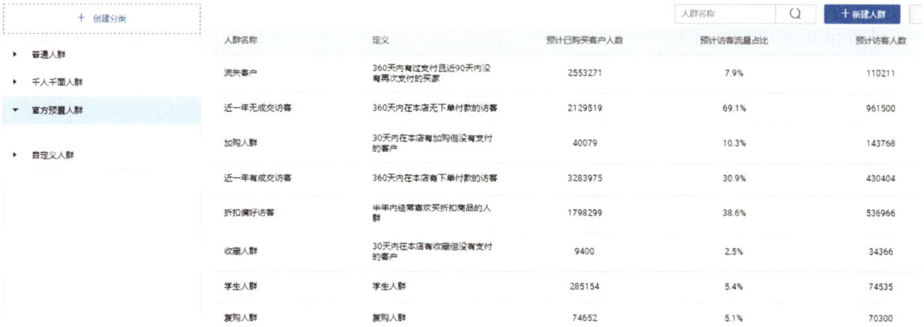

人群名称	定义	预计已购买客户人数	预计访客流量占比	预计访客人数
流失客户	360天内有过支付且近90天内没有再次支付的买家	2553271	7.9%	110211
近一年无成交访客	360天内在本店无下单付款的访客	2129519	69.1%	961500
加购人群	30天内在本店有加购但没有支付的客户	40079	10.3%	143768
近一年有成交访客	360天内在本店有下单付款的访客	3283975	30.9%	430404
折扣偏好访客	半年内经常喜欢买折扣商品的人群	1798299	38.6%	536966
收藏人群	30天内在本店有收藏但没有支付的客户	9400	2.5%	34366
学生人群	学生人群	285154	5.4%	74535
复购人群	复购人群	74652	5.1%	70300

图5-36　人群规划方案

根据不同的群体，在维护的时间段上也会有差异，如图5-37所示。

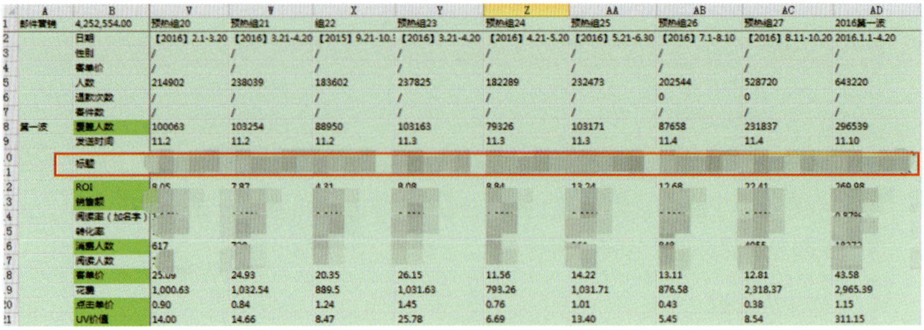

图5-37　维护时段划分

针对用户标签可以分为基本属性、RFM模型、个性化三种，接下来分别介绍。

1）按客户的基本属性规划

地区：根据客户购买地区城市规划等（如华北地区、一线城市）。

地址：不同城市用户有着不同的消费习惯。

人口特征：年龄、性别、职业、民族、宗教等（如25岁的男性白领）。

通信信息：手机、E-mail、QQ。

淘宝等级：淘宝注册时间、信用等级、淘气值。

黑名单设定：系统黑名单、回访黑名单。

案例：淘宝（天猫）等级，如表5-5所示。

表5-5 买家信用等级划分

买家	星级	是否挽留
新手买家	1~2星（T1）	不挽留
初级买家	3~5星（T2）	基本挽留
中级买家	1钻（T3）	让利挽留
资深买家	2钻（T4）	回访挽留
重点买家	3钻以上（T5/T6）	重点挽留

2）按照RFM模型划分

在众多CRM分析模式中，RFM模型是被广泛提到的。RFM模型是衡量客户价值和客户创利能力的重要工具与手段。该机械模型通过一个客户的近期购买行为、购买的总体频率以及花了多少钱三项指标来描述该客户的价值状况。

RFM为最近一次消费(Recency)、消费频率(Frequency)、消费金额(Monetary)的首字母缩写。包括客户的发展时间、下单次数、下单总额、最后下单时间、下单休眠天数、最早付款时间、付款次数、付款总额、最后付款时间、付款休眠天数、客户回购周期、客单价、客件数、退款次数、退款总额等数据。

图5-38展示了RFM模型分析的一个实例。

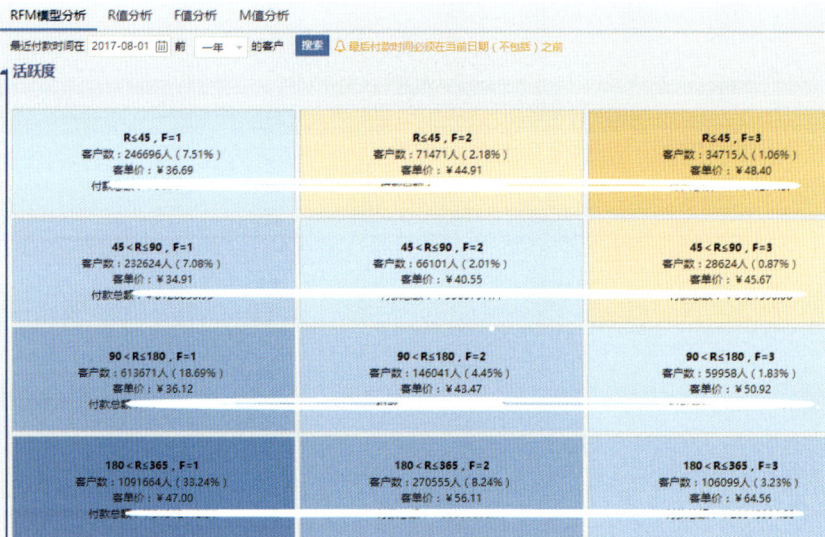

图5-38　RFM模型划分

最近一次消费R(Recency)分析如图5-39所示。

图5-39　R分析

消费频率F(Frequency)分析如图5-40所示。

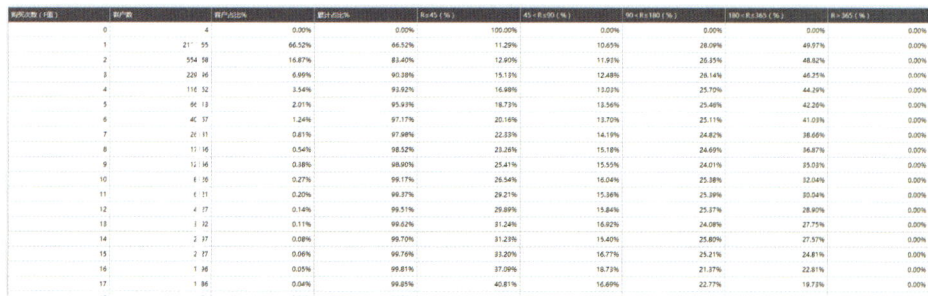

图5-40　F分析

消费金额M(Monetary)分析如图5-41所示。

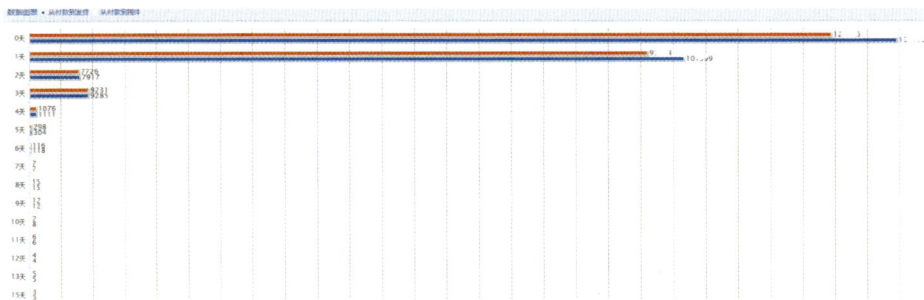

图5-41　M分析

3）付款周期分析

付款周期分析主要用于对店铺内客户的付款冲动期进行衡量。

分析报表呈现了从下单到付款各个时间间隔的订单量分布情况，每5分钟为一个统计周期。

一般来说，占比优势明显的时间段可以定义为客户付款冲动期，可据此设置实时催付的短信延迟时间。

报表默认呈现最近3天的付款数据，如果需要更多的数据，可以自定义时间段，时间段越长，报表呈现的时间将越长。

付款周期分析如图5-42所示。

图5-42　付款周期分析

4）发货周期分析

发货周期分析主要用于对店铺内部订单流转效率进行分析。

分析报表呈现了按照从付款时间到发货时间的订单量分布情况（注意，0天表示当天发货，时间截止到24:00，1天表示第二天发货，以此类推）。

一般来说，发货周期越短，说明店铺内部订单掌控能力和物流协调能力越强。

报表默认呈现最近3天的发货数据，如果需要更多的数据，可以自定义时间段，时间段越长，报表呈现的时间将越长。

发货周期分析如图5-43所示。

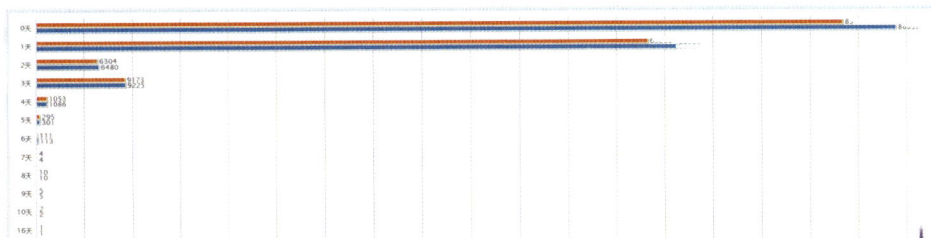

图5-43　发货周期分析

5）签收周期分析

签收周期分析主要用于对物流公司的效率进行分析，报表呈现了从发货时间到签收时间的订单量分布情况（注意，0天表示当天签收，时间截止到24:00，1天表示第二天签收，以此类推）。

一般来说，签收周期越短，说明合作物流公司的货品送达能力越强，客户更快收到货，体验更好。

报表支持将两个物流公司从发货到签收每个时间间隔的订单分布情况做对比分析。

报表默认呈现最近3天的签收数据，如果需要更多的数据，可以自定义时间段，时间段越长，报表呈现的时间将越长。

签收周期分析如图5-44所示。

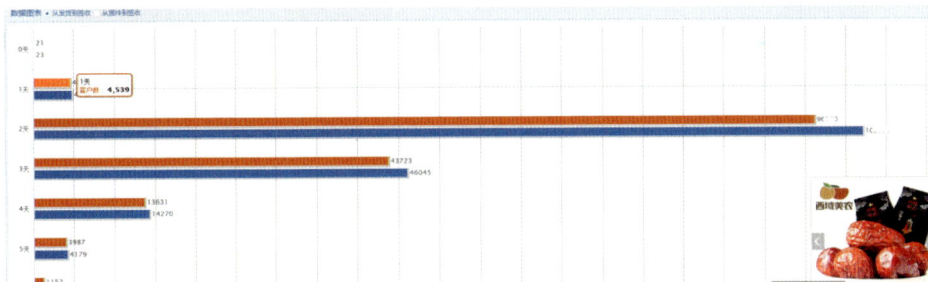

图5-44　签收周期分析

6）收货行为分析

收货行为分析主要用于对客户确认收货的行为的类型进行分析。

一般来说，主动确认的比例越高，说明客户与店铺的互动性越强。互动性越强的店铺，客户由此延伸出二次购买的可能性越高，而延长收货的越多，说明异常物流出现的情况越多。

报表默认呈现最近3天的确认收货数据，如果需要更多的数据，可以自定义时间段，时间段越长，报表呈现的时间将越长。

收货行为分析如图5-45所示。

图5-45　收货行为分析

7）评价行为分析

评价行为分析主要用于对客户主动评价的行为的类型进行分析。

一般来说，主动评价的比例越高，说明客户与店铺的互动性越强，互动性越强的店铺，客户由此延伸出二次购买的可能性越高。

对于主动评价的内容还要通过评价分析做内容的进一步追踪，确认正负面评价比例，从而对服务节点进行优化。

评价行为分析如图5-46所示。

图5-46　评价行为分析

（2）店铺会员体系分析

1）根据店铺会员贡献值进行分析

会员贡献值分析主要用于判定各会员等级的会员在店铺中每日的贡献情况。

该数据由客道针对每一个订单自动打标完成，记录当时订单产生时的会员等级，所以数据仅在客道CRM实施后才能计算。

报表默认呈现最近3天的会员付款情况，如果需要更多的数据，可以自定义时间段，时间段越长，报表呈现的时间将越长。

店铺会员贡献值分析如图5-47所示。

图5-47　店铺会员贡献值分析

2）会员变迁分析

会员变迁分析用于判断店铺会员体系设定的合理性。

在合理的会员体系下，每天会员变动将遵循一定的变迁规律，如果等级不发生变迁，或者变迁仅局限在某部分等级，那么说明会员体系是无效的。

报表默认呈现最近3天的等级变迁数据，如果需要更多的数据，可以自定义时间段，时间段越长，报表呈现的时间将越长。

会员变迁分析如图5-48所示。

图5-48　会员变迁分析

（3）CRM实施效果分析

通过一段时间的CRM运营，需要对效果进行分析。报表如图5-49所示。

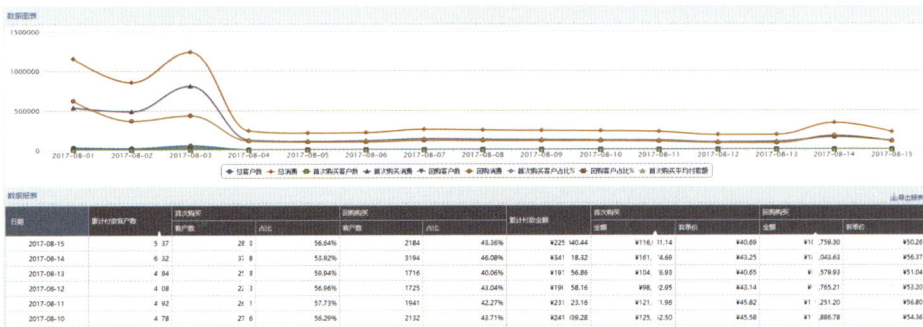

图5-49　CRM实施效果分析

1）客户生命周期分析

客户生命周期分析如图5-50所示。

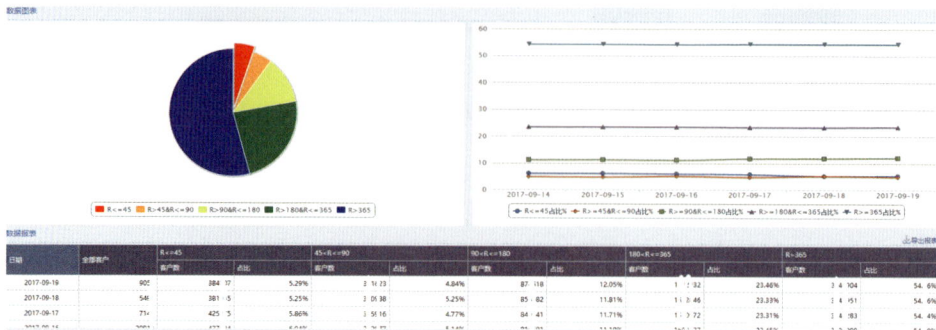

图5-50　客户生命周期分析

2）CRM绩效指标分析

CRM绩效指标用于评估店铺内CRM动作所产生的效果。一般来说，在较长观察段内实施CRM的动作，会作用于某个生命周期内的客户，从而使其行为产生变化，从而映射到CRM绩效指标。

新客二次转化率：距当前第45天的新客户（R=45，F=1），在45天内产生二次购买的比例。

老客重复购买率：45天前所有老客户（R>45，F≥2)，在45天内回购的比例。

高挽回预流失客户回流率：45~90天（R>45，R≤90)，在当天的回流比例。

低挽回预流失客户回流率：90~365天（R>90，R≤365)，在当天的回流比例。

CRM绩效指标分析如图5-51所示。

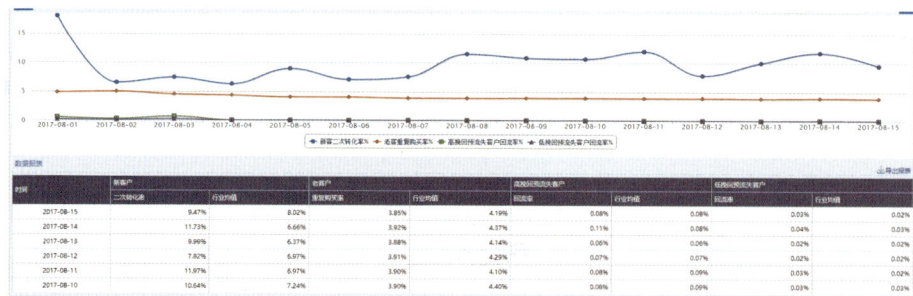

图5-51　CRM绩效指标分析

（4）常见个性化标签

需求/动机/购买因素：价格、品牌、服务、质量、设计等。

生活方式：朴素、时髦、大众、美食、运动、数码、旅游。

态度：客户对某种产品或服务态度支配着他的购买行为。

使用行为：使用者状况、使用率、购买渠道等。

消费潜力：收入、月花销等。

标签的分类有很多种，这里只对常用的标签进行归纳，店铺可以根据自己的情况单独分类。

在日常销售过程中要最大限度地识别顾客，对客户进行有效打标，为精细化运营做充分准备。

CRM工具的网址是：http://ecrm.taobao.com。

（5）根据标签进行数据筛选

活动群体圈定之后就是数据筛选。

这里筛选的目的有两个，一是根据筛选能够将店铺的会员管理精细化，降低店铺不必要的费用支出，二是针对不同会员群体能够制定更好的维护方法。在案例店铺中，针对不同的会员给出不同的短信话术。这里要提醒的是，数据筛选要从多维度进行，根据分析的人群画像以及活动的利益点区分客户资料。

这里可以用购买频次和购买金额进行划分，当然也可以通过RFM模型进行分析。针对不同的会员类型做活动的推广。最后要实时关注活动的效果，如图5-52所示。

图5-52 活动后CRM效果

此外，并不是所有的店铺都需要用RFM模型进行划分，可以根据自己的商品进行分析，总结出什么样的客户、什么样的方式最有维护价值。RFM模型分析数据很精准，但是本身弊端不少，即RFM模型只适用于快销品，并且RFM模型是静态数据，不具备与客户的互动性。

RFM模型存在的价值就是多维度分析客户状态。传统商家在做会员管理时往往根据会员在店铺中的消费金额来划分服务特权，但是实践后会发现，有的客户经常光顾，消费频率很高，但是消费金额不高，这也属于店铺的忠实粉丝，针对这种情况传统的单维度区分数据就显得不科学了。

根据RFM的会员分类，将数据会员进行不同的区别。RFM模型中的R倾向和F倾向是通常用到的简单的客户维护方法，即按照客户的生命周期与商品的使用周期开展活动。当然对于特殊商品，例如案例店铺西域美农，就要考虑用户购买多久后食用完毕，以及用户对于农特产的购买周期是多久。最好划分的品类是食品和化妆品，例如面膜，一盒5张，建议用户的一周使用频次为3次，那么很容易通过数据推算出商品的使用周期和客户的生命周期。

客户的生命周期可以划分为：潜在客户、新客户、老客户、休眠客户、粉丝。

商品的使用周期可以划分为：观察期、购买期、体验期、试用期、结束期、回购期。

把会员按照不同的情况划分完之后，就要根据不同的会员制定相应的营销策略。案例店铺用到的是区分会员制定运营计划和不同阶段采用相应的话术。当然制定话术是其中的一项内容。

例如按照商品的使用周期，在不同的阶段要完成的内容，如表5-6所示。

表5-6　不同阶段需要完成的内容

周期	需要完成的内容
观察期	修炼内功
购买期	提升询单转化率与静默下单
体验期	服务流程优化与物流仓储优化
试用期→结束期→回购	售后服务与客户关怀

（6）确定不同分组并分析不同分组的会员状态，制定相应的沟通话术

根据客单价和购买频次进行话术编辑，针对不同的用户进行不同的话术编辑。

1）流失期：折扣吸引

流失期的人群首先可能是被活动吸引来购买商品的，对店铺商品本身没有依赖，其次可能是已经忘记之前的购买记录的客户，所以在客户维护上可以采用折扣促销的方式以回拉流失客户。

流失期话术示例：

您好哦，看到您上次在我们家购物了一次红枣是2016年5月。您很久没有来咱家了。我们今天刚好要上活动了。"双十一"活动价格很划算哦，全年最低价格了，刚好也有上次您买的那款红枣，不要错过哦。客服小糖在线等您。您好久没有来了，是我们哪里做得不好吗？希望您可以给我们提点建议哦。

一般客户都会说没有问题，服务挺好的，有活动我就会参加。这时候客服可以主动说联系我们送无门槛优惠券，让客户再次想起店铺，进而再次光临。

2）活跃期：利用情怀吸引

活跃期的人群首先对商家的店铺、品牌、商品、服务全方位满意，才会不断回购，对于这样的人群，更要注意的是用亲情牌提升客户期望值，通过赠品或者会员特有权益来提升会员对于店铺的满意度和回购率。

活跃期话术示例：

东东妈妈您又来啦，这个月是东东的生日月，小月给您准备了一份礼物，我安排库房和这次的一起给您邮寄过去，这次还给您发申通哈，谢谢这两年多您对美农的关怀。

从上述话术可以看出，东东的妈妈是一个老客户，并且被打了标签，如有一个孩

子，小名叫东东，经常光顾，孩子出生月份等。客户光顾店铺，不仅仅为了方便购物，而且得到重视、尊重，这样的客户一般都是忠实粉丝，一定要用温情牌留住客户。

3）沉默期：利用服务吸引

沉默期的人员是指相当长时间没有再回店铺购物。这部分会员沉默的原因首先是短期内对产品没有需求，另外也可能是竞争对手的介入打乱了消费者原有的选择。对于沉默期的会员，使用低价和赠品的方式进行挽留也不是绝对的，需要通过服务来挽回客户的心。

沉默期话术示例：

美宝，我们家的服务升级啦，可以30天无理由退换，并且9月9日有一个葡萄干的新货节，是2017年的新货哦，绝无添加剂。舌尖的美味在等您哦，这里是××店铺，自然的果实，本色的爱。

这种客户一般比较沉默，对于优惠和赠品，如果觉得没有用，就不会感兴趣，他们是理性购物的消费者，当有服务，有品质，并且恰好有需求的时候，才会购买。这类客户在大促的时候也会跟着心动一下，进而下单。其实大促的时候很多人购买也不是真的有需求，大促会调动消费者购物的欲望。

4）睡眠期：利用赠品吸引

睡眠期的人群离流失只差时间问题，适当利用赠品尝试刺激一下会员，看看能否激活。

睡眠期话术示例：

美宝，美农家今天有促销哦，今天购买针对老顾客都可以领取500克粥枣哦，名额是前1000名会员专享，名额有限，送完为止。

或者是已经维护好的客户，可以通过老客户一对一聊天，问问客户最近的需求，喜欢什么礼物，投其所好，让客户觉得在这里买就是赚到便宜。只有为客户着想，才能让客户再次进店铺购物。

（7）关怀后的跟进

很多商家在做客户维护的时候，发过短信或打过电话后再没有实时跟进。这样的做法对于很多会员不会产生多少效果，需要商家持续跟踪。

参加"双十一"活动的商家都知道，在活动前一定要预热。很多商家从两个多月前就开始预热了，在长达30~60天的时间中，若只是一次回访，则可能会让会员忘记，要把控回访频率，在不同的阶段可以配合短信进行激活。

就西域美农来说，具体时间安排如下：

9月1日—15日，"双十一"活动前测试。

9月15日—10月21日，第一波：沉睡顾客唤醒，流失顾客挽回。

10月21日—28日，第二波：继续刺激沉睡顾客、流失顾客，进行新顾客关怀和沉淀。

10月28日—11月10日，第三波：活跃顾客、大促顾客（参与"618"年中大促、去年"双十一"活动的客户）、10月—11月的新顾客。

案例店铺的短信跟踪的方式如下。

短信跟踪一

短信内容：

针对接通的客户：我是今天给您打电话的客服，礼物奉上！0.1元入手红枣，赠您一张11.11入场券，立即点击c.tb.cn/c.Zq6yp。退订回复N【××店铺】

针对没有打通的客户：美宝"双十一"活动给您送福利啦，今天打电话没联系上您，0.1元入手红枣，赠您一张11.11入场券，立即点击c.tb.cn/c.Zq6yp。退订回复N【××店铺】

短信跟踪二

短信内容：

您是前两千名付定金的美宝，属于您专享的10元无门槛优惠券已经送到，点击领取c.tb.cn/c.ZIflh。温馨提醒，11月11日1点记得。退订回复N【××店铺】

"双十一"狂欢不只是五折，前一万名送柿子干，预售定金抵双倍，各种零食好吃到爆！抢AirPods、银制卡片等超牛大奖！立即点击c.tb.cn/c.ZIflh。退订回复N【××店铺】

您付了定金的食品已为您准备好，记得今晚1点来付尾款哦！限量1000份10元无门槛优惠券等着您哦，点击来抢tb.cn/0bIC6Px。退订回复N【××店铺】

好久不见哦，礼物奉上！0.1元入手红枣，赠您一张11.11入场券，立即点击c.tb.cn/c.Zq6yp。退订回复N【××店铺】

"双十一"预售进行中！海量零食预购，定金翻倍用！加购抽免单，1.1元抢大额优惠券。点击https://tb.cn/7uhm5fy。退订回复【××店铺】

满306元减20元，使用￥西域美农旗舰店大促￥抢先预览（长按复制整段文案，打开手机淘宝即可进入活动内容）。退订回复【××店铺】

（8）配合回访进行数据跟踪

除现有制定的回访方式和话术，还需要统计数据进行实时优化。呼叫过程中，根据呼叫反馈数据进行数据分析，及时更改话术和呼叫利益点，全方位激活客户。数据是进行优化的保障。

（9）关注会员反馈

通过分析会员的实时反馈，也能够判断服务过程中用户的感受。

例如下面的案例。

t***4说："双十一"购买的，很划算，买了一堆枣子。综合来说这个第一，其实也特别好，还实惠，没想到会这么好，客服还打电话通知了活动，很感动，核桃是整整一颗！第一次在你们家买枣夹核桃，包装很精美。爸爸爱吃核桃，妈妈爱吃红枣，两个在一起，初次买西域美农的东西，一次买了两三百块钱的，日期显示是刚生产的，很新鲜，2016年10月21日的。超级好吃，不爱吃零食的男朋友都连着吃了两个。

会员反馈点：细心的跟踪是回购的刺激点。

Tb***5说：趁咱家"双十一"购买的，特划算，聚优惠，感觉咱家美农亏惨了，绿色的健康的，值得购买，一直在咱家买，特别放心。本来以为"双十一"订单多，没想到到货速度还是这么快，简直没谁了。包装小清新有没有，味道棒棒哒有没有，反正就是真心美农家，谢谢美农让我们吃到这么安全放心的食品。送家人，送爱人，送朋友的最佳拍档，让你的闲暇时间多了一份舒心，这次"双十一"也及时给我打了电话，真的很开心~

会员反馈点：贴心的关怀是服务点，日常的维护很重要。

一***3说：自从接听了你家的电话，一直购买西域美农的产品。零食不愁了，花钱省多了。"双十一"购买的，质量保证，还收到店主的信，虽说是给所有客户的，但也要恭喜恭喜，得了公子！以后还会再买。

会员反馈点：实时给到优化，很贴心。

晶***晶说：每次"双十一"都是看别人抢得热火朝天的，到了自己这里基本都是抢不到，只有你家专门给打电话通知，提醒我哪个最优惠，真的很感动，非常满意！挺好的！已经多次购买了，大品牌的东西就是值得信赖，质量非常好！口感很舒服！"双十一"购买的，发货很快，价钱还合适！满意！好评！

会员反馈点：帮客户选择省钱攻略，包容会员。

5. 活动复盘总结

"双十一"活动预热邮件短信发送数量500万条，CRM为"双十一"活动带来400万元的成交额。整个外呼过程相对还是顺利的，随着时间推移，越接近活动时间顾客响应率越高。高价值顾客回购率远高于购买1次的顾客；在活动开始前的半年时间内，多积累活跃期顾客为活动爆发蓄势。对于流失期的顾客，在日常进行唤醒，在活动期再次爆发；对于沉默期的顾客，利用活动或者礼品可以再次唤醒。

外呼过程中，出现棘手的售后问题时，外包公司处理不到位。后期在处理外呼问题时，要增加售后常见问题的解答，在通知客户参加活动的同时，更要处理好售后服务。

此外要强调的是，在"双十一"活动结束后，切忌不要浪费资源。对于很多商家而言，活动结束后又会产生大量新的会员，所以需要再次对会员进行统筹，结合分析数据，给人群打标签并分别运营。

第6章

流量进阶店铺成长案例

前面5章通过具体技巧及案例实施步骤讲解，让大家学习了流量推广工具和店铺基础布局。一家店铺的短期成功可以凭借技巧方面的能力得以突破，但是想要持续良性发展，需要在店铺各方面打下扎实的基础。

本章集合了天猫平台上多个优秀商家流量成长的案例，真实还原店铺案例的过程，并从前期分析策划到具体操作步骤等方面进行深入剖析。帮助大家把前面学习的技巧通过案例的实施串联起来，了解在不同场景和需求下，各种技巧如何配合，以及节奏是如何开展的。希望通过本章的学习能够拓展新的流量布局运营思维。

6.1 传统手工艺产品的线上成长，借由匠人精神成功逆袭①

6.1.1 案例简介

2014年，位于山东省章丘市郊区的砚池村像往常一样传出叮叮当当的打铁声。自国外涂层以及不锈钢厨具进入国内以后，几百家打炒勺的铁匠纷纷停产，以打铁为生的老铁匠们逐渐失业，传了上百年的手工铁锅技艺也面临着失传的危险。这一年整个淘宝天猫平台上与中国菜配合了上千年的手工铁锅只占不到0.1%的份额，厨具类目中被苏泊尔、爱仕达、双立人等品牌占据，几乎没有真正的手工铁锅品牌。臻三环店铺日均流量仅200人，日均销售额1600元左右，全年销售额仅60万元，仓库积压了3000口锅，一度濒临关店。

而后，通过4个多月的品牌策划、产品包装及内容运营，成功让店铺起死回生。2015年春节之后，在更换了新的页面和推广计划后，迅速达到日销1万元左右，同期，企业开始研发新品，与此同时开始手工铁匠的培养与招募。在稳定运营的基础上，配合一年来对手工师傅的培养以提高产量。2016年12月参与并配合阿里巴巴举办的淘抢购中国匠人启动仪式与活动资源，活动当日店铺的流量达到20万人次，销售额突破80万元，相当于过去2~3个月的销售额。2017年，4月19日店铺又参加了由天猫美家举办的"中国匠人"线上大型主题营销活动。活动当天的内容浏览人数突破13万人次，较前日上升30余倍。2017年6月18日央视财经频道以《老手艺"触电"章丘铁锅起死回生》为题报道了臻三环的铁锅。

"中国匠人"也成为该店铺的一个IP形象。截止到本节完成时，这家店铺的货品已经脱销，砚池村又恢复了鼎盛时期的锤声轰鸣。

臻三环将这个阶段性成功总结为6个方面：

- 准确的市场分析。
- 品牌策划抓住了匠人精神IP。
- 清晰的规划思路。
- 立足私域并加强与公域结合，粉丝激活内容发酵。

① 案例及内容提供：臻三环旗舰店，济南麒麟圣德网络科技有限公司
案例采访及整理：蔡海涛（叮当）

- 线上线下结合，热点事件引发内容爆发。
- 直播专栏化，内容推动品牌提升。

接下来将以时间的发展顺序——为你揭示品牌发展过程和每个时期的运营重点。

6.1.2 案例实施步骤

1. 准确的市场分析

（1）市场容量分析

图6-1是2012年到2017年烹饪铲勺的市场容量成交趋势变化，从中可以看出市场对于这个类目的需求一直在持续上涨。

图6-1 烹饪铲勺类目2012年到2017年成交量变化趋势

备注：由于生e经软件的功能变化，部分数据按照成交量来看行业趋势。

数据来源：生e经→行业分析→家居→厨房/烹饪用具→子行业成交量分布

（2）品牌容量分析

图6-2是2014年12月炒锅类目品牌分析图，从中可以发现手工铁锅在炒锅这个类目中的市场几乎是空白。

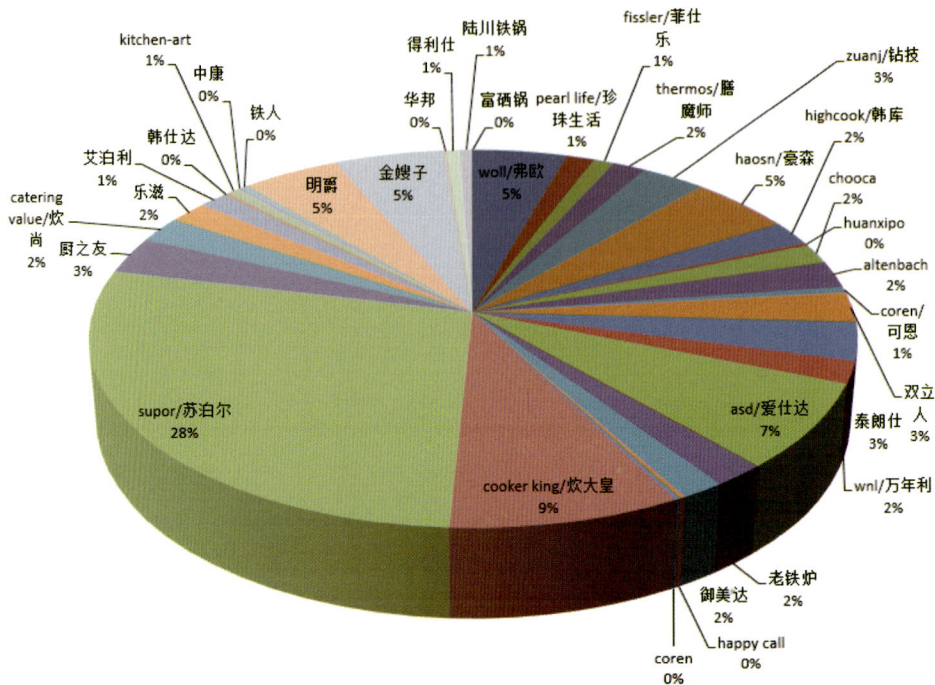

图6-2　炒锅类目2014年品牌市场占有率

数据来源：生e经→行业分析→家居→厨房/烹饪用具→品牌成交量分布

手打铁锅市场机会的形成是由于买家的需求相对个性化，并不能在短期内形成一个较为明显的市场需求，所以卖家比较难以察觉。即便有的卖家发现了，也会因为市场容量还不够大，供应链又比较难以解决，就容易放弃这块市场。这种情况在阿里平台上还是比较多见的，而且很适合中小商家进行挖掘。

2. 品牌策划的过程中抓住匠人精神IP

（1）SWOT矩阵分析

由于深知品牌策划对运营的重要性，因此臻三环针对品牌进行了SWOT分析（见图6-3）。通过对内部优势、内部劣势、外部机会、外部威胁——罗列及分析，发现根本症结在于：传统手工艺如何在互联网平台取得市场份额，如何将这种有故事、有技艺、有温度的产品卖给目前的客户。要解决这个问题就一定要搞清楚两方面："卖什么"和"怎么卖"。

早期之所以没有卖好，就是因为在卖什么上出了问题。如果直截了当地卖锅，那么首先必须说清楚臻三环的手工铁锅对比涂层锅、不锈钢锅的优势，其次还要让消费者接受你的锅比别家贵的理由，毕竟消费者是不懂得区分手工铁锅的真假的，最后消费者凭什么相信你说的是真的呢？

SWOT 矩阵分析

优势（Strength）

三万六千锤
健康无涂层
不粘锅
少油烟

页面重点突出产品的优势

劣势（Weakness）

有故事、有技艺、有温度的产品没有充分的在用户面前曝光，用户不知道有这么好的产品

增加品牌和产品曝光量

内部环境

外部环境

机会（Opportunity）

市场需求一直在持续上涨
手工铁锅在炒锅类目市场几乎空白；
正值国家大力提倡"匠人精神"和"匠心传承"；

抓住大势，迅速抢占市场

威胁（Threaten）

冒充传统手工艺的铁锅在市场中浑水摸鱼，误导消费者；

利用历史记载优势宣传什么是真正的传统手工艺铁锅

图6-3　臻三环品牌SWOT矩阵分析

电子商务与实体店铺最大的不同在于客户对于产品的感知度，客户在电商平台上对一件产品的直观认识来自图片展示、文字描述、视频画面以及对某一产品的刻板印象，往往都是在消费后才对产品有更实际、更直观的认知和感受。相比实体店铺缺少了最关键的触摸实物进行对比的环节，这是电商先天消费模式所决定的。

针对手工铁锅这样的产品，如果单纯兜售它的工艺、质量等实用价值，很快就会失去与其他产品之间的竞争力，只有进一步挖掘出它自身的附加值，让客户愿意为它所具备的附加值买单，手工铁锅才能卖出去、卖得值。

（2）顺势而为

正值国家大力提倡"匠人精神"和"匠心传承"，而臻三环手工铁锅完全符合这样的要求，它有传承、有工艺、有人物、有故事，这些所有的东西融合起来就是这一口锅的附加值。于是臻三环决定从"匠心"和"情怀"两个方面重新包装这个品牌，"匠心"指的是打铁师傅们传承近百年的精湛打铁技艺，"情怀"讲的是他们不忘初心，在这个物欲横流的社会仍然坚守传承者这一份传统工艺的赤子之心。臻三环的品牌调性如图6-4所示。

图6-4　臻三环品牌调性

3. 清晰的规划思路

（1）总体规划思路

明确卖什么之后就要解决怎么卖的问题。臻三环的总体规划思路如图6-5所示。

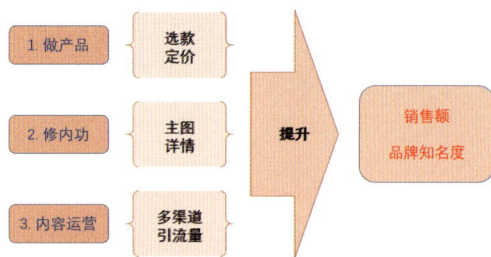

图6-5　总体规划思路

多花时间做出好产品，选出好产品以及弄懂你的产品，如果这几方面没做好，就好比不熟悉产品及业务就去谈业务，结果会怎么样可想而知。这是第一步，第一步没做好，其他不会好到哪去。

店铺的销售核心是点击率和转化率。点击率对应的是主图，转化率对应的是详情页，所以必须做好主图和详情页。

产品是根本，内功是基础。这两点没做好，就算会各种神乎其技的推广手法也白搭。任何时候你都不能忘了这两件事。第一件尤其重要，一切技术手段都是辅助，在这个基础上锦上添花罢了。

更好的消费者体验才能留住消费者。因此商家必须在做好内功的基础上，多渠道引流，努力获取各大活动的报名资格，再利用活动不断增加曝光度，提升买家体验，进而不断提升品牌知名度。图6-6展示了产品卖点挖掘及包装。

图6-6　案例店铺产品卖点挖掘及包装

（2）执行落地

1）选款、定价

手工锻打的铁锅属性相对比较少，主要是材质。根据熟铁这个属性的市场份额，臻三环确定熟铁锅有很大的市场。图6-7展示了炒锅类目属性成交量分布。

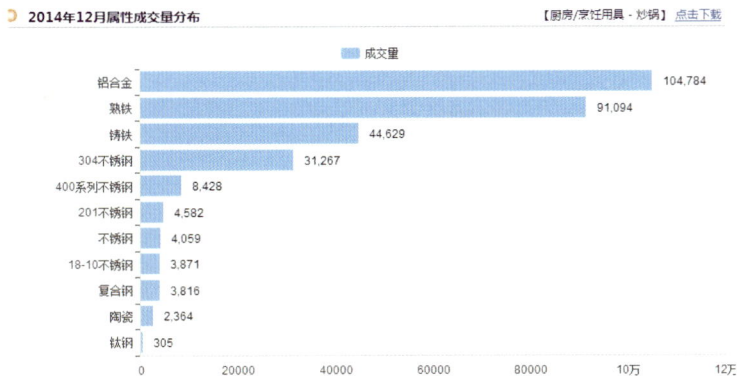

图6-7　炒锅类目属性成交量分布

选款确认之后，就要给产品定价了。起初臻三环的产品定价属于中等，只是根据搜索TOP单品榜，以及市场价格带分析，选择了成交量最高的价格带，确认了产品的最初的价格。图6-8所示为炒锅类目介绍区间成交量分布情况。

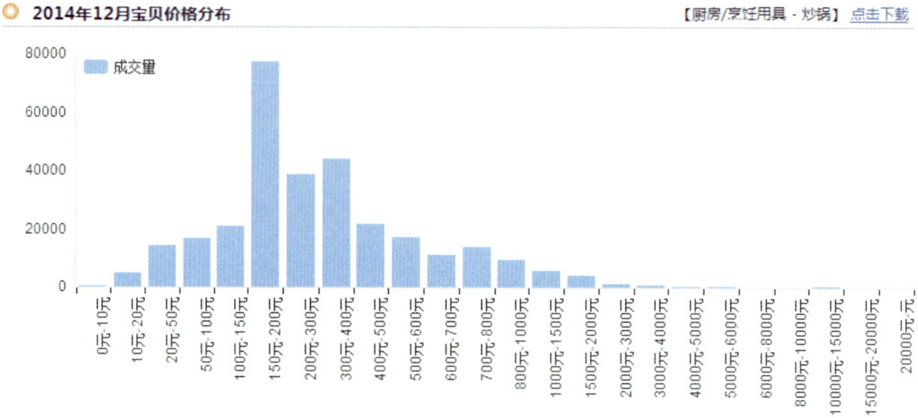

图6-8 炒锅类目价格区间成交量分布

确认价格之后，又选择了价格带范围内的品牌商家与产品，以此作为店铺的竞店与竞品，深入分析。了解他们的各个入口流量、销量、客单价等基础数据，以此确认店铺的初步目标，如图6-9~图6-11所示。

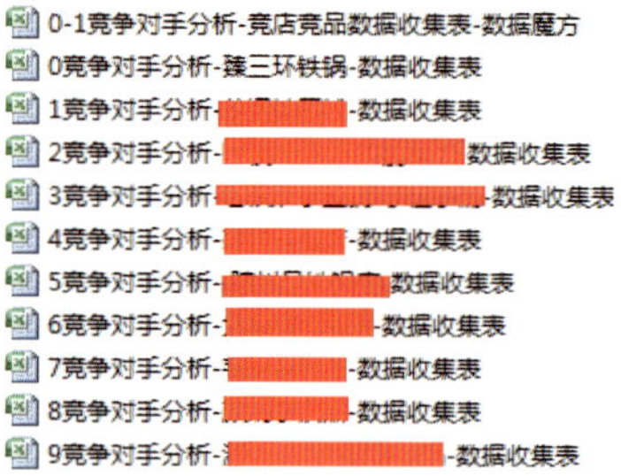

图6-9 店铺每日数据表格汇总

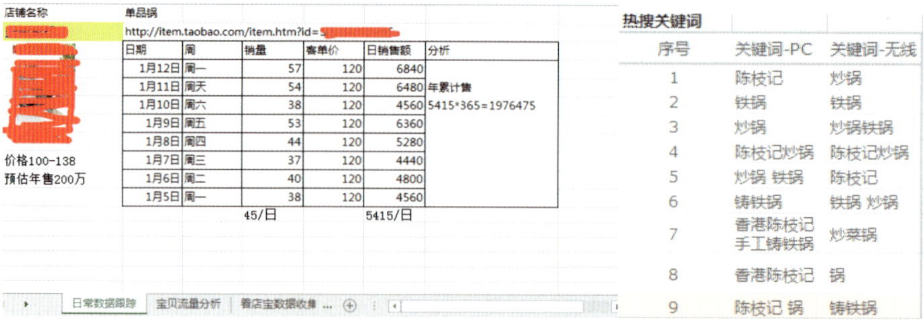

日期	周	销量	客单价	日销售额	分析
1月12日	周一	57	120	6840	
1月11日	周天	54	120	6480	年累计售
1月10日	周六	38	120	4560	5415*365=1976475
1月9日	周五	53	120	6360	
1月8日	周四	44	120	5280	
1月7日	周三	37	120	4440	
1月6日	周二	40	120	4800	
1月5日	周一	38	120	4560	
		45/日		5415/日	

热搜关键词

序号	关键词-PC	关键词-无线
1	陈枝记	炒锅
2	铁锅	铁锅
3	炒锅	炒锅铁锅
4	陈枝记炒锅	陈枝记炒锅
5	炒锅 铁锅	陈枝记
6	铸铁锅	铁锅 炒锅
7	香港陈枝记 手工铸铁锅	炒菜锅
8	香港陈枝记	锅
9	陈枝记 锅	铸铁锅

图6-10 案例店铺竞店竞品每日分析

宝贝来源-PC

序号	来源名称	浏览次数	占比	浏览人数	人均浏览次数
		2997	100.00%	2177	
1	淘宝站内搜索	1553	51.82%	1198	1.3
	宝贝搜索	1547	51.62%	1194	1.3
	类目搜索	6	0.20%	4	1.5
2	支付中心	394	13.15%	231	1.71
	购物车	375	12.51%	217	1.73
	开始发货	19	0.63%	14	1.36
3	主要页面	389	12.98%	294	1.32
	店铺页	284	9.48%	199	1.43
	宝贝页	90	3.00%	81	1.11
	淘宝首页	15	0.50%	14	1.07
4	其他页面	229	7.64%	161	1.42
	淘宝其它页面	227	7.57%	159	1.43
	爱淘宝	1	0.03%	1	1
	数据魔方	1	0.03%	1	1
5	我的淘宝	227	7.57%	117	1.94
	卖家中心	114	3.80%	21	5.43
	我的收藏	49	1.63%	46	1.07
	已买到的宝贝	32	1.07%	22	1.45
	我的淘宝首页	27	0.90%	23	1.17
	评价管理	5	0.17%	5	1
6	广告来源	205	6.84%	176	1.16

宝贝来源-无线

序号	来源名称	浏览次数	占比	浏览人数	人均浏览次数
		10458	100.00%	5499	
1	手机淘宝_搜索	4421	42.00%	2457	1.8
	宝贝搜索	4419	42.00%	2455	1.8
	店铺搜索	2	0.00%	2	1
2	手机淘宝_主要页面	4262	41.00%	1981	2.15
	宝贝页	3117	30.00%	1433	2.18
	店铺页	1145	11.00%	548	2.09
3	手机淘宝_我的淘宝	676	6.00%	432	1.56
	订单页	479	5.00%	309	1.55
	收藏	182	2.00%	111	1.64
	待收货	8	0.00%	6	1.25
	待付款	2	0.00%	1	2
	待发货	2	0.00%	1	2
	购物车	1	0.00%	1	1
4	手机淘宝_广告来源	516	5.00%	303	1.7
	直通车	428	4.00%	227	1.89
	其他	88	1.00%	76	1.16
5	其他流量来源	391	4.00%	179	2.18
	手机淘宝_活动	391	4.00%	179	2.18
6	手机淘宝_活动	157	2.00%	117	1.34
	其他活动	157	2.00%	117	1.34
7	手机淘宝_频道	30	0.00%	28	1.07

成交关键词

序号	关键词
1	陈枝记
2	陈枝记炒锅
3	铁锅
4	炒锅 铁锅
5	炒锅
6	铸铁锅
7	陈枝记 炒锅
8	陈枝记 熟铁锅
9	熟铁 炒锅
10	炒锅 无涂层

图6-11 店铺竞店流量来源

数据来源：数据魔方

前面介绍的只是臻三环品牌的初步定位，如果后期做得比较好，可以通过这些方法慢慢提升自己的店铺定位。这里所使用的工具是生e经和生意参谋。

2）品牌、主图、详情

前面讲到，店铺内功修炼的核心是点击率和转化率。点击率对应的是主图，除了不断作图、测图外，更要花心思去研究主图怎么做才能有高点击率。做主图之前一定要花很多时间去研究同类目、同价格TOP单品的主图，做数据化分析、整理、筛选、创作。

步骤如下：

- 筛选热销宝贝TOP100，根据自己的产品特点，筛选出产品风格一致的产品。
- 筛选品牌销量高的店铺，了解品牌店铺的卖点展现方式。
- 筛选热销店铺TOP30，分析店铺主推款的卖点，以及主图上卖点的展现。
- 分析以上数据，选出同等价格的产品，记录近期产品价格、月销量、日销量、评价、转化率等数据，结合自己产品的风格，做出主图。

转化率优化的重点是详情页优化，建议多看同行和其他类目的优质热卖商品，分析它们的销售逻辑。然后理清自己的详情页思路，并结合产品的差异化卖点，制定出详情页方案，带着方案去拍摄相关场景下的产品。

臻三环详情页的逻辑框架如下：

- 你有什么与众不同？
- 为什么要与众不同？
- 是信念、使命还是情怀？
- 你为此付出了什么？
- 你得到了什么？
- 消费者能得到什么？
- 你用怎样的画面证明这一切？

经过臻三环的多次设计，最终版的详情设计如图6-12所示。

臻三环

宗师

原 材 料：精品2.5mm铁板
锻制厚度：2.2~2.3mm
每平方厘米锻制150~200锤

师傅
王立水
六十七岁
已打铁50年

百年记载手工冷锻传承，源自京勺传艺

名称	无涂层铁锅	锅底	圆底
材质	山东优质精铁	容量	2.8L
类型	炒、煎、炸、炖均可	净重	4.2—4.5斤
颜色	黑色、银白色	柄长	≥16cm

王立海铁器（京帮）王立海

武锅中写到，同盛永美运茂出产的炒勺者

锻打三万六千锤

勺底铲明颜色白之美誉

锅丑可以当油吃你知道吗？过去六成左右的油就可以炒菜
清水可以炒鸡蛋，少吃油对身体好，一年的油省下几口三万六千锤的锅？

重

因为三万多锤锻打，密度高！油的渗入比其他锅少很多
其实几乎就是古代打造兵器的工艺，任何量产锅还不到这个密度。

无

无化学涂层，市场90%都是涂层锅，涂层炒菜不掉的吗？
涂层锅是老外发明的，人家不炒只炖。涂层锅的危害还要瞒多少年？

30cm 锅深9.0~9.5cm
32cm 锅深9.5~10.0cm
34cm 锅深10.0~10.5cm
人工测量，误差1cm范围内

图6-12 案例店铺详情页

进阶引流揭秘

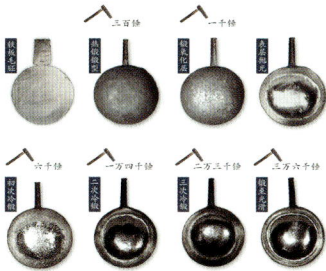

图6-12 （续）

店铺上线后，可以通过一定的付费推广方式带动自然流量增长。等转化率效果不错后，再合理调整店铺的流量结构。前期店铺一直是做日销，积累基础数据，把数据做得很细，分析得也很细，对整个店铺的每一个流量口进行优化。

图6-13展示的是积累店铺基础数据期间做的日常数据表。

④竞争对手确定与分析
⑤数据魔方-年销售数据
宝贝上下架时间安排
①市场分析-市场容量表
②市场分析-品牌分析表
③大牌卖家价位分析
⑥臻三环铁锅-日常数据统计表
⑦臻三环铁锅-流量结构分析表
⑧臻三环铁锅-竞争对手分析-数据监控
⑩臻三环铁锅-直通车日常数据表
标题优化-关键词收集表

图6-13 店铺每日基础数据

店铺日常数据的分析涉及店铺的流量，分为付费、免费（PC端）、免费（无线端）、回头流量、淘宝客等。每天统计这几个入口的流量和占比，及时了解店铺流量结构是否合理，便于及时调整，如图6-14所示。

日期	星期	转化率	成交用户数	访客量	钻展		直通车		付费访客总占比
					数值	比值	点击量	访客占比	
2015/1/31	星期六	3.95%	24	608	0	0.00%	124	20.39%	20.39%
2015/2/1	星期日	4.82%	30	622	0	0.00%	130	20.90%	20.90%
2015/2/2	星期一	4.45%	26	584	0	0.00%	133	22.77%	22.77%
2015/2/3	星期二	3.60%	26	723	0	0.00%	130	17.98%	17.98%
2015/2/4	星期三	5.63%	35	622	0	0.00%	123	19.77%	19.77%
2015/2/5	星期四	5.36%	25	466	0	0.00%	129	27.68%	27.68%
2015/2/6	星期五	4.04%	18	446	0	0.00%	135	30.27%	30.27%
2015/2/7	星期六	3.27%	15	459	0	0.00%	134	29.19%	29.19%
2015/2/8	星期日	2.75%	12	437	0	0.00%	132	30.21%	30.21%
2015/2/9	星期一	1.57%	7	445	0	0.00%	100	22.47%	22.47%

图6-14　店铺每日付费流量分析

由于无线端的流量远超PC端，因此应该把运营重点放在无线端上，单独针对无线端的流量做细致的数据分析，如图6-15和图6-16所示。

日期	星期	转化率	成交用户数	总访客量	自主访问						总计占比
					我的淘宝		购物车		收藏		
					数值	比值	数值	比值	数值	比值	
2015/2/21	星期六	1.19%	4	336	0	0.00%	8	2.38%	12	3.57%	5.95%
2015/2/22	星期日	2.05%	7	342	2	0.58%	10	2.92%	11	3.22%	6.73%
2015/2/23	星期一	2.88%	12	416	4	0.96%	19	4.57%	8	1.92%	7.45%
2015/2/24	星期二	3.07%	13	423	3	0.71%	13	3.07%	16	3.78%	7.57%
2015/2/25	星期三	3.03%	20	661	6	0.91%	21	3.18%	16	2.42%	6.51%
2015/2/26	星期四	5.32%	41	770	12	1.56%	32	4.16%	18	2.34%	8.05%
2015/2/27	星期五	3.73%	38	1020	6	0.59%	23	2.25%	11	1.08%	3.92%
2015/2/28	星期六	4.53%	45	994	8	0.80%	28	2.82%	18	1.81%	5.43%
2015/3/1	星期日	3.55%	44	1238	12	0.97%	40	3.23%	12	0.97%	5.17%
2015/3/2	星期一	4.92%	57	1159	4	0.35%	30	2.59%	18	1.55%	4.49%
2015/3/3	星期二	3.45%	36	1044	11	1.05%	26	2.49%	9	0.86%	4.41%
2015/3/4	星期三	2.74%	44	1608	14	0.87%	24	1.49%	20	1.24%	3.61%
2015/3/5	星期四	3.39%	55	1622	12	0.74%	36	2.22%	16	0.99%	3.95%
2015/3/6	星期五	4.37%	61	1396	13	0.93%	47	3.37%	24	1.72%	6.02%
2015/3/7	星期六	3.12%	49	1572	11	0.70%	41	2.61%	23	1.46%	4.77%
2015/3/8	星期日	3.09%	49	1586	10	0.63%	40	2.52%	21	1.32%	4.48%
2015/3/9	星期一	4.13%	65	1574	16	1.02%	47	2.99%	25	1.59%	5.59%
2015/3/10	星期二	3.48%	53	1521	19	1.25%	43	2.83%	24	1.58%	5.65%

图6-15　店铺每日无线端流量渠道转化分析

图6-16 店铺每日无线端流量结构分析

图6-17展示的是竞品的日常数据跟踪，这个表可以让我们及时了解竞品有没有活动，以及销量和转化率等数据，据此判断自己店铺大致需要调整的方向。

排名查询日	时间	周几	销量	客单价	日销售额	手工铁锅-排名	铁锅-排名	炒锅-排名	pc流量	无线流量	总流量	转化率
2015/1/18	10:26	周日	45	165	7425	5	9	11	432	1181	1613	2.79%
2015/1/18	12:00	周日				5	9	11			0	
2015/1/19	12:55	周一			0	5	10	13			0	#DIV/0!
2015/1/20	9:30	周二			0	5	23	18			0	#DIV/0!
2015/1/21	12:52	周三	37	165	6105	6	16	17	427	816	1243	2.98%
2015/1/22	14:00	周四	38	165	6270	5	11	12	469	774	1243	3.06%
2015/1/23	9:42	周五	49	165	8085	5	10	11	440	788	1228	3.99%
2015/1/24	10:48	周六	31	165	5115	5	9	9			0	#DIV/0!
2015/1/25	12:56	周日	42	165	6930	6	10	10	366	927	1293	3.25%
2015/1/26	9:25	周一	45	165	7425	7	8	8	455	1028	1483	3.03%
2015/1/27	9:30	周二	44	165	7260	7	21	19	601	807	1408	3.13%
2015/1/28	10:00	周三	44	165	7260	7	14	17			0	#DIV/0!
2015/1/29	9:20	周四	57	165	9405	7	15	16	485	791	1276	4.47%
2015/1/30	9:15	周五	45	165	7425	7	12	15	439	817	1256	3.58%
2015/1/31	11:18	周六	48	165	7920	6	10	11			0	#DIV/0!
2015/2/1	15:35	周日	54	165	8910	7	11	11			0	#DIV/0!
2015/2/2	9:20	周一	59	165	9735	6	9	10			0	#DIV/0!
2015/2/3	10:25	周二	51	165	8415	6	18	16	508	939	1447	3.52%
2015/2/4	10:00	周三	57	165	9405	5	15	13	441	799	1240	4.60%
2015/2/5	19:44	周四	39	165	6435	6	12	12	422	703	1125	3.47%
2015/2/6	10:32	周五	35	165	5775	5	11	12	384	634	1018	3.44%

图6-17 店铺每日竞品流量结构分析

注：以上数据来源数据魔方和看店宝。

图6-18展示的是竞争对手各个流量入口的监控，建议把PC端和无线端两个端口各自分开，然后进行细化，逐一对比。

店铺积累基础数据的时候，要每天关注每一个流量口的数据，做好细化分析。

数据魔方（个位数字不作统计）			宝贝来源-PC																	
宝贝浏览人数			广告来源		来源占比	淘宝站内搜索		来源占比	主要页面			来源占比		其他页面		来源占比	支付中心		来源占比
日期	周几	品牌	直通车	淘宝客		宝贝搜索			店铺页	宝贝页	淘宝首页			淘宝其他页面			购物车		
			38	0	9.80%	186	52.69%		21	10	5	11.71%	4	27	0	9.37%	28	9.37%
			66	-	17.72%	171	47.26%		33	6	40	20.68%	3	4		17%	20	8.02%
2015/1/25	周日		46	2	26.83%	67	37.56%		17	13	0	19.03%	2	8	0	6.83%	12	8.29%
			52	0	11.53%	229	51.71%		24	9	0	9.55%	3	26	0	5.77%	41	15.14%
			102	0	21.76%	222	49.36%		29	6	46	17.55%	0	16	0	3%	26	6.95%
2015/1/26	周一		57	0	20.00%	115	43.49%		29	13	3	20.00%	1	15	0	6.35%	11	6.35%
			55	0	8.88%	304	57.58%		36	12	0	10.26%	3	30	1	8.10%	37	10.72%
			118		18.85%	299	50.70%		61	7	42	18.30%	0	18	0	3%	36	6.98%
2015/1/27	周二		58	5	26.89%	81	34.47%		32	10	0	19.70%	0	10	1	9.00%	12	7.58%
			46		7.97%	259	52.47%		40	13	0	12.28%	0	38		8.77%	39	11.96%
			281	12	49.78%	120	20.14%		31	30	22	15.25%		22		4.89%	31	7.70%
2015/1/28	周三		52	2	25.44%	64	34.21%		16	21	1	10.96%		10		6.58%	14	8.33%
			53		9.91%	236	54.43%		29	15	2	10.78%		26		5.91%	35	11.30%
			85		17.38%	233	47.00%		48	48	0	21.52%		20		4.80%	34	8.44%
2015/1/29	周四		57	1	23.20%	74	38.10%		21	15	0	19.44%		11		7.54%	11	6.75%
			52	1	9.40%	229	49.53%		37	15	0	10.82%		43		9.56%	43	13.32%
			114		25.23%	196	45.23%		31	4	39	17.38%		17		4.30%	26	6.36%
2015/1/30	周五		60	2	28.74%	62	31.17%		21	0		23.48%		11		5.26%	13	8.50%
2015/1/31	周六		42	2	22.96%	62	37.00%		17	11	0	20.41%		9		7.14%	10	7.65%
2015/2/1	周日		54	3	29.11%	67	35.21%		16	14	1	17.37%		10		5.63%	8	6.57%
2015/2/2	周一		52		19.39%	92	35.71%		18	18	0	18.37%		13		8.50%	15	6.46%
			63		10.76%	275	51.24%		42	19	2	11.74%		48		10.06%	49	9.92%
			82		15.99%	252	50.24%		37	6	43	16.96%		35		7.43%	37	6.62%
2015/2/3	周二		55		19.93%	66	27.27%		34	16	0	24.48%		18		11.54%	11	5.94%
			66		12.23%	235	46.39%		35	20	2	13.01%		50		11.76%	43	12.07%

图6-18　店铺每日竞店PC端流量渠道监控分析

　　做好以上精细化运营后，店铺的销量会不断上涨，而后进入稳定期。这时为了顺应平台提倡的无线端内容运营，臻三环对店铺重新评估、定位和优化，并且参加了大量的活动，优化后的页面如图6-19所示。

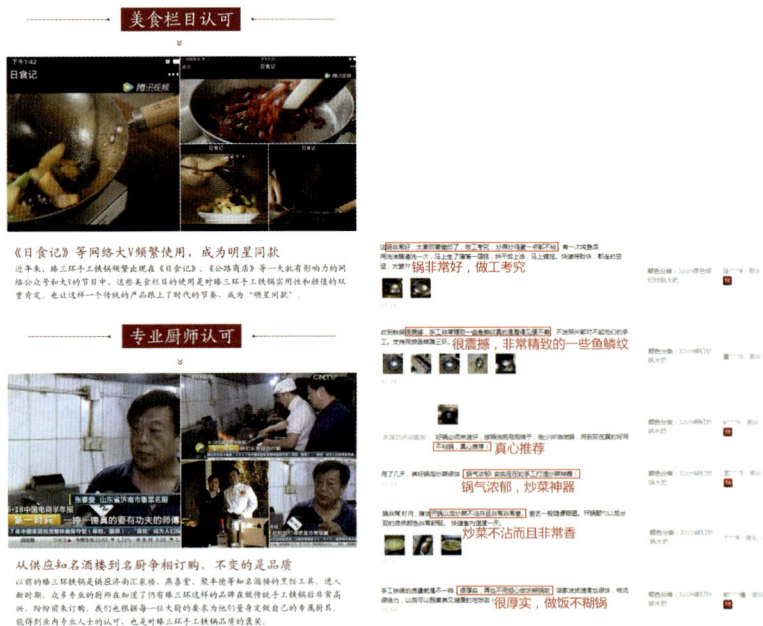

图6-19　店铺详情页优化版

进阶引流揭秘

通过新版主图、详情的优化，店铺销售额不断上升，为此店铺多次优化主图详情，同时多渠道推广引流，扩大品牌知名度。

接着又设计了产品的新包装礼盒，给产品增加附加值。礼盒和普通包装的区别在于，一方面从视觉上提升了整体产品的价值感，另一方面激活了消费者的送礼用途，这两方面都对提升转化率有帮助。

4. 内容运营（产品的种草及割草）

首先，在内容运营时一切以品牌为核心，通过多形式全渠道传播品牌效应，从而带动产品销售转化。这里有个关键点，就是以什么为核心，需要解决什么问题。很多商家在做内容营销时往往忽略了这个点，建议商家做内容营销时一定要围绕核心开展，不要盲目。而臻三环内容营销的核心是通过传播工匠精神来提升铁锅的价值。

其次，安排专人负责内容运营，全方位多渠道进行内容透出，立足私域并加强与公域结合，内容发酵，激活粉丝，进一步带来销售额的攀升。

（1）店铺私域内容运营

私域的主要透出渠道是微淘，运营微淘需要安排专人做好日常维护和运营，整理好微淘每天的数据变化，积极参与官方的各类微淘活动。逐步坚持，粉丝量和阅读量就会上升。

保持一天2~3篇的频率，发布的内容多为菜谱、买家秀等能与粉丝产生互动的内容，定期进行评论有奖、盖楼抽奖等活动，加强粉丝与店铺互动。微淘层级不断提升，成为优质店铺，同时在产品的外包装箱和说明书上都印上天猫店铺的二维码，以便客户关注和后期服务与追踪。

买家喜欢的内容的共性包括：趣味性（结合产品及时事热点的趣味资讯）、共享性（已购买过的客户分享出的使用心得或者买家秀）、知识性（产品的使用和保养知识）以及店铺最新动态（上新产品、促销活动）。

买家是基于以下需求长期关注一个店铺的微淘（见图6-20）：

- 微淘能带给客户独有的碎片化咨询。
- 对于品牌产品更多的使用体验。
- 想及时了解到喜爱品牌的店铺动态。

通过有效的宣传，很多网友知道了臻三环这个品牌，在使用产品后成为品牌的粉丝，自发地在什么值得买、知乎等平台上为臻三环的铁锅做宣传。网友xllin创作的内容《手工制锅的对决！日本山田工业所拓VS国产臻三环》（见图6-21）就以深度的测评、国货和日货对比的噱头，在什么值得买平台上引发热议，共3万多人阅读了文章，200多位网友留言参与讨论。期间，臻三环也参与其中的评论，注意引导粉丝对于国产传统手工铁锅的关注，在最短的时间里带动了一股"厉害了我的锅"的热潮。

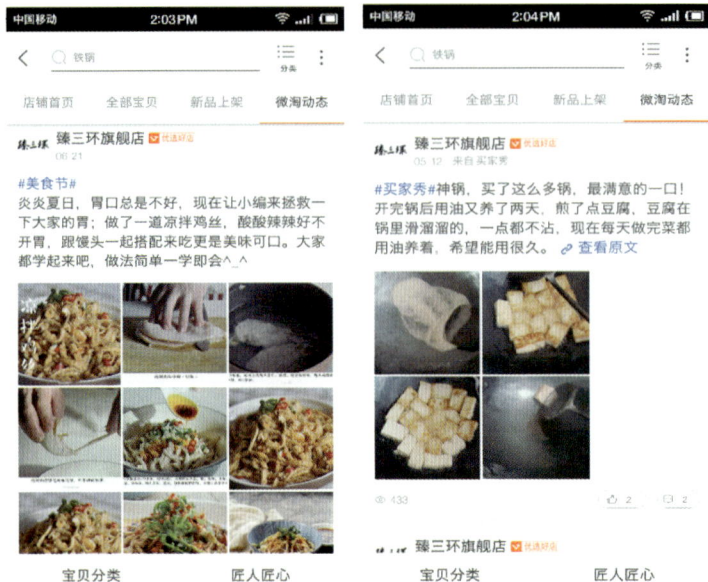

图6-20　店铺微淘

图6-21　店铺粉丝自发创作内容

（2）公域流量配合

　　店铺与淘宝客、达人也保持良好的合作关系，每月在淘宝客佣金方面的支出就有10万元左右。淘宝客、达人的投入产出比稳定在1:5左右，这在行业内属于比较高的数据了。在跟淘宝客和达人的合作方面，有以下四点建议：

- 广撒网、精筛选：初期多找淘宝客和达人合作，关注每个达人和淘宝客带来的数据效果，从中选择出优质的进行长期合作，这样达人和淘宝客对自身产品也更了解，产出的内容也更好。

- 分渠道、找对人：不同的达人和淘宝客有自身擅长的投放渠道，找出适合自己店铺并且达人擅长的渠道，进行精准内容运营，这样效果更好，也更省钱。
- 淘宝客通常喜欢推荐的产品的特点包括：有内容、有故事、有特色、转化率高、佣金合理。
- 关于找淘宝客，初期在阿里V任务平台进行筛选，有时间也可以参加一些达人的活动，先接触再合作。

通过品牌PGC和用户UGC齐头并进的模式，店铺品牌在网上初步打响，但品牌的发展也陷入了一个"瓶颈期"。由于产品的受众人气相对狭窄，品牌影响力较弱，店铺在增长到一定级别后较难持续高增长，若要寻求突破，则需要更强有力的宣传，接下来通过热点事件引发更多的关注。

5. 线上线下结合，热点事件引爆品牌

臻三环急需借助一个事件扩大品牌的影响力。恰在此时，参与了淘抢购举办的"阿里巴巴·淘抢购 中国匠人"启动仪式。而一次全渠道的整合营销，绝不仅仅只是办一次发布会这么简单。它需要前期宣传，到活动开始前的预热，再到最终的引爆，以及后续的公关，都需要精密筹划与布局。图文、短视频、H5页面、直播……所有可能利用的内容形式与渠道都做了推广投放，如图6-22所示。

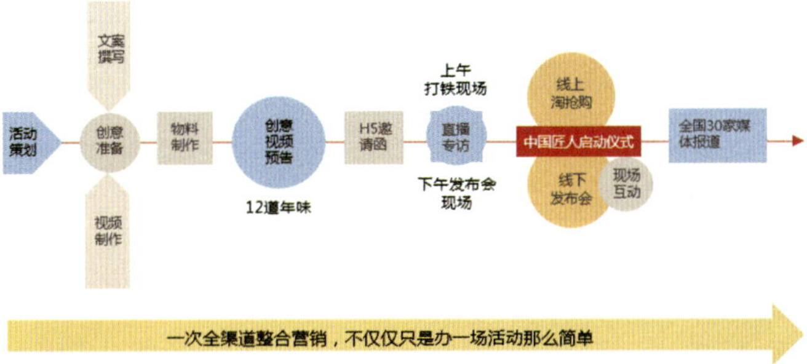

图6-22　店铺全渠道整合营销流程

在倒计时一周左右的时间，臻三环发布了一个精心设计的H5邀请函，如图6-23所示。

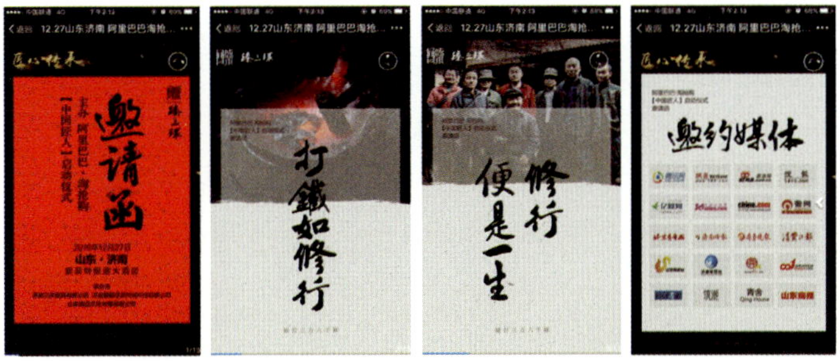

图6-23　"中国匠人"发布会邀请函

数据显示这个H5的总浏览次数达到5.8万次，超出之前的预估。由于H5中对于匠人坚守传承打铁手艺的故事和工艺的描写，引起了受众的好奇心和对匠人的崇敬心，促使大家主动分享。

新闻发布会当天（见图6-24），邀请当红直播（见图6-25），从打铁生产参观到新发布会都做了精彩的直播报道，同时通过KOL达人进行高质量图文内容透出，这些内容流量的入口在当天总共带来了8.5万人次的流量。可以说这场成功的活动离不开线上和线下的通力合作。

图6-24 "中国匠人"发布会现场

网红直播　　　　　极有家　　　　　有好货　　　　　必买清单

图6-25 "中国匠人"发布会现场网红直播

发布会的高潮是用铁锅和中国传统乐器演奏的民乐《茉莉花》（见图6-26）。乐师用锤子敲击铁锅，发出叮叮当当的声音，这个创意令人眼前一亮，在场观众纷纷拿起手机拍照，发到朋友圈里，相当于为臻三环做了一次免费传播。这也说明一个好点子足以引爆一场活动，而一个好点子需要激发观众的情绪和分享欲。

图6-26 "中国匠人"发布会现场用铁锅演绎民乐《茉莉花》

活动当天，臻三环店铺的流量达到20万人次，销售额相当于过去2~3个月的销售额。可以说，活动效果非常成功。关于这场活动有两个重要的关键点，第一是创意：用敲击铁锅的声音演奏了一首《茉莉花》，惊艳全场，引发观众自发分享传播；第二是形式：配合线上淘抢购活动，线下活动同步直播，消费者可以看到铁锅生产现场，对提高转化率有很大的帮助。

活动的难点在于线下活动的策划、执行的统筹工作。在活动开始前列出详细的执行流程表，从线上资源对接、店铺页面优化、视频拍摄、活动产品整理、活动方案确定、直播脚本制定到线下的物料制作、场地联系、嘉宾媒体的接待、发布会彩排等各个方面都分工到人，参与人员每天都开会汇报各项工作的进度，有总负责人跟踪协调，保障整场活动顺利进行。

活动结束后的一周时间，陆续有全国的38家媒体对本次活动进行了报道，包括人民网、腾讯家居、网易家居、今日头条、北京青年报、山东电视台、鲁网、济南时报、经济导报等，如图6-27所示。

图6-27 "中国匠人"发布会后续报道

由于媒体报道，臻三环店铺的日常流量也比原来增加了40%左右，日常销售额增加30%。

在2017年3月，臻三环又参加了由天猫美家举办的"中国匠人"线上大型主题营销活动，这次活动是天猫21天全域内容营销模式的一次试水，如图6-28所示。旨在通过前期的圈定产品、中期的达人种草和后期的营销工具割草达到分节奏进行传播的目的。

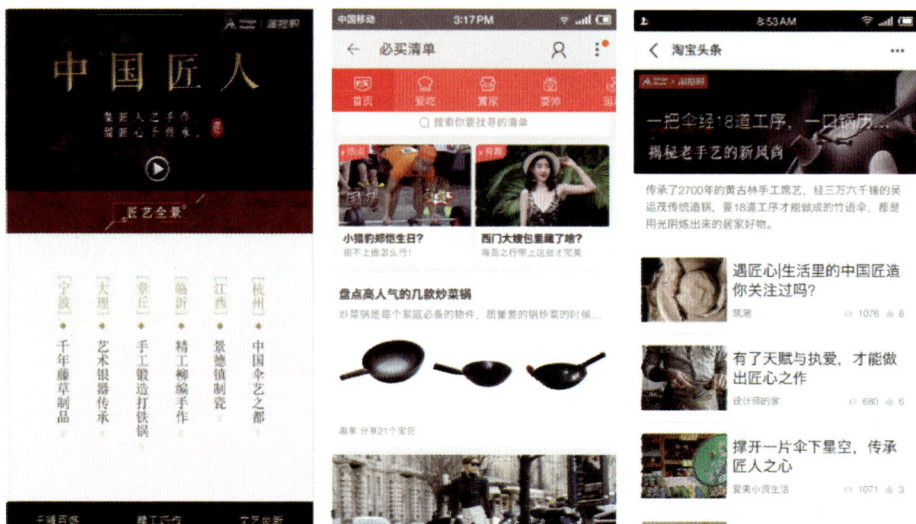

图6-28   "中国匠人"IP营销活动

臻三环的产品通过达人制作的内容在淘宝头条、有好货、必买清单、天猫美家、品牌街、什么牌子好等多个渠道透出，在各个渠道统一传递出匠人的心智。4月19日一天的内容浏览人数突破13万人次，如图6-29所示。"中国匠人"也成为一个IP形象。

图6-29   单日内容运营效果

6. 直播专栏化，品牌推动内容提升

从2017年4月开始，臻三环尝试每周做一场直播，直播的内容一开始是手工铁锅制作流程，但观看的人数并不多，臻三环逐渐调整为教大家用铁锅做一道美食这样消费者比较关心的内容，直播的观看人数渐渐增多。通过这次直播，再次提醒商家，内容绝不是简单粗暴的直接推销，而是要充分利用产品特点，以场景化、需求化、个性化内容打

动消费者，如图6-30所示。

图6-30　店铺直播专栏

直播的火热对店铺的流量也有比较明显的带动，店铺日均流量比年初时又有30%左右的增长。后来，臻三环联合山东本地的啤酒品牌，结合时下的热点策划出"消夏必杀技麻小+扎啤"的直播主题，用铁锅炒小龙虾，再搭配透心凉的扎啤，给你带来不一样的夏日美食。这次直播的效果非常好，线上共有1.2万人观看，为店铺带来3000多人次的流量。

建立一个美食交流群，方便对粉丝进行后期的维系与沟通交流。

尝到联合直播的甜头后，臻三环又和某葡萄酒品牌做了一次联合直播，并请到了鲁菜大师来坐镇。通过现场送葡萄酒、铁锅、红包的形式吸引观众持续点赞，最终共有2万多人观看了直播，获得50多万个赞。

通过以上一系列活动和宣传扩大了品牌的影响力，也得到了央视记者的注意。时值2017年"618"大促期间，央视财经频道的记者来到臻三环实地采访，用镜头记录了老师傅们打锅的现场状况。

6月18日20：50，央视财经频道以《老手艺"触电"章丘铁锅起死回生》为题报道了臻三环的铁锅，瞬间在网上引发热议，如图6-31所示。节目播出后的一周内店铺咨询访客络绎不绝。

之后臻三环铁锅频繁出现在《日食记》《公路商店》等一大批有影响力的网络节目中，也让这样一个传统的产品跟上时代的节奏，成为"明星同款"，如图6-32所示。

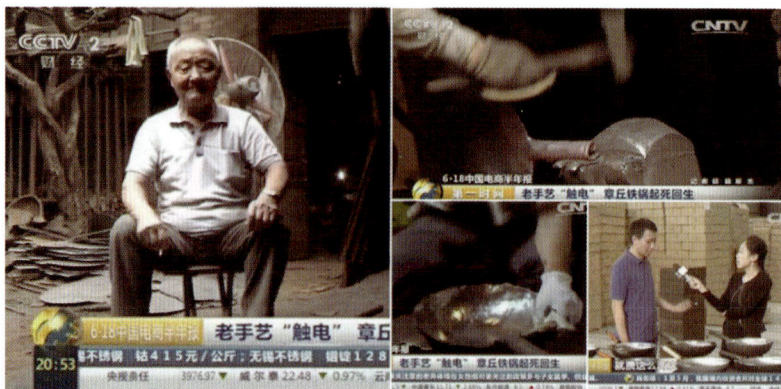

图6-31　央视财经记者实地采访

图6-32　美食栏目《日食记》青睐臻三环铁锅

臻三环一系列整合营销活动稳稳地抓住了阿里系平台主推内容营销及媒体需要新热点的红利。臻三环的内容运营概括起来就是定位准，时效快，内容新，传播广。更重要的是，内容运营的更高层级是品牌运营。臻三环为自己找到了匠人精神及其与之融合的内容传播点，这帮助它匹配到适合的渠道和内容主题方向，让品牌推广更有针对性。

6.1.3　案例成长历程

从开始到现在，总体来讲臻三环的整个成长历程可以分为几个阶段，下面分别介绍。

1. 储备阶段

2015年1月—3月，三个月的准备时间，臻三环完成店铺的初版详情页、首页、品牌故事等几个页面，同时参考市场给产品重新定价，店铺完成上线。上线后销售额直线上升，如图6-33所示。

2015年月销售额

图6-33　2015年月度销售额趋势

2. 成长阶段

2015年4月—12月，经过市场、消费者测试，开始逐步优化产品信息，包括详情页、首页、价格、包装、品牌、服务等所有能优化的细节，做好店铺基础，保证店铺的服务能力以及引流能力。

2016年1月—6月，在店铺积累基础数据的过程中，开始考虑做产品供应链，研发产品线。

2016年9月—12月，研发出新品，使店铺的产品更加丰富，同时优化了产品的结构，保证产品的供应能力和销售能力。

3. 爆发阶段

2016年12月底，经过了一年的积累沉淀，迎来了第一次淘抢购活动。结合线上活动和线下新闻发布会，做了一次很棒的联合营销活动。

4. 稳定阶段

2017年，通过阿里系平台上的各项活动如聚划算、众筹、淘抢购、"618"、造物节、99、家年华的参与，店铺现在处于稳定发展阶段。

在这一年里，顺应天猫平台趋势，做内容运营。通过多形式全渠道传播品牌效应，从而带动产品销售转化。全方位多渠道进行内容透出，使得销售额比往年同期有了明显提升。

5. 未来方向

2018年计划通过结合匠人精神传播，与线下、媒体、APP等多种渠道开展合作。全面结合线上线下渠道，销售推广品牌和产品。

一个传统手工艺产品，从名不见经传到获得央视报道，臻三环铁锅只用了不到两年的时间。这正是得益于互联网的飞速发展，这也说明了，在互联网时代，产品才是王道，得产品者得流量，把用户的体验做到极致，终将会获得口碑传播！

6.2.1 案例背景及店铺介绍

美的环境电器事业部是美的集团下属专业制造家电产品的大型外向型企业，作为全球环境电器市场最大的供应商，美的拥有十多家年销售额千万甚至过亿的专卖店，但是其在天猫平台上的美的环境电器官方旗舰店却表现平庸，销售占比不足10%。2017年2月，店铺日均UV不足1000个，PV不足3000个，如图6-34所示。

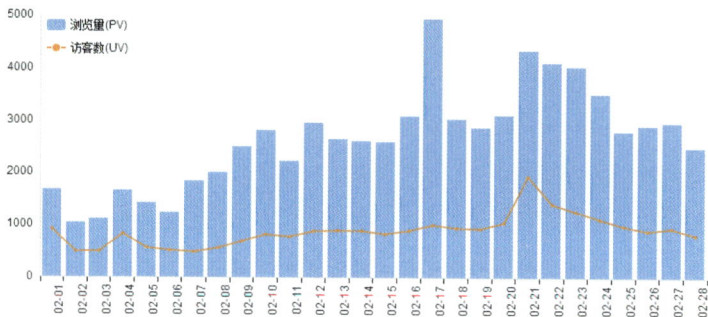

图6-34　案例店铺UV与PV数据

此后，运营团队深入挖掘天猫平台消费者需求，进行精细化运营和品牌产品营销，成功完成店铺流量倍数级提升，如图6-35所示。

图6-35　店铺流量呈倍数级增长

---

① 案例及内容提供：美的环境电器官方旗舰店，北京新七天电子商务技术股份有限公司，郑娇

6.2.2　店铺流量总体规划思路

店铺流量提升需要考量的维度包括：

- *产品优化。*
- *店铺优化。*
- *销售累计。*
- *数据监控。*

6.2.3　具体实施步骤

1. 产品优化

（1）上下架时间优化

合理安排主打宝贝的上下架时间。一般来说针对上下架时间，分批次的宝贝需要隔2~3天的时间，避免宝贝上下架时间集中，导致店铺自然流量大幅波动。宝贝上下架时间一定要搭配橱窗推荐，最大限度提升宝贝的自然访问流量。

（2）标题优化

作为季节性极强的两季产品，搜索关键词上升版比热门版更有前瞻性，因为更具有参考价值。

（3）商品展示优化

包括店铺主图优化，入口图、产品详情页优化。尤其是产品详情页的优化，一定要从消费者视角出发，抓住主要卖点，尽量将卖点场景化，避免过于专业生涩或言之无物。

（4）产品评价维护

合理使用促销信息及好评截图，意在打消消费者疑虑，不能过分使用（篇幅过长、渲染失真）否则易引起反感。

初期销售一定要做好评价维护，好的评价才能打消消费者疑虑，进而形成销售，并使二次销售成为可能。美的的爆款明星单品单店销售目前已超42万台，评价超过14.1万条，仍然保持4.8分的高分评价，差评极少，如图6-36所示。

图6-36　产品评价

2. 店铺优化

（1）动销率提升

单品：单品动销对于流量引入有很重要的影响。尤其是在新品上架阶段，需要快速产生交易，在短期内获得用户认同。从商业逻辑的角度来说，店铺新品高频率及快速动销，说明店铺商品的活性强，同时消费者体验好，间接可以带来更多的用户。应对方法是，一方面，可以积极布局新品，增加上新频率，另一方面，做好新品的阿里妈妈推广和老客户推广，快速获取用户，短期形成良好的动销。

全店：全店动销率对于店铺的整体竞争力有很大影响。店铺中如果无销量的产品过多，则严重拉低店铺引流能力，优秀店铺的全店动销率保持在90%以上。应对方法是，及时下架没有销量的死款或者重新修改标题、主图、详情页，做新品二次冲击，及时放弃二次冲击效果不好的商品，同时用更多经过市场测试的潜力款予以替代。

（2）店铺DSR维护

DSR直接展现店铺的物流、服务和产品情况，是影响店铺的重要权重指标，因此维护好店铺的DSR至关重要。在美的环境电器官方旗舰店开店初期，客服每天都会给已购买的顾客进行电话回访，及时解决处理售后问题。订单量提升以后，除解决日常的售后问题以防止差评外，还会每天统计差评率及产生的原因，并定期归档反馈相关部门，及时改进。店铺的DSR一直全部高于行业均值水平

售后综合指标直接反映问题产生后店铺的反应能力。该指标在影响店铺流程引入能力的同时，更直接影响店铺的活动报名（若低于10%，则任何营销活动都不得报名）。通过不断优化售后考核方案，店铺的售后综合指标已经从最初的17%提升为87%。该指标的提升主要在于客服，特别是售后客服的考核方案，解决的关键在于了解退款时长、纠纷率等售后综合指标的行业均值，然后将这些指标量化为KPI。

3. 销售逐步提升

（1）基础销量积累

做好内功之后就可以对产品进行基础销量积累，此时可以利用一些自己积累的会员群体，进行电话回访、特殊优惠、针对性宣传等形成基础销售，同时积累好评。此阶段自己的会员运营能力显得尤为重要，尤其是这些会员对品牌与店铺已经有了基本认知，更容易产生好评。

1）天猫免费资源利用

天猫其实有很多可利用的免费展现资源入口，店铺可以积极报名，增加展现机会。

2）内容运营的利用

为了符合两季产品的销售周期，一定要在3月或4月入口时期积极投放内容资源，这部分资源会在销售爆发期为店铺带来意想不到的效果。以美的环境电器官方旗舰店为例，"618"活动期间，内容类流量成交387万元左右，其中必买清单转化率高达31.82%，问大

家带来305.8万元销售额。抓住天猫主推方向，积极动作才能享受流量红利。

3）淘宝客

两季型产品有一个难点：在非刚需的时候销售产品很难起量。此时就要通过自己维护的淘宝客进行推广，完成初期销量，但是一定要注意淘宝客佣金的设置。

（2）销量稳步提升

有了基础销量之后就可以通过淘金币等小型活动并结合推广促使销量稳步提升。

1）加大推广，提高宝贝流量

有基础销量，产品描述合理，产品评价高于4.8，就可以加大推广，继续累计销售，保证销量每7天螺旋上升，每30天销量滚动增加，一旦出现销售下滑，及时做出反应，务必排除所有问题，保证销售呈上升趋势。

2）参加活动，引爆单品

若单品已经做好一切准备，就可以参加聚划算、淘抢购或者其他官方活动以完成销售爆量。在此过程中投入产出比并不是第一要务，保证销量是最要紧的。但是亏损一定要有战略且可控，切忌畏手畏脚，同样，切忌胡乱投放。

美的品牌风扇销量排名靠前的单品6月销量过10万台，该单品累计日均为店铺带来UV超过2万个。热销单品打造完成以后，店铺利用关联销售，带动其他单品的销售，使得店铺整体销量占比达到美的核心店铺销售的23.7%。由此可见店铺热销单品的重要意义。

3）联动销售

打造完爆款之后，一定不可放松，任何爆款都有衰退期，特别是两季型产品还有非常明显的季节性特点，因此一定要通过引流、套购等其他方式带动辅助款销售，做到每个季节都有爆款，以保证店铺流量稳定来源。

4. 数据监控

（1）店铺数据监控

流量入口抢夺，特别是两季产品的流量入口抢夺节奏非常快，因此日常须监控店铺的各项数据及玩法，并通过数据分析得出有效的运营动作并坚决实行。美的环境电器官方旗舰店坚持对店铺数据进行统计分析，这样不仅能够快速寻找到适合店铺的运营策略，及时纠错，更能积累经验，累计数据以指导下个周期的运营动作，如图6-37所示。

（2）竞品数据监控

两季产品竞争激烈，节奏极快，除了自己快速试错以找到适用店铺的方法外，更需要监控竞品动作，快速发现行之有效的运营办法并迅速在店铺演绎并总结。美的环境电器官方旗舰店坚持对竞品的销售玩法、定价、流量来源及效果做总结分析，积累玩法、了解效果，如图6-38所示。

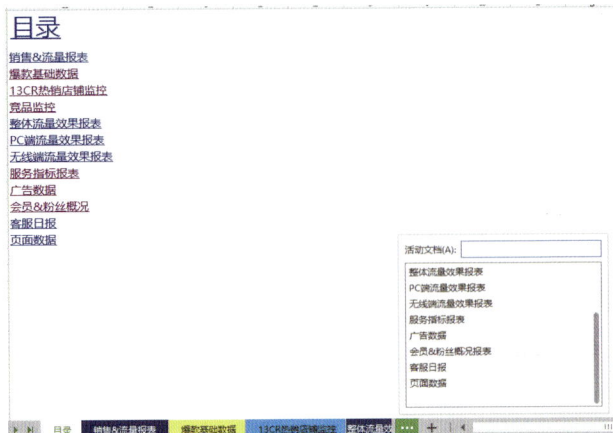

图6-37 店铺数据监控

热销商品榜	维度	20日	21日	22日	23日	24日	25日
TOP1	店铺						
	到手价	249	249	189	189	249	249
	活动玩法	立减20	立减20	淘抢购+50券	聚划算+50优惠券	立减20	立减20送插排风扇罩电池
	支付子订单数	476	59	339	156	64	74
	流量来源Top1	淘抢购 手淘淘抢购	淘抢购 手淘淘抢购	直接访问 手淘淘抢购	淘宝搜索 手淘搜索	淘宝搜索 手淘搜索	淘宝搜索 手淘淘抢购
TOP2	店铺						
	到手价	219	189	209	219	219	
	活动玩法	聚划算预热+送排风电池风扇罩	前300领券立减50	聚划算30元券+送插排风扇罩电池	领券减20+送插排风扇罩电池	淘抢购+20元券	立减20
	支付子订单数	22	20	111	50	50	27
	流量来源Top1	淘宝搜索 手淘搜索	淘宝搜索 手淘搜索	直接访问 手淘搜索	淘宝搜索 手淘搜索	淘宝客 淘宝客	直通车 手淘搜索

图6-38 竞品店铺数据监控

6.2.4 案例小结

除上述总结以外，稳定的供应链、灵活且快速响应的推广、服务周到的客服环节必不可少。只有这些部门全部协调统一，才能真正地玩转店铺，然后将店铺运营精细化、数据化，沉淀所有数据并从中总结出通用的方式方法，这会让你受益匪浅。不同店铺的销售策略一定是不同的，这里只分享思路，具体的店铺策略需要操盘手根据自己店铺的情况多思多想，不断完善。

进阶引流揭秘

6.3 大促流量推广提升案例——"618"活动销售额暴增的秘密[1]

每年淘宝、天猫平台总有几次成绩斐然的大促活动，比如"双十一"活动、"双十二"活动。2017年天猫从6月1日开始倾力宣传"618"活动，力度非常大，广大商家在这场活动中惊喜不断，收获颇丰。

6.3.1 案例店铺介绍

天猫某欧美风中高端女装天猫店并非线下知名品牌店铺，但是通过活动助力，在2017年6月18日当天完成1400万元的销售额。具体销售数据如图6-39所示。

图6-39 案例店铺"618"活动销售数据

虽然案例店铺在"618"年中大促中取得了不错的成绩，但是仔细想来，这次活动的效果绝对不是单靠一次短期策划内容就能实现的。取得这样的好成绩，靠的是逐步完善细节和调整，通过多年的日常积累，厚积薄发才能做到。

接下来看看这家欧美风中高端女装天猫店铺（以下简称此店铺为欧店）是如何在两年时间内成长到这样的销售级别的。

欧店在2014年年底的时候，销售额是1200万元，如图6-40所示。推广技巧上有明显的问题，直通车概念不熟悉，流量不足，点击单价过高，跟钻展的配合也有问题。

① 案例及内容提供：关欣（老关）

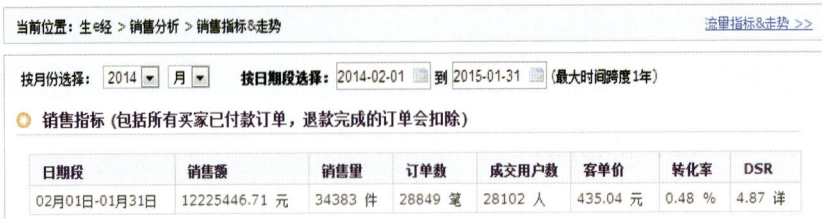

图6-40　欧店2014年的销售数据

6.3.2　具体操作步骤

1. 直通车及钻石展位推广调整

针对以上推广诊断情况，当时在推广方面做了以下调整：

- 结合直通车规则，先从基础做起，优化点击率，做好低价引流。
- 充分利用多计划，通过多种渠道推广。店铺一开始只开了单爆款的关键词推广，调整后，加入多款推广，加入店铺定向推广，充分发挥流量优势。
- 配合钻石展位，直通车以拉新为主，钻石展位主打老客户。
- 钻石展位定位对手店铺，从同类店铺获取流量，扩大客户群。

很快，直通车及钻石展位推广的效能得到发挥，店铺立刻在2014年年底到2015年年初销量有了明显提升，如图6-41所示。

图6-41　店铺2015年3月到6月调整后的数据变化

关于直通车及钻石展位推广技巧的内容，本书第1章已有详细阐述，这里不再赘述。

很多店铺都有很好的基础，没做好的原因是大家普遍低估了直通车及钻石展位的效能，没有认真学习。有足够好的直通车及钻石展位技巧，店铺有机会提升2~3倍的销售。

2. 类目品类调整及款式规划

欧店在销售情况稳定后，开始做类目品类调整及款式规划。当时做的最重要的一件事情是从热销单品打法改成推广多类目热销款群。

商家通常喜欢打造单款热销商品，靠单款引流突破。这个玩法在前几年是比较流行的，只是淘宝、天猫平台本身的规则玩法不断调整，流量趋势已经从之前的单个热销款流量逐渐碎片化。幸好店铺当时及早做了调整，把握住了这波流量切换的机会。

类目款式的拓展需要慢慢来，先保证店铺流量的稳定，再逐渐尝试拓展。当时夏天店铺主推连衣裙，成功推出了几款连衣裙，实现一定盈利后，逐步拓展其他子类目款式，加入了衬衫、T恤、蕾丝衫、披肩短外套之类的款式。靠店铺的热销单品利润去做新款测试。久而久之，形成引流款式群及店铺热销款群。

单款的流量总有局限，而店铺热销款群的流量空间是巨大的。每个类目都有各自的流量，且不管直通车能否盈利，拓展类目品类的好处是店铺有机会做到更多流量和销量。有流量后，根据销量利润情况控制相关费用，最终获得盈利。

以图6-42所示的数据为例，2017年6月21日—29日，短短9天时间，店铺流量最大的款是13万人次，总的流量是181万人次，流量占比只是7%。流量结构是比较安全的，因为即使某个商品卖不动或流量下滑，也不用担心店铺整体流量会大幅下降，因为有其他款式的流量提供支持。

按月份选择：2017 ▾ 月 ▾ 按日期段选择：2017-06-21 到 2017-06-29 (最大时间跨度1年)

月度流量总览

日期段	浏览量(PV)	访客数(UV)	旺旺咨询总人数	人均访问页面	店铺收藏	宝贝收藏	加购物车人数	加购物车宝贝件数	页面停留时间	人均停留时间
06月21日-06月29日	9109441 详	1813909 详	24082 详	5	13172	74231	62996	103129	69	228 详

图6-42　店铺2017年销售数据

在这个过程中店铺要保证店铺风格和客户人群统一。现在规模比较大的店铺越来越趋向于全子类目规划，无论是引流、关联销售，还是客户黏性方面都更有优势。

3. 店铺视觉风格调整

除了前面说的运营技巧内容，欧店销量提升的原因中还有一个重要因素，即店铺重新定位了风格调性。

如图6-43所示，针对中高端欧美风的拍照图片风格，流行的是采用室内灰墙、白墙等纯色背景。

图6-43　欧美风格采用纯色背景

这借鉴了欧美国家相关网站官网图片的拍摄方式，图片整体看起来很有格调和质感。2014年这种拍摄方式曾引领中高端女装大放异彩。为了体现差异化，也为了在无线端吸引更多的消费者关注，2015年年中开始，店铺摈弃传统的素色底室内拍照方式，大量尝试街拍外景，再结合直通车及钻石展位的推广测试，终于磨合出一个适合店铺的拍照方式，点击率远远高于以前风格，流量明显提升。

调整店铺整体视觉，切换拍照风格，除了人力费用成本增加外，对于店铺来说也是一次冒险，因此不能盲目全部切换，建议尝试多种风格图片，通过直通车和钻石展位从多方面测试，确认点击率不错的情况下，再确定店铺更换的方式。

经此蜕变，欧店尝到甜头。之后店铺持续投入，至今仍在大量尝试新的拍照方式，反复比对和总结，始终领先市场风格。

电商运营往往如此，竞争千变万化，不进则退，若不积极求新求变，迟早会被市场淘汰。

4. 活动经验积累

活动成功的核心，一在预测，二在推广。

预测非常难，与店铺日销能力、活动优惠力度、推广预热等关联非常大。由于中间变数太大，因此需要根据预测销量安排库存，根据库存情况确定广告费用，预计销售利润等。与其说是预测，不如说是制定销售和利润目标。

2017年"618"活动之前有一个参照，之前店铺参加了女装"66"大促，销售额是500万元左右。根据"66"大促的情况，简单预测一下，给"618"活动三天定的销售目标是1500万元。结果在天猫满300元减60元的强大促销力度加持下，"618"活动当天就实现了1400万元的销售额，3天时间达到2200万元。

好在店铺的库存准备还算比较灵活，在备了1000多万元现货的情况下，又另备了足够的面料，方便快速开工。所以在活动后的一周左右时间，基本处理完所有订单的发货。

预测销售目标和店铺投产目标明确后，相应确定推广费用，参考"66"大促的推广情况适当放大1到2倍的费用，预热时间跟着天猫平台的节奏，在前7天开始放大推广引流。预热期间，一般来说店铺投入产出情况会比平时低，商家不用担心，无须根据投入产出情况调整费用，主要分析客户的收藏加购数据。

图6-44所示是当时预热期（6月11日—17日）的单天转化和15天累计数据比较。单天转化的投入产出比仅为0.62，而15天累计投入产出比是7.01。

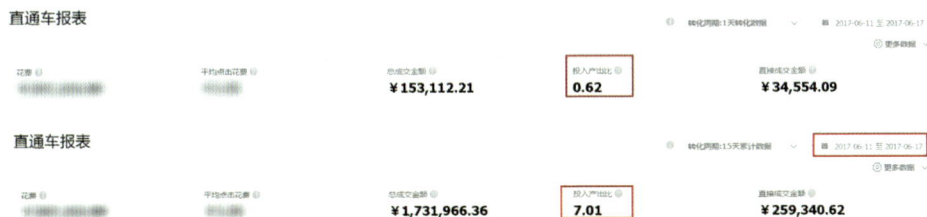

图6-44　预热期的单天和15天转化数据情况对比

每个店铺数据情况会有很大不同，需要平时统计好活动数据：预热天数、预热期收藏加购数、费用、流量、对应活动销售额等。多统计几次，再预测活动的能量，这样可以逐渐缩小误差。

6.3.3　回顾总结

很多女装类目店铺面临的最大的问题是库存。库存一方面来自做货，另一方面来自退货。通常女装的退货率会比其他类目稍高一些，大促活动又会提升退货比例。如果不控制好库存问题，利润都被库存消耗了。

库存商品分两种，一种是常规库存商品，保证日常销售，另一种是滞销货，属于处理不掉的商品。

针对库存处理，店铺应及早制定相应的策略：

- 日常确定主推款时，尽量主推退货率少的款。
- 日销流程有专门的清货流程。例如会把卖不动的老款下架重新拍照，调整详情页后重新上架。
- 活动日，专门设置促销清货专区。边卖主打款，边清库存。
- 最重要的一点是要控制自己的欲望：不能为了销售额盲目做货。以免活动后面要花几个月时间处理库存。

欧店在处理库存上多管齐下，使滞销货库存控制在安全范围内。办法总比困难多，严格控制后，2017年欧店的目标是实现年底滞销控制在销售额的2%以内。

店铺运营的提升靠的是经验、技术、实力的逐渐积累，这更是细节不断完善的过程。不走捷径，不靠运气。光鲜的背面是汗水，只要业绩好一切都是值得的。

6.4 用体验营销打爆"618"大促——水密码案例[①]

5分钟开始出现断货，1小时超2016年"618"三天总销售额；活动销售额同比增长342%；6月18日当天订单12小时内发货率达95%，48小时内到货率近60%！这是水密码旗舰店2017年"618"活动的战绩，这是怎么做到的？本节借助水密码"618"活动分享一招："三点式"体验营销法。

6.4.1 环境：大促拼杀同质化

如今，"618"活动已经和"双十一""双十二"活动一样，变成了一个大促的符号，未来将会出现更多的大促符号。在这种频繁的大促下，店铺与店铺间的营销差异将会越来越小，如何杀出重围是各个商家必须要思考的问题。做纯粹的促销不难，既要销量又要品牌、口碑才最难。如果在大促的时候只顾着过度促销，只会透支自己的用户，久而久之会进入恶性循环。

6.4.2 突围：无体验，不营销

近几年研究发现消费者在线上购买化妆品的需求原动力正在发生着明显的变化，即由原来的纯功效需求（补水就行）过渡到品牌需求（品牌可靠）。现在纯品牌需求已经不能满足新生代女性消费者的诉求，她们对购买过程中的体验及参与感看得更重（互动、好玩），商家在这方面下足功夫自然会收益颇丰。

功效 ▶ 品牌 ▶ 体验/参与

图6-45 功效、品牌与体验之间的关系

那么，什么是体验营销？

电商体验营销是营销式运营的一个重要的分支，它关注的是整个体验的闭环。可以这么说，在体验链路的各个环节中挖掘出高于产品本身价值的附加值，这就是体验营销。

---

① 案例及内容提供：水密码旗舰店

随着电商的发展，电商用户也在迅速成长，他们对整个购物链条中的体验愈加敏感和挑剔！因此，体验无处不在，体验营销也无处不在！也恰因为用户的敏感和挑剔，体验营销需要严谨、慎重、找准时机且有方法论，否则容易弄巧成拙，损伤品牌。

6.4.3 方法："三点式"体验营销

如何做好体验营销？如果站在顾客的角度去思考，就会发现顾客有三点：痛点、痒点和嗨（High）点，抓住这三点，将战无不胜。

1. "三点式"体验营销之痛点

知其所痛，才能对症下药。

回顾整个大促购物闭环，可以发现：在大促期间，不管哪个平台，都会存在"慢"的问题：发货"慢"、物流"慢"、到货"慢"。虽然各平台都在不断提升物流速度，但这些顾客的"痛"在大促中依然突出。

2017年"618"活动，当很多店铺无视"慢"的时候，水密码主动放大这个点，向"快"发出挑战！选择最难把控的物流，挑战全国48小时到货。在大促节点上，足够让顾客感受到水密码的诚意（见图6-46）！

图6-46　水密码针对物流痛点做的承诺

而在此之前做了更多的准备：增加审单人员、新开两大仓库、添加打包人手等，从根源上提高整体物流速度。

2. "三点式"体验营销之痒点

撩其之痒，方可记忆深刻。

所谓"痒"点，其实就是一个"撩"顾客的行为。仅暴力促销是无法让顾客感知品牌理念的，只有在营销活动中注入"情怀"和"体验"，才能加深顾客对品牌的印象，让他们在情景中感受到品牌所带来的好处，这就是营销活动的痒点。

如何让顾客感知到商家所付出的努力，且与别的店铺不同？为此，水密码推出了"品牌服务升级"年度计划，而在"618"活动当天又发起了一次"急速挑战"——"不够快，我就赔！"，表明了"没有100%信心，但有100%决心"的态度，"挑战或有成与败，但我全力以赴只为你"！

这其中的关键在于"赔"。大促期间物流较慢，一般人也可以理解，但原本令人不爽的"慢"，在这时变成了获得利益的"条件"，这是让顾客"心痒痒"的——反正快了我不亏，慢了我还赚，何乐不为？而如果不做好"赔"的承接，整个体验就不能形成闭环，因为"赔"的东西才是顾客真正拿到手的，好比"快"是情话，"赔"就是钻石，这两者，缺一不可。在大促中，"慢必赔"既是转化利器，又是体验承诺。

3."三点式"体验营销之嗨（High）点

嗨（High）其所嗨，才能马上行动！

顾名思义，"High点"就是让顾客兴奋起来的点。如果说痒点能让顾客心痒痒，High点就要能让顾客躁动起来！在"618"大促中，High点就是促销感知度。有了天猫大促流量的势能，有了物流的体验加持，再加上半年仅一次的"618"促销力度，就像是烈火遇到了干柴，让顾客一点就着，放开手脚买买买！在大促节点，需要千方百计让顾客感受到最大的让利。

6.4.4　过程：链路推演，真诚沟通

事实上，每一次体验营销的过程，都不会是一帆风顺的。传播的感知、用户的挑剔、工具系统的限制、资源的缺乏、利润的压缩，等等，都会导致营销的崩溃。更致命的是，营销活动往往存在"黑匣子"，如果策划者与执行者都无法很好识别活动风险，将对顾客体验造成一次沉重的打击。

为此，水密码总结了体验营销四步法：链路推演—感知调研—关键识别—真诚沟通。

1.链路推演

通过还原完整的体验链路，并以消费者视角去审视每个环节，发现问题。在"618"大促的"急速挑战"活动中，项目成员多次化身"难缠"的顾客，从主题情绪、页面沟通、客服沟通、仓储发货、快递跟踪、包裹体验、售后答疑等方面提出质疑，如"怎么辨别包裹是否按时到达""如果慢了，怎么赔""赔什么，赔多少"等。

2.感知调研

针对活动目的，对顾客发起调研，了解其真正需求与对关键问题的反馈，进而对方案重点做出调整。在链路推演之后，针对活动的核心目的与推演发现的问题，水密码发

起了两方面的调研：一是在公司内部进行用户模拟与深度调研，二是对水密码会员大量采样，进行问卷调研。经过调研，发现顾客的感知与策划所想并不完全一致——譬如曾认为顾客感受最好的是活动后给他们赔钱，但事实上并非如此，甚至会让活动的"主题情绪"显得过于严肃，进而导致关系疏远。

3. 关键识别

关键识别即关键点识别，在顾客调研、方案调整后，需要再次识别方案中对体验与卖货影响最大的点。经过推演和调研后，水密码决定：不管快或慢，每个包裹都随单赠送一个"赔你礼包"，礼包内含面膜、主题物料以及权益卡（权益仅限包裹未及时送达的顾客领取），成本可控，也能解决以上问题，还有一定的惊喜感。

但此时会引发另外一个难题，也就是关键点：不管包裹快慢，都有礼包的话，那么包裹慢了的顾客，极有可能会感觉到不公平，而这几乎是无法通过工具和技术解决的。

4. 真诚沟通

体验营销真正的灵魂是真诚沟通，是对一个人的感受负责。任何技术互动或产品让利都只是体验营销的工具。例如，水密码曾经做过这样的对比测试：在包裹中加送一个大件的赠品，其感知度却不如在包裹中有一封精致而真诚的信。回到"618"活动，当识别到关键问题却无法通过技术解决时，需要与顾客真诚沟通——在礼包里准备了两封信，分别针对包裹快或慢的人，告诉他：商家服务的初心与诚意，商家的决心与努力，商家的限制与无奈，商家的愿景与承诺……而最后，顾客也感受到商家的诚意，活动后叫好的评价比预估的更多。

6.4.5　效果：体验加持，品牌加速

上述"三点式"体验营销组合拳打下来，不但让"618"大促的爆发力有了惊人增长（从2016年"618"单日300多万元飙升到2017年的1100万元），也让顾客对水密码旗舰店的体验有了更进一步的感知和认同。

体验营销带来的实际效果如下：

- 促前：借势引流，品牌曝光，会员纳新。
- 促时：给出服务承诺，促进交易达成。
- 促后：情怀体验落地，建立品牌好感，提升DSR，促进回购。

重点与大家分享一下促后的效果：DSR从6月19日开始一路攀升，19日—22日的涨幅尤其明显（见图6-47）。"618"活动订单评价中，产品物料晒图占比对比其他大促活动翻了2倍。

服务态度动态评分(DSR)

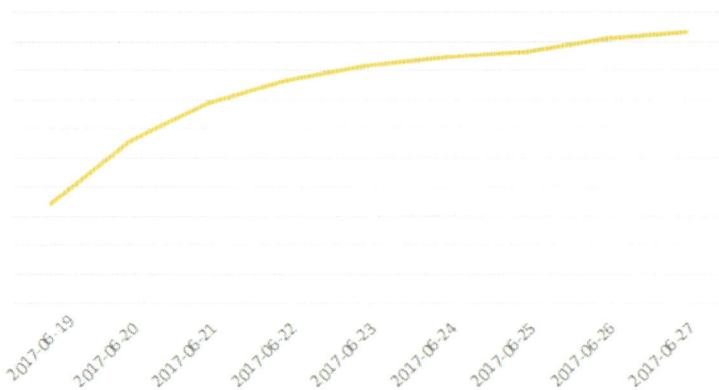

图6-47　服务动态评分趋势

体验营销在大促节点不但没有影响商家的销售额，还在顾客心中植入了一个心智：水密码是一个有温度的品牌。看到晒单评价的反馈，更加验证了之前的想法。

非常满意，物流很快，48小时就到了！这两天没时间收货。卖家很贴心，送了两片面膜，还有好几个贴心的卡片。今天贴了个面膜，用了水密码护肤品，真心感觉效果不错，皮肤水嫩嫩的

客服态度很好，耐心回答每个问题。卖家发货快，水密码挑战12小时发货，48小时到货，18号1点下单，19号就到了。感谢暖先生送的"赔你礼包"，虽然有及时送到。为仓库工作人员和快递小哥点个赞！信赖水密码，支持国产品牌！

收到货了，套装还是一如既往的好，这次卖家挑战48小时到货的决心非常棒！物流信息更新慢，但物品已悄悄到来，非常感谢水密码，让我惊喜的同时还带着许多感动，为水密码和快递员点赞！？

大爱啊，包装非常高端大气上档次，而且送了很多小礼物，给人感觉很真诚，非常暖心。虽然48小时没有挑战成功但仍然是我收到最快最快得快递。最主要的气垫用着很细腻很清新。???

用了不错，第二次购买了，正好遇到618，以为会晚到，结果还是48小时内送到，萌萌哒！赞！

图6-48　客户晒单评价

6.4.6 总结：体验帮助品牌占领心智

大促是顾客对品牌感知极强的节点，也是品牌占领顾客心智的极好时机，而体验则是帮助品牌占领顾客心智的一个必用的手段，不管是产品上的体验、服务上的体验还是情感上的体验。

做活动，如果只是为了一时的销售额，那只是战术上的目的，营销式运营更关注的是店铺的长期战略，因此商家需要不断优化店铺的整个购物流程，提升消费者的购物体验，在体验中传递品牌的主张与产品的好处，增强顾客对自己品牌的忠诚度，这才是一个品牌及企业安身立命的长久之计。